13만 유튜버 지후쌤의

대한민국 영문법 0교시

초판 1쇄 인쇄 2020년 12월 23일
초판 1쇄 발행 2021년 1월 4일
초판 2쇄 발행 2021년 1월 11일

지 은 이 | 주지후
펴 낸 이 | 고루다
펴 낸 곳 | WIt&Wisdom 도서출판 위트앤위즈덤
임프린트 | **PAGODA Books**
출판등록 | 2005년 5월 27일 제 300-2005-90호
주　　소 | 06614 서울특별시 서초구 강남대로 419, 19층(서초동, 파고다타워)
전　　화 | (02) 6940-4070
팩　　스 | (02) 536-0660
홈페이지 | www.pagodabook.com

ISBN 978-89-6281-864-2 (13740)

도서출판 위트앤위즈덤   www.pagodabook.com
파고다 어학원   www.pagoda21.com
파고다 인강   www.pagodastar.com
테스트 클리닉   www.testclinic.com

PAGODA Books는 도서출판 WIt&Wisdom의 성인 어학 전문 임프린트입니다.
낙장 및 파본은 구매처에서 교환해 드립니다.

13만 유튜버 지후쌤의

대한민국 영문법 0교시

인기하게 영어 뇌가 만들어지는 영문법
제로 편

PAGODA Books

이 땅의 모든 영포자를 위해

아무도 가르쳐주지 않는 1교시 이전의 지식,

그것을 꼭 전달해 드리고 싶었습니다.

당신은 혼자가 아닙니다.

이 책을 읽는 법

이 책은 영어에 대한 두려움이 크고 스스로 영어를 전혀 못한다고 생각하는 분들과 완전 초보는 아니지만 기초를 더 탄탄히 다지고 싶은 분들을 위해서 썼습니다.

만약 스스로 정말 초보라고 느끼신다면 각 장에 나오는 제 '설명'을 정독하시고 올바르게 이해하시는 것이 최우선 과제입니다. 그것이 되면 각 장 마지막에 나오는 문장 만들기 연습이 쉽고 재미있게 느껴지실 겁니다. '지혜의 샘'과 '지식의 샘'은 굳이 읽지 않으셔도 좋습니다. 읽으시더라도 그냥 재미로 읽는다고 생각해 주시기 바랍니다.

이 책의 핵심인 Chapter 3까지 공부하고 나면 마지막 Chapter 4는 조금 여유를 가지고 접근하시기 바랍니다. '조동사'와 '시제'는 영어 중, 상급자들에게도 어려운 부분입니다. 한 번에 다 이해가 가지 않아도 좋습니다. 앞으로 꾸준히 영어를 공부하기만 하면 이 책에서 쌓으신 내공으로 충분히 해결해 나가실 겁니다.

완전히 초보는 아니지만 기초가 부족하다고 느끼시는 분들은 이 책에 나오는 모든 내용을 꼼꼼히 읽고 이해하는 것을 넘어서 그 내용을 '스스로 정리'해보셨으면 합니다. 무언가를 남에게 쉽게 설명할 수 있다는 것은 그것을 완벽히 이해했다는 증거입니다. '지혜의 샘'과 '지식의 샘'도 천천히 읽어보면서 영어에 대한 이해를 높이는 기회로 삼았으면 합니다.

저는 '용어' 때문에 '영어'를 포기하는 일이 없어야 한다는 생각으로 이 책을 썼습니다. 암기보다는 이해를, 피상적 지식 쌓기보다는 본질적 원리 습득을 추구했습니다.

나는 영어가 정말 어려운데 왜 세상에 있는 영어 교재들은 다 영어가 쉽다고 할까? 나는 기초, 입문도 아닌 그전 단계인 것 같은데 어떻게 영어공부를 해야 하나? 그냥 포기할까?

이런 생각을 한 번이라도 해보셨던 분들, 좌절감을 느끼셨던 분들께 이 책이 속 시원한 해답이 되었으면 합니다.

Prologue

> "
> # 아들, 고마워! 이제 이해가 간다!
> "

어머니께서 밝게 웃으시며 말씀하셨습니다. 정말 홀가분하신 표정이었습니다. 몇 날 며칠 동안 골머리를 앓으셨던 **do**와 **be**의 정확한 원리를 깨우치신 순간이었습니다.

2018년 봄, 저는 바로 전년 겨울에 큰 수술을 하는 바람에 부모님 댁에서 요양 아닌 요양을 하고 있었습니다. 고등학교 졸업 후 20대 초반에 미국으로 유학을 떠난 지라 부모님과 함께 할 시간이 거의 없었습니다. 귀국 후에는 바로 영어 강사가 되고 혼자 살기를 그 해로 8년째, 거의 쉬는 날도 없이 일만 하고 있었죠.

제 인생에 브레이크가 필요했던 걸까요? 2017년 말에 건강 악화로 병원에 입원했고 수술실에 들어갔다 나왔습니다.

그때부터 몇 개월간 부모님과 함께 살면서 제가 미국으로 유학을 떠난 그 순간부터 어머니께서는 매일 아침 혼자 영어공부를 하셨다는 것을 알게 되었습니다.

"아들이랑 나중에 영어로 대화하고 싶다고 엄마가 그렇게 열심히 하더라. 허허허."

아버지께서 제 어깨를 툭 치며 말씀하셨습니다. 하나 밖에 없는 아들 유학 보내느라 어머니께서는 수년 동안 옷 한 벌 제대로 사 입으신 적도 없다는 말씀과 함께요.

수술 후 몇 개월간 거의 침대에 누워있었던 그 기간이 제 인생의 큰 전환점이었습니다. 바쁘다는 핑계로 놓치고 살았던, 아니 어쩌면 보려고 하지 않았던 것들을 보게 되었고 영원할 줄만 알았던 저의 젊음과 패기가 병마 앞에 무릎을 꿇을 수도 있다는 것을 깨달았습니다.

그리고 무엇보다 어머니께서 수 년간 50대 후반의 연세로 영어를 독학하셨다는 것을 알게 되었네요.

이 책은 제가 2018년 초 4개월간 어머니를 위해 만들었던 영어 기초에 대한 교안들을 엮은 것입니다. 그래서 영어를 처음 공부하시거나 워낙 오랫동안 손을 놓고 있어서 다시 시작하기가 겁나시는 분들의 입장을 충실히 대변하고 있습니다. 어떤 것이 답답하고 어려운지 숨소리가 닿는 거리에서 어머니께 직접 듣고 답을 드렸던 모든 것들을 담았습니다.

그리고 한가지 더, 왜 영어를 무서워할 필요가 없는지, 한국인들의 영어에 대한 강박은 어디서부터 비롯 되었는지 현실적 고민에 대한 저의 생각도 담았습니다.

이 책을 선택해주신 독자 여러분과 만나게 되어 참으로 설레고 벅찹니다. 사랑하는 어머니를 위해서 썼던 글을 여러분과 이렇게 나누게 되어 벅찹니다. 이 책은 마음으로 썼고 이 책을 읽어 내려가시는 독자 여러분 한 분 한 분께 제 진심이 잘 전달 되었으면 좋겠습니다.

이 책의 모티브가 된 사랑하는 어머니, 아버지, 그리고 늘 저를 믿어주는 아내, 곧 태어날 우리 로리와 라띠, 그리고 언제나 사랑으로 응원해주시는 장인 장모님께 감사의 말씀을 드립니다.

이 땅의 모든 영포자를 위해
당신은 혼자가 아닙니다.
저자 주지후

지후 영어 TV 구독자들의 뜨거운 반응!

13만 구독자의 영어 한을 풀어준 사이다 강의

그 동안은 뭔가 지후쌤 강의가 흩어져 있는 걸 제가 생각날 때마다 찾아서 본 느낌이였지만 이번 장기프로젝트 꼭 쌤과 같이 달성하겠습니다. 처음부터 같이 시작할 수 있다니 너무 좋아요.

_ 김**

정말 저같은 영린이의 간지러운 부분을 팍팍 시원하게 긁어 주시길 바랍니다!! 영어에 대한 열망이 있어서 선생님 강의도 여러번 반복해서 듣고 있고, 책도 구입해서 여러번 읽어서 영문법이라는 것을 약간이나마 습득을 하였으나, 스피킹이나 독해라는 또 다른 영어의 큰 벽 밑을 기어올라가려고 계속해서 노력하고 있습니다. 항상 선생님 응원하고 있습니다!!

_ Love ****

출퇴근 무조건 쌤 영상 틀면서 공부할겁니다. 무조건 믿고 따라가겠습니다..... 제 목표는 영어 정복입니다. 기간이 얼마나 걸리든 쌤 믿고 달리겠습니다.

_ Jen****

헉 지후 쌤 진짜 최고에요ㅠㅠ 이런 걸 공짜로 배워도 되는 지 죄송스러울정도에요ㅠㅠ 감사하구 앞으로 올라올 영상 기대하고 있을께요8ㅁ8

_ 홍*

저한테 영어에 대한 희망이 되어 준 영상이었습니다.

_ Munk*****

헐! 이 영상 정말 유익해요!!!!! 유튭에서 본 영어 영상 중에 가장 띵 했어요👍

_JY ***

지후영어 TV 바로가기

교육자 중 최고인지는 모르겠으나 지금까지 본 교육자 중 최고다.　　　　_ CHAN****

영어 배운 이래 조동사에 대해 최고로 잘 정리된 강의입니다!!　　　　_ Dan****

정말 눈물나는 강의네요... 제가 궁금했던 점을 꿰뚫는..... 항상 정말 감사해요 ㅠㅠㅠㅠ
ㅠㅠ 일단 믿고보는 지후쌤 영상!　　　　_ 니***

조금 전에 지후영어 노트를 하나 따로 만들었습니다. 소제목으로 〈언어는 생명체와 같다〉
라고 적었습니다. 오늘부터 찬찬이 정리하면서 공부하려고 합니다. 깊이 있는 영어 수업
에 감사드립니다.　　　　_ Ly****

나중에 딸 보여주려고 구독 신청합니다!　　　　_ sn****

강의 너무 훌륭해요! 항상 영어에 목마른 1인입니다. 15분 강의에 모든 게 다 있어요. 시
사영어, 문법, 고급어휘, 영작... 이것저것 잡다한 제 영어가 지후쌤 강의를 통해 좀 더 정
리되고 고급스러워지는거 같아요. 정말 감사합니다. 미국에서 응원합니다!!!

_Jin*****

Contents

Chapter 0

수업을 시작하기 전에

#1

영어는 왜 어려울까?

한국인인 당신에게 영어란 무엇입니까?

이 질문을 드리면 마치 약속이라도 하신 듯

강의보기

숙제, 벽, 고통

등등 거의 부정적인 단어를 대답으로 듣게 됩니다. 제가 중고등학교를 다니던 90년대와 2000년대 초에도 그랬는데 2020년 현재까지 여전히 마치 해결되지 않은 미제 사건처럼 회자되는 것이 참으로 신기합니다.

특히 영어로 '말'을 한다는 것은 고통을 넘어 공포의 대상일 때가 많은 것 같습니다. 저도 예전에 그랬고 지금도 마냥 편하지는 않습니다. 왜 이럴까요?

이 문제의 원인은 복합적입니다. 제가 생각하는 주된 원인 두 가지를 꼽아보면 영어라는 언어 자체가 한국인에게 어려운 것이 첫째이고, 영어를 지나치게 신성시하는 이 사회의 병든 인식이 두 번째라 할 수 있습니다.

두 번째에 대해서는 제가 이 책 곳곳에서 말씀을 드릴 예정입니다. 일단 여러분과 저는 공부를 하기 위해 만났으니 첫 번째부터 제대로 짚고 넘어갑시다.

영어라는 언어는 원래 한국 사람이 배우기 힘듭니다. 수많은 이유가 있지만 그 중 근본 원인을 꼽자면 바로 '어순'이 다르기 때문입니다. '어순'이란 '단어를 배열하는 순서'라 풀어 말할 수 있습니다.

제가 예를 하나 들어보겠습니다.

많은 사람들은 영어로 말하는 것을 무서워합니다.

음…

이제부터 이 문장을 영어로 해 볼까요? 딱 10초 드립니다. 시작!

Many people … … **English speak** … **scary**…?

아…! 지금 이렇게 하신 분들 많이 계실 것 같습니다. 물론 이건 정확한 문장이 아닙니다.

지금 이 영어 발화(?)의 특징을 보면

Many people 많은 사람들은 … **English speak** 영어 말하다 …
scary 무서운 …

이렇게 '우리말(한국어)' 순서로 되어 있습니다. 어찌 보면 당연한 일입니다. 우리는 한국 사람이고 한국어가 편하니까 생각도 한국어로 하거든요. 그래서 말이 이렇게 나오는 것이죠.

여기서 조금 더 나아가

Many people ⋯ scary ⋯ afraid? ⋯ English speaking ⋯

이렇게 말을 만들기도 합니다. 이 경우, 우리말과 영어의 어순 차이를 분명히 인식하고 있는 것입니다.

Many people 많은 사람들은 ⋯ scary ⋯ afraid? 무서워 한다⋯
English speaking 영어로 말하기⋯

대충 이런 생각인거죠.

여러분께서 초보자라면 아마 이 대목에서 이런 생각이 드실 겁니다.

'이봐, 글쓴이! 맞아! 정말 답답하고 화가 나고 어떤 면에서는 야속하기까지 해! 영어를 배운 세월이 초중고 합쳐서 10년이 넘는데 왜 이런 간단한 문장 하나 못 만드는 거야?!'

부디 여러분께서 스스로를 탓하지 않으셨으면 좋겠습니다. 두 가지 이유에서인데요. 사실 우리는 10년 넘게 영어라는 과목을 들었던 것이지 10년을 영어에 투자한 적이 없습니다.

그리고 영어라는 과목을 어떻게 공부했는지 다들 기억이 나실 겁니다. 이제 30대 중반을 넘긴 저만해도 중고등학교 시절 (초등학교 때는 영어라는 과목이 없었습니다.) 영어로 문장을 만드는 연습을 해본 적이 없습니다.

문법 용어를 외우고 문법 용어를 잘 외웠는지 시험을 봤죠. 저보다 연세가 많으신 분들은 더할 겁니다. 진짜 영어시간이 싫었을 거예요.

저의 중고등학교 영어 시간은 딱 이런 느낌으로 기억 속에 남아 있습니다.

수영을 배우러 갔는데 수영을 어떻게 하는지 자세를 외운다. 외운 자세를 제대로 묘사한 그림을 시험지에서 고른다. 수영을 배워야 하는데 물속에는 들어가지 않는다. 자세도 몸으로 직접 잡는 게 아니라 머리로 외운다.

그러면 수영을 못해야 당연한 거 아닌가요?

우리는 영어를 못해야 당연합니다. 요즘이야 어릴 때부터 영어로 TV도 보고 듣고 말하기도 연습하지만 제 세대만 해도 영어라는 것을 진짜 해본 적이 없습니다.

자, 우리 교육에 대한 아쉬운 얘기는 나중에 또 하고, 잠시 아래 두 문장을 봐 주세요.

1. 많은 사람들은 영어로 말하는 것을 무서워한다.
2. 많은 사람들은 무서워한다 말하는 것을 영어로.

두 문장의 차이가 뭘까요? 가만히 보면 같은 뜻인데 단어 배열 순서만 다르죠?

1번 문장

'많은 사람들은 영어로 말하는 것을 무서워한다.'

이것은 자연스러운 우리말 순서로 쓴 것이고

2번 문장

'많은 사람들은 무서워한다 말하는 것을 영어로.'

이것은 자연스러운 영어 순서로 쓴 것입니다.

보면 바로 알 수 있을 만큼 영어와 우리말은 어순, 즉, 단어를 배열하는 순서가 다릅니다. 이를 토대로 언어학자들은 우리말과 영어를 전혀 다른 각각의 카테고리로 분류하죠. 사실 비슷한 부분이 하나도 없어서 공통점을 찾는게 불가능할 정도입니다. (저는 미국에서 영어교육을 전공했는데 이 전공을 선택하면 언어학을 기본으로 배워야 합니다. 코피 터지게 공부한 덕분에 이런 내용에 대해서 소위 말하는 '썰'이 아니라 정확한 정보를 드릴 수 있어서 다행이라고 생각합니다.)

이 두 문장을 다시 한번 나란히 놓고 생각해 보겠습니다.

1. 많은 사람들은 영어로 말하는 것을 무서워한다. - 한국어 순서
2. 많은 사람들은 무서워한다 말하는 것을 영어로. - 영어 순서

우리 한국 사람들은 말을 할 때 실제 1번 순서로 생각하면서 단어를 배열합니다. 즉, 실제 머릿속에 저 순서대로 단어들이 떠오른다는 말입니다. 그런데 영어 원어민들은 정말 2번 순서로 생각하면서 말을 합니다.

아예 생각 자체가 다른 것입니다. 이것이 바로 우리에게 영어가 어려운 근본적인 이유입니다. 그래서 영어 공부는 첫째도 둘째도 '어순' 감각을 익히는 것이 되어야 합니다.

영어 어순으로 단어를 배열한 두 번째 문장

'많은 사람들은 무서워한다 말하는 것을 영어로.'를 대충 영어 단어로 바꿔 보겠습니다.

많은 사람들… 무서워한다… 말하는 것… 영어로

Many people … **scare** … **speaking** … **English**

정확한 문장은 아니지만 일단 단어 배열 순서는 잘 맞습니다.

여기서 정말 놀라운 사실은 이렇게 '순서'만 잘 맞춰 놓아도 영어 원어민들은 이 문장이 무슨 뜻인지 거의 다 이해한다는 것입니다.

그들의 머리에 딱 맞춰서 준 것이니 그대로 딱 이해가 가능합니다.

이제부터는 조금 전 영어 단어 배열한 것을 제대로 다듬어 보겠습니다.

Many people / scare / speaking / English
→ **Many people are scared of speaking in English.**

자, 이게 바로 '많은 사람들은 영어로 말하는 것을 무서워한다.'를 영어로 정확히 옮긴 것입니다. 아까 단어를 늘어놓은 것을 '문법'이라는 도구를 사용해서 조금 다듬었을 뿐이죠.

제가 바꾼 부분은

Many people are scared of speaking in English.

밖에 없습니다.

이런 '다듬기'를 위해 필요한 것이 바로 '문법'입니다.

예전에는 너무 문법만 배워서 문제였으니 이제는 문법 위주로 하지 말자는 이야기가 종종 나오는데요. 사실 이게 가장 큰 오해입니다. 우리가 문법을 언제 배웠나요? 우리는 문법을 설명하는 그 '용어'와 '정의'를 외웠을 뿐입니다. 진짜 문법을 배운다는 것은 문장을 만들어 보고 다듬는 과정을 의미합니다.

Many people ⋯ scare ⋯ speaking ⋯ English를

Many people are scared of speaking in English.로 바꾸기 위해서는 '수동태', '동명사', '전치사'를 배워야 합니다. 제가 앞으로 유치원생도 이해 가능할 정도로 쉽게 알려드릴 것입니다.

정리하겠습니다.

영어를 배울 때 가장 중요한 것은

정확히 이 세 가지 입니다.

문제는 우리가 지금까지 거꾸로 해왔다는 것입니다. 문법을 '완벽하게' 외우고 거기에 정확히 맞춰 영어로 말을 하겠다고 덤빈 것입니다. 그리고 문법을 조금이라도 틀리면 비웃고 혼나는 이상한 문화를 키워 왔습니다.

그래서 당연히 한국 사람들은 영어를 보면 일단 겁이 납니다. 틀릴까 봐 너무 무섭고 떨리고 어떻게든 '완벽한 문장'을 먼저 머릿속에서 만든 다음에 말을 하려는데 그러다 보면 어느새 시간은 지나가버립니다. 그리고 그런 나를 보고 약간 한심하다는 듯이 쳐다보는 서로의 시선. 이 모든 것이 우리를 영포자로 만들었습니다.

여러분, 한번 진지하게 생각해 봅시다.

Many people are scared of speaking in English.

우리가 서툴게라도 이 정도 수준의 문장을 말할 수 있게 되면 어떻게 될까요?

누군가가 '한국 사람들은 왜 영어로 말하기를 꺼려합니까?'라고 물었을 때

Many people are scared of speaking in English.

라고 답할 수 있습니다. 이 대답을 들으면 질문했던 사람은 바로 **Why?**라고 물어올 겁니다. 그러면 이제 우리는 '한국 사람들은 학교 다닐 때 영어로 말할 기회가 많이 없었다.'라는 식으로 또 '대답'을 하겠죠.

우리는 이것을 '대화'라고 합니다.

말로 하면 '입말'이라고 하고 글자로 하면 '글말'이라고 하죠.

이것이 바로 21세기를 사는 우리에게 가장 중요한 '의사소통'입니다. 우리가 외국어를 배우는 이유가 바로 나와 다른 사람, 나와 세계가 서로 대화를 하기 위해서라는 것에는 모두가 공감하시죠?

지금까지 저는 여러분께 우리가 영어를 왜 어려워하는지 그리고 우리가 얼마나 영어를 비효율적으로 배워왔는지 가장 쉬운 예를 통해서 설명드렸습니다.

영어를 제대로 배우는 방법을 다시 한번 정리하자면 다음과 같습니다.

1. 영어의 어순대로 단어 배열하기
2. 정확한 문장으로 다듬기
3. 무한히 반복하기

우리는 이 책에서 수많은 우리말 문장을 영어로 바꾸어 볼 것입니다. 그리고 제가 최대한 쉽고 정확하게 하나하나 설명해 드릴 것입니다. 우리가 이 책에서 배울 문법의 범위는 말을 하고 글을 쓰는데 필요한 최소한의 것들로 한정되어 있습니다. 그러나 늘 '기본'에 '심오함'이 있습니다. 이 책을 다 읽고 나면 여러분의 통찰력은 그전과 결코 같을 수 없습니다. 그리고 눈앞을 가리던 뿌연 안개가 싹 걷히는 느낌도 받으실 겁니다.

준비되셨습니까? 이것은 즐거운 여행이 될 것입니다.

#2

사람은 어떤 말을 할까?

강의보기

외국어를 배우시는 분들의 큰 고민 중 하나가 '그 다양한 표현들을 언제 다 외우냐'는 것입니다. 결론부터 말씀드린다면 그건 애초에 불가능합니다. 인간이 만들어 낼 수 있는 문장의 수는 무한에 가깝습니다. 우리가 하는 어떤 말도 이전에 했던 말과 완전히 같지는 않습니다. (여담이지만 그래서 인공지능이 여전히 버거워하는 분야가 언어입니다. 언젠가 이 분야를 정복하게 되면 저 같은 사람은 먹고 살 길이 없어지겠으니 현재로서는 다행이라고 생각해야 할까요?)

그러나 표현의 개수는 무한이어도 그 표현을 만들어 내는 패턴은 유한합니다. 그것을 모아서 정리한 것이 '문법'입니다.

한 인간이 살아가면서 가장 많이 하는 말의 내용은 다음의 세 가지 카테고리로 나눌 수 있습니다.

1. 사람에 대한 말
2. 사물에 대한 말
3. 생각, 개념에 대한 말

이렇게만 보여드리면 선뜻 이해가 가지 않으시죠? 제가 우리말 예시를 하나 보여드릴게요.

Important *

최근 학생들이 스마트폰을 너무 많이 사용하여 수업 중 스마트폰 사용을 금지하는 것이 필요하다는 의견이 제기되고 있습니다. 그러나 스마트폰 생산 업체에서 발표한 바에 따르면 특정 제품들은 교육 콘텐츠를 담고 있다고 하는데요. 과연 스마트폰이 교육에 제대로 쓰일 수 있을지, 자세한 내용 알아보겠습니다.

저녁 시간에 뉴스를 틀면 우리가 한 번쯤은 들을 수 있는 평범한 내용입니다. 아주 어려운 단어가 있거나 문장이 너무 복잡해서 이해가 안 가거나 그러진 않으실 겁니다.

이 기사문에서 내용의 핵심을 이루는 문장들만 뽑아보겠습니다.

1. 학생들이 스마트폰을 너무 많이 사용한다.
2. 몇몇 제품들은 교육 콘텐츠를 담고 있다.
3. 스마트폰 사용을 금지하는 것이 필요하다.

어떻습니까? 이 세 가지로 전체 내용을 요약할 수 있겠죠?
이제 각각의 문장을 자세히 들여다보겠습니다.

1. 학생들이 스마트폰을 너무 많이 사용한다.
→ 누가 + 한다 + 무엇을 (사람에 대한 말)

2. 몇몇 제품들은 교육 콘텐츠를 담고 있다.
→ 무엇이 + 한다 + 무엇을 (사물에 대한 말)

3. 스마트폰 사용을 금지하는 것이 필요하다.
→ ~하는 것이 + 이다 + 무엇/어떤
　　(생각, 개념에 대한 말)

보시다시피 정확히

1. 사람에 대한 말
2. 사물에 대한 말
3. 생각, 개념에 대한 말

이 세 가지가 전체 내용의 대부분을 전달하죠?

우리가 실제로 말을 할 때 즉, 일상적인 대화를 하거나, 토론을 하거나, 또는 무언가를 발표할 때 우리는 이 세 가지 성격의 표현으로 99% 이상을 표현합니다.

즉, 이 세 가지 성격의 표현을 자유자재로 할 수 있다면 하고 싶은 말의 99% 이상을 표현할 수 있습니다.

1. 사람에 대한 말

누가	➕	있다	➕	어디에
누가	➕	이다	➕	무엇/어떤
누가	➕	한다	➕	무엇을

인간의 언어에서 '사람'에 대해 이야기할 때 쓰는 표현은 이 세 가지로 나눌 수 있습니다.

1. 누가 + 있다 + 어디에

→ 나는 사무실에 있다.

→ I am in the office.

2. 누가 + 이다 + 무엇/어떤

→ 나는 직장인이다. / 나는 피곤하다.

→ I am an office worker. / I am tired.

3. 누가 + 한다 + 무엇을

→ 나는 컴퓨터를 사용한다.

→ I use a computer.

아무리 복잡한 문장이라도 결국은 이 문형들로 시작합니다.

2. 사물에 대한 말

무엇이	➕	있다	➕	어디에
무엇이	➕	이다	➕	무엇/어떤 속성/상태
무엇이	➕	한다	➕	무엇을

인간의 언어에서 '사물'에 대해 이야기할 때 쓰는 표현은 이 세 가지로 나눌 수 있습니다.

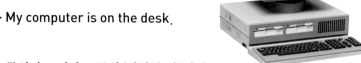

1. 무엇이 + 있다 + 어디에

→ 내 컴퓨터는 책상 위에 있다.

→ My computer is on the desk.

2. 무엇이 + 이다 + 무엇/어떤 속성/상태

→ 내 컴퓨터는 유용한 도구다. / 내 컴퓨터는 오래된 상태이다.

→ **My computer is a useful tool.** / **My computer is old.**

3. 무엇이 + 한다 + 무엇을

→ 내 컴퓨터는 많은 자료를 담고 있다.

→ **My computer contains a lot of data.**

아무리 복잡한 문장이라도 결국은 이 문형들로 시작합니다.

3. 생각, 개념에 대한 말

무엇이/~하는 것이	➕	있다	➕	어디에
무엇이/~하는 것이	➕	이다	➕	무엇/어떤/~하는 것
무엇이/~하는 것이	➕	한다	➕	누구를/무엇을/~하는 것을

인간의 언어에서 '생각, 개념'에 대해 이야기할 때 쓰는 표현은 이 세 가지로 나눌 수 있습니다.

1. 무엇이/~하는 것이 + 있다 + 어디에

→ 행복은 어디에나 있다.

→ **Happiness is everywhere.**

2. 무엇이/~하는 것이 + 이다 + 무엇/~하는 것

→ 아는 것이 힘이다. / 보는 것이 믿는 것이다.

→ **Knowledge is power.** / **Seeing is believing.**

3. 무엇이/~하는 것이 + 한다 + 누구를/무엇을

→ 진리가 우리를 자유롭게 한다. / 배우는 것은 실패를 요구한다.

→ **Truth frees us.** / **Learning requires failure.**

아무리 복잡한 문장이라도 결국은 이 문형들로 시작합니다. 여러분께서 배우셔야 할 목표가 뚜렷해졌습니다.

이제부터 제가 할 일은 여러분과 함께

사람이란 사람은 모두 묘사해보고

사물이란 사물도 모두 묘사해보고

생각, 개념이라고 할 만한 것도 모두 묘사해 보는 것입니다.

특히 마지막, '생각, 개념'을 묘사하는 연습까지 마치고 나면 '상당히 영어를 세련되게 쓰네?'라는 말을 들을 수도 있습니다. 우리말과 표현 방식이 크게 다른 부분이 바로 생각, 개념 묘사거든요.

저와 함께 이 책 마지막 장까지 다 마치면 앞으로 여러분께서 어떤 영어 강의를 들어도 어떤 방법으로 영어 공부를 해도 이전보다 10배는 실력이 빨리 늘게 됩니다.

지금부터 저와 함께 공부하실 이 과정이 이 세상 모든 영어수업을 위한 0교시이기 때문입니다.

지혜의
샘

It does not matter how slowly you go as long as you do not stop.

멈추지 않는 한 얼마나 천천히 가는지는 문제가 되지 않는다. - 공자

Chapter 1

사람

#3

누가 + 있다 + 어디에

강의보기

'지후야, 거실이 영어로 뭐니?'

소파에 누워서 책을 읽고 있는데 어머니께서 제 무릎을 툭 치며 말씀하셨습니다.

'거실? 아… living room이요!'

대답을 들으신 어머니께서는 몇 초간 골똘히 생각을 하시더니

'그럼 We are living room. 이라고 하면 되나?'

라고 질문을 던지셨습니다.

우리가 살다 보면 나는 어디에 있고 너는 어디에 있고 그는 어디에 있고…
누가 어디에 있다는 말을 참 많이 하게 되죠. 그래서 이 문형을 빨리 잘 만
들어 내는 훈련을 하는 것은 매우 중요합니다.

〈사람이 + 있다 + 어디에〉를 영어로 표현하는 방법은 크게 두 가지입니다.

1. 〈사람이 + 있다 + 어디에〉 순서 그대로 쓰는 방법
→ A man is in the house. 남자가 집에 있다.

항상 영어는 〈주어 + 동사〉가 먼저 나온다는 것을 꼭 기억하시고요.

2. 〈There be + 사람 + 어디에〉라는 표현을 사용하는 방법
→ There is a man in the house. 남자가 집에 있다.

특이하죠? 〈주어 + 동사〉가 먼저 나오는 게 아니라 There is라는 말로 일
단 깔아놓고 문장을 시작합니다. 왜 이렇게 쓰는지에 대한 원리는 나중에
말씀드릴 테니 지금은 그냥 있는 그대로 받아들이세요.

A man is in the house.

There is a man in the house.

둘 중 더 쉽게 만들 수 있는 것은 아마 첫 번째 문형일 것입니다. 이 문형부
터 연습해 보도록 하겠습니다.

1. 남자가 건물 안에 있다.
→ 남자가 + 있다 + 건물 안에
→ A man + 있다 + 건물 안에
→ A man + is + 건물 안에
→ A man + is + in the building.

영어를 처음 배울 때 가장 중요한 것은 '어순'입니다. 우리말은 '남자가 건물 안에 있다'가 자연스러운 순서이지만 영어는 '건물 안에'라는 말보다 '있다'가 먼저 나와야 합니다. 그래서 항상 〈주어 + 동사〉 먼저 뱉는 연습을 하셔야 합니다.

A man is in the building.

이 문장을 아주 정확히 글자 하나하나 번역하면 '한 남자가 그 건물 안에 있다.'가 됩니다.

a man이라는 말은 **man**에 속하는 것들 중 하나를 뜻합니다. 그래서 우리말로 '한 남자, 어떤 남자' 정도로 번역하면 가장 자연스럽습니다.

그리고 **the building**이라는 말은 굳이 따지면 '그 건물'인데 우리말은 딱히 이런 체계가 없습니다. **the building**은 화자가 말하는 순간 그 말을 듣는 청자도 이미 알고 있는 특정 **building**을 뜻합니다.

우리말에는 이런 체계가 없으니 영어를 배울 때 **a**나 **the**를 보면 마음이 먹먹해지는 것이 당연합니다. 없는 개념을 처음 배운다는 것이 쉽습니까? 당연히 어렵습니다. 그러니 여기서는 굳이 다 이해하려 하지 말고 시간이 지나면서 익숙해지겠거니 생각해 주세요.

2. 여자가 자동차 안에 있다.
→ 여자가 + 있다 + 자동차 안에
→ **A woman** + 있다 + 자동차 안에
→ **A woman** + **is** + 자동차 안에
→ **A woman** + **is** + **in the car.**

3. 사람들이 건물 안에 있다.

→ 사람들이 + 있다 + 건물 안에

→ **people** + 있다 + 건물 안에

→ **people** + **are** + 건물 안에

→ **people** + **are** + **in the building**.

4. 사람들이 자동차 안에 있다.

→ 사람들이 + 있다 + 자동차 안에

→ **people** + 있다 + 자동차 안에

→ **people** + **are** + 자동차 안에

→ **people** + **are** + **in the car**.

우리말과 달리 영어는 〈사람이 + 있다 + 어디에〉의 순서가 자연스럽습니다. 즉, 원어민들은 생각도 이 순서로 한다는 뜻입니다. 그래서 한국인이 영어를 배울 때 소위 '버퍼링'이라는 것이 심합니다.

A man…까지 얘기해놓고 '어디에'를 먼저 생각하니 바로 **is**가 안 나오고 **in the car?**… 생각부터 하는 것입니다. 그래서 우리는 머릿속으로 문장을 완벽하게 만들고 뱉으려는 강박이 있습니다. 그러나 이것은 불가능합니다. 모국어가 아닌 언어를 완벽하게 머릿속으로 다 만들고 말한다는 것은 과학적으로 불가능한 일입니다. (제 전공에 언어학이 들어가 있으니 이런 것은 저처럼 검증된 사람의 말을 믿으세요.) 저와 함께 공부하시는 동안은 철저히 영어 순서대로 생각하도록 훈련합니다. 틀려도 되고 어설퍼도 좋습니다. 가장 부끄러운 것은 그게 무서워서 아예 안 하는 것입니다.

지금부터 제가 우리말을 영어 순서로 바꾼 것을 보여 드릴 테니 보시고 바로 영어로 써보시거나 말해보세요.

1. 남자가 건물 안에 있다.

→ 남자가 + 있다 + 건물 안에

→ _____

2. 여자가 자동차 안에 있다.

→ 여자가 + 있다 + 자동차 안에

→ _____

3. 사람들이 건물 안에 있다.

→ 사람들이 + 있다 + 건물 안에

→ _____

4. 사람들이 자동차 안에 있다.

→ 사람들이 + 있다 + 자동차 안에

→ _____

자, 지금 이 문장들을 보면 is나 are라는 단어가 보이죠? 이 녀석들을 be동사라고 합니다. 아, 여기서 '뭐 그렇게 쉬운 걸 다루느냐'고 생각 하시면 매우 섭섭합니다. 우리가 제대로 안다고 생각하는 것들의 상당수는 말 그대로 '어디서 들어본' 정도에 불과합니다. 제대로 안다는 것은 남에게 설명할 수 있을 정도를 뜻합니다. 명심하세요.

우리가 막연하게 알고 있는 'be동사'는 영어라는 언어에서 가장 중요한 부분 중의 하나입니다. 또한 우리말에 아예 없는 개념이라 어설프게 이해하고 넘어가면 평생 이해를 못 합니다.

'be'라는 단어를 우리말로 딱 어떤 뜻이라고 말하기는 힘듭니다. 반드시 문장 속에 넣어서 I am, you are… 이렇게 해주어야 뜻을 갖기 시작하죠. 이렇게 되면

'~이다/~있다'

이 둘 중의 하나로 해석합니다.

A man is in the house.라는 말을 군이 번역하면 '남자는 집 안에 있다.'라는 뜻이 됩니다. '남자는 집 안에 이다.'라는 말은 당연히 없으니까요.

be동사는 주어가 무엇인지에 따라 모양이 바뀝니다.

'나 = I'가 올 때는 am으로
'너/우리/그들 = you/we/they'가 올 때는 are로
'그/그녀 = he/she'가 올 때는 is로 바뀝니다.

예문에 나온 a man이나 a woman도 따지고 보면 he/she와 같은 개념이라서 is가 온 것이고 people은 따지고 보면 they와 같은 개념이라 are가 왔습니다.

뭐 이렇게 당연한 것을 다루냐는 생각을 하시기 전에 침착하게 다음 질문에 대답해보세요.

I am은 '나는'인가?

자, 어떻습니까? I am은 '나는'인가요?

우리는 한국인인고 당연히 영어를 볼 때도 우리말 기준으로 보기 때문에

be동사를 '은/는'이라고 착각하는 경향이 있습니다.

그러면

I am in the house.라고 하면

I am은 '나는'이고

in the house는 '집 안에 있다'는 말이 되나요?

영어는 우리말과 완전히 다릅니다. 그들은 '은/는'이라는 단어가 따로 없습니다.

I가 '나는'이고 **am**은 어디까지나 그 뒤에 나오는 것에 따라 '~이다/~있다' 둘 중에 하나가 됩니다.

잠시 우리말에 대해서 공부해 볼까요?

우리말은 어떤 단어 뒤에 '은/는/이/가' 등을 붙여서 '주격'을 만들고 '을/를'을 붙여서 '목적격'을 만듭니다. (우리말 문법에서는 '은/는'과 '이/가'를 구분하지만 여기서는 이해를 돕기 위해 그냥 같이 보겠습니다.)

'한국 사람들은 커피를 좋아한다.'

여기서 '한국 사람들은'을 보시면 '한국 사람들' 뒤에 '은'을 붙여서 이것이 문장의 주어임을 밝힙니다. 이렇게 표시된 것을 '주격'이라 하고

'한국 사람들은 커피를 좋아한다.'에서 '커피를'이 '목적격'입니다. '커피' 뒤에 '를'을 붙여서 이것이 문장의 목적어임을 밝힙니다.

그래서 우리말은 어순이 자유롭습니다.

'커피를 좋아한다 한국 사람들은'

'한국 사람들은 좋아한다 커피를'

'커피를 한국 사람들은 좋아한다'

어떤 순서로 말을 해도 '은'이 붙어있는 것이 주어이고 '를'이 붙어있는 것이
목적어라는 것을 알아볼 수 있으니 이해하는데 문제가 없는 것이죠. 이것이
'은/는/이/가' 와 '을/를'이라는 '조사'들의 힘입니다. (전문 용어로는 '격조사'
영어로는 **case marker**라고 부릅니다.) 우리말은 이 '조사'가 있어서 어떤
단어가 주격이고 어떤 단어가 목적격인지 어떤 순서로 써 놓아도 알아볼 수
있습니다.

그런데 영어는 이런 것이 없습니다.

Korean people like coffee.

이렇게 말을 하면 '한국 사람들은 커피를 좋아한다.'이지만

Coffee like Korean people.

이렇게 말을 하면 '커피는 한국 사람들을 좋아한다.' 또는 '한국 사람들 같은
커피'라는 이상한 뜻이 되어 버립니다.

그러니 당연히

Like coffee Korean people.이라고 쓰면 또 다른 뜻이 되겠죠?

그래서 영어는 '순서'가 중요합니다.

Korean people like coffee.

이렇게 써 놓아야 원어민들은 like가 동사니까 앞에 있는 Korean people 이 '주어'이고 동사 뒤에 있는 coffee가 '목적어'라는 것을 알아 봅니다.

옛날 영어는 우리말처럼 각 '격'에 따라서 단어의 끝이 조금씩 변했습니다. 지금도 영어를 제외한 대부분의 서양 언어들은 우리말처럼 '격' 표시가 있습니다. 영어만 이게 거의 다 사라졌습니다.

그나마 이 '격' 표시의 흔적이 남아 있는 것이 '인칭 대명사'입니다. '나'라는 1인칭, '너'라는 2인칭 '그/그녀'라는 3인칭… 이런 인칭 대명사들에는 아직 이 '격' 표시의 흔적이 남아 있습니다.

I love my mom.
나는 어머니를 사랑한다.

My mom loves me.
어머니께서는 나를 사랑하신다.

이렇게 주격은 I, 목적격은 me 두 가지 다른 형태로 표현합니다. 그렇다고 이걸 믿고 순서를 아무렇게나 쓰시면 안 됩니다.

Me loves my mom.

이렇게 썼다고 원어민들이 알아들을 거라는 생각은 버리시는 게 좋습니다. 영어는 워낙 '순서'가 중요한 언어여서 아무리 저 흔적을 가지고 우기려고 해봐야 그들은 이해하지 못합니다.

그래서 이런 결론이 나옵니다.

I am이라는 말은 '나는'이 아닙니다. 이미 I 자체가 '나는'이기 때문이죠. 그러니 be동사가 쉽습니까? 지금까지 얼마나 많은 분들께서 I am을 '나는'이라고 하셨는지 저는 현장에서 영어를 가르치면서 봐 왔습니다. 이렇게 시작부터 틀어졌으니 영어가 재미있을 리가 만무합니다.

지금 이 내용 모두 이해 가시죠?

지금 보신 내용은 언어학 전문 서적에 나오는 것입니다. 그러니 이해하신 분들은 스스로를 칭찬해 주셔도 좋습니다. 그럼 다시 연습으로 돌아가겠습니다.

5. 그는 공원에 있다.
→ 그는 + 있다 + 공원에
→ He + 있다 + 공원에
→ He + is + 공원에
→ He + is + in the park.

he라는 단어 자체가 '그는'이라는 것 이해 가시죠? 이제부터 여러분들께서는 한국어의 벽을 허물고 영어라는 언어의 체계 속으로 들어가시는 겁니다.

6. 그녀는 사무실에 있다.
→ 그녀는 + 있다 + 사무실에
→ She + 있다 + 사무실에
→ She + is + 사무실에
→ She + is + in the office.

she는 '그녀'가 아니라 '그녀는'입니다. is는 어떤 뜻인지 바로 알 수는 없지

만 그 뒤에 나올 말에 따라 '~이다' 또는 '~있다'라는 두 가지 가능성을 가지고 있습니다. 이것이 원어민들의 사고방식입니다.

한번 직접 경험해 보실까요?

She is…

여기까지 우리는 is 가 '~이다' 일지 '~있다'일지 모릅니다.

She is a kind person.

이렇게 다음 말이 붙는 순간 **a kind person**(친절한 사람)이 곧 **She**가 되는 것입니다.

She = a kind person

지금 보시는 바와 같이 '=' 표시가 **is**의 역할입니다.

I am a man.
나는 남자다.

예전에 제가 좋아하던 노래 제목이기도 한데요. 원어민들은 이 문장을

I = a man

같은 그림으로 인식합니다.

아, 여기서 한 가지 더, 지금까지 보신 문장들에서는 계속 **in**이 나오죠?

She is in the office.

그녀는 사무실에 있다.

보시는 바와 같이 '사무실에'에서 우리말의 '에'에 해당하는 부분이 **in**인데, 장소나 공간의 크기와 성격에 따라 **in**이 아닌 **at**이 나올 수도 있고 **on**이 나올 수도 있습니다. 이런 단어들을 '전치사'라고 하는데요. 사실 전치사는 원어민들도 왜 어디에 무엇을 쓰는지 설명하지 못하는 경우가 더 많습니다. 그래서 전치사는 그림으로 기억해야 합니다. (이 장이 끝나는 곳에 전치사를 그림으로 기억하실 수 있게 시각 자료를 준비해 두었습니다.)

7. 그들은 여기에 있다.
→ 그들은 + 있다 + 여기에
→ **They** + 있다 + 여기에
→ **They** + **are** + 여기에
→ **They** + **are** + **here**.

8. 그들은 거기에 있다.
→ 그들은 + 있다 + 거기에
→ **They** + 있다 + 거기에
→ **They** + **are** + 거기에
→ **They** + **are** + **there**.

지금 보신 문장에서는 **in**이 사라졌습니다. 왜 그럴까요?

우리가 흔히 **here**이나 **there**를 '여기/저기'라고 번역하지만 사실은 '여기에/저기에'에 가깝습니다. 즉, 원어민들은 이 단어들을 굳이 **in/at/on** 등 전치사를 붙이지 않아도 이미 '~에'가 포함된 것으로 인식한다는 얘기죠. 한국 사람들이 영어를 처음 배울 때 여기까지 잘 몰라서 대부분 **in here/at there**라고 많이 합니다. 그러나 정말 어떤 공간 '내부' 또는 '지점'을 특별히 밝히는 경우가 아니라면 **here/there**는 '여기에/저기에' 또는 '여기에서/저기에서'의 뜻으로 쓰는 것이 일반적입니다.

방금 여러분께서는 한국인들이 가장 많이 틀리는 영문법 베스트 중 하나를 피해가실 수 있게 되었습니다.

자, 이제 이 장의 서두에서 나왔던 저희 어머니께서 하신 질문에 여러분께서 직접 답을 해주실 수 있겠네요.

'우리는 거실에 있다.'를 **We are living room.**이라고 하면 되는 거야?

여기서 한 단어가 빠졌죠? 우리는 거실이라는 공간 안에 있는 것이니까

We are in the living room.
우리들은 거실에 있다.

이렇게 표현하는 것이 맞습니다. 그리고 만약 '우리들은 여기에 있다.'라고 하신다면 어떻게 될까요?

We are here.

네, 맞습니다. 바로 **in** 없이 **here**라는 말을 붙이면 됩니다!

장소의 전치사 그림으로 기억하기

on the box	in the box	next to the box	in front of the box
behind the box	between the box	under the wall	through the pipe
around the box	down the stairs	up the stairs	out of the box
into the box	toward the box	away from the box	past the box
over the box	onto the box	off the box	along the road
across the road	among the boxes	above the box	below

1 남자가 건물 안에 있다.
(is / the building / a man / in)

_____

2 여자가 자동차 안에 있다.
(in / is / the car / a woman)

_____

3 사람들이 건물 안에 있다.
(the building / are / people / in)

_____

4 사람들이 자동차 안에 있다.
(in / people / the car / are)

_____

5 그는 공원에 있다.
(the park / he / in / is)

_____

6 그녀는 사무실에 있다.
(she / the office / is / in)

_____

7 그들은 여기에 있다.
(here / are / they)

_____

8 그들은 거기에 있다.
(are / there / they)

_____

정답

1. A man is in the building.
2. A woman is in the car.
3. People are in the building.
4. People are in the car.
5. He is in the park.
6. She is in the office.
7. They are here.
8. They are there.

If Jack is in love, he is no judge of Jill's beauty.

이번 장에서 배운 문형으로 된 영어 속담이 있어서 소개합니다.

이 문장을 우리말로 번역한 것을 보면

'사랑에 빠진 남자는 여자의 아름다움을 판단하지 못한다.'

이 정도로 나와 있습니다.

한국에서 가장 유명한 남자와 여자는 각각 철수와 영희가 아닐까 싶습니다. 지금은 조금 다르겠지만 제가 학교 다닐 때만 해도 무조건 예시에 등장하는 남녀는 철수와 영희였습니다. 당시 기준으로 가장 흔한 한국 사람 이름이어서 그랬던 것인데요. 영어를 쓰는 나라들에서도 가장 흔한 남자, 여자의 이름이 있습니다. 바로 각각 Jack과 Jill입니다.

If Jack is in love, he is no judge of Jill's beauty.

여기서 Jack은 실제 Jack이라는 이름을 가진 어떤 남자라기 보다 일반적인 남자를 뜻합니다. 전체 문장을 분석해보면 다음과 같습니다.

만약 남자가 사랑에 빠진 상태라면 (사랑이라는 것 안에 있다면)
If Jack is in love

그는 판사가 아니다 (여기서는 judge를 그냥 '무언가를 판단하는 사람' 정도로 보시면 됩니다.)

he is no judge

여자의 아름다움의
of Jill's beauty.

결국, 사랑에 빠진 남자는 자신이 사랑하는 여자의 아름다움을 객관적으로 판단할 능력을 잃어버린다는 얘기입니다. 딱 우리말에 '제 눈에 안경'이라는 표현과 상응하는 것 같습니다.

이번 장에서 공부한 문형으로 충분히 만들 수 있고 이해할 수 있는 문장입니다. 구조는 단순해도 그 뜻은 상당히 심오하죠. 이처럼 언어의 깊이는 그것을 표현하는 문장의 복잡함과 비례하지는 않습니다. 그보다는 그 말을 하는 사람의 지성과 교양에 정비례합니다.

우리는 종종 말을 어렵게 하는 것이 '좀 있어 보인다'는 생각을 하는 경향이 있습니다. 그러나 말을 쉽게 하는 사람일수록 사고력이 좋고 남을 배려할 줄 안다는 연구 결과가 있습니다. 영어를 꼭 어렵게 해야 잘 하는 것이라는 편견을 버려야 할 때입니다.

When you are in Rome, do as the Romans do.
로마에서는 로마인들의 풍습을 따르라.

우리가 흔히 '로마에서는 로마의 법을 따르라.'고 많이 인용하는 문장이 바로 이것입니다. 영어로 보니 생각보다 단순하죠?

When은 뒤에 나오는 말에 앞서서 '~할 때'라는 뜻을 미리 밝혀주는 단어입니다.

그래서 When you are in Rome은 '당신이 로마에 있을 때'라는 말이 되고요,

do 하라

이렇게 you do에서 you를 생략하고 do만 써서 시작하면 '명령문'이 됩니다. 우리가 보통 '가라!'라고 할 때 You go!라고 하지 않고 그냥 Go!라고 하죠? 이처럼 명령문은 '너'를 생략한 것입니다.

as ~처럼, ~같이

as는 그 뒤에 나오는 것 '처럼, 같이'라는 뜻이 첫 번째입니다. 혹시 As you know라는 말 들어 보셨나요? 딱 우리말에 '아시다시피' 정도의 뜻으로 쓰는 말인데요

〈as ~처럼, ~같이 + you know 당신이 안다〉
= 당신이 아시는 것처럼, 아시는 바와 같이

이런 식으로 만든 표현이죠? 그래서 as the Romans do는 '로마인들이 하는 바와 같이' 정도로 해석할 수 있습니다.

do 하라 + as ~처럼, ~같이 + the Romans do 로마인들이 한다
= 로마인들이 하는 것처럼 하라. 즉, 로마인들의 풍습을 따르라.

한 사회를 구성하는 사람들이 의례 당연시하는 것을 우리는 '풍습, 관습, 법'이라고 부릅니다. 그래서 When you are in Rome, do as the Romans do.라는 말이 '로마에서는 로마법을 따르라.'는 말로 의역되어 많이 인용되고 있죠.

이번 장에서 나온 중요한 개념 중 하나가 바로 '어순'과 '격'입니다.
우리가 일반적으로 '서양'이라고 부르는 '유럽'은 그 뿌리를 '그리스, 로마'
에서 찾을 수 있습니다. 동아시아를 이야기할 때 '한자'를 빼고 말할 수 없듯이 '유
럽'을 이야기할 때 '그리스, 로마'를 빼고는 말할 수 없습니다.

여기서는 영어를 포함한 유럽 언어들의 뿌리를 지탱하고 있는 그리스어와 라틴어(로마제국
의 공식 언어)를 통해서 재미있는 사실을 알아보도록 하겠습니다.

Biblos

이 단어는 그리스어로 '책'을 뜻합니다. Book 을 'Biblos 비블로스'라고 부르는군요.

그런데 영어와는 달리 그리스어 사전에서 'Biblos 비블로스'를 찾으면 이런 표가 나옵니다.

| Bliblos 비블로스 |
| Biblu 비를루 |
| Biblo 비를로 |
| Biblon 비를론 |

이 네 단어의 뜻은 각각

| 책이 |
| 책의 |
| 책에게 |
| 책을 |

입니다.

Biblos 비블로스	책이
Biblu 비블루	책의
Biblo 비블로	책에게
Biblon 비블론	책을

제가 이 표를 보여드리면 대부분 머리가 멍해진다고 하십니다. 이게 다 무어냐고 하시죠. 그런데 생각해보시면 오히려 우리말과 상당히 비슷한 점이 있지 않나요?

우리는 '책'이라는 단어 뒤에

~이 / ~의 / ~에게 / ~를

이런 말을 붙여서 '책이 두껍다,' '책의 저자,' '책에게 붙여진 제목,' '책을 샀다.' 등의 표현을 합니다. '책'이라는 것이 문장의 주어인지, 목적어인지 무엇인지를 다 일일이 표시하여 알려줍니다.

이것과 원리가 똑같습니다.

Biblos 비블로스	책이
Biblu 비블루	책의
Biblo 비블로	책에게
Biblon 비블론	책을

그리스 사람들도 우리처럼 이렇게 이 단어가 문장의 주어인지 목적어인지 무엇인지를 다 표시하고 알려준 것입니다.

로마의 언어였던 라틴어도 마찬가지입니다.

Libellus 리벨루스	책이
Libelli 리벨리	책의
Libello 리벨로	책에게
Libellum 리벨룸	책을

그래서 재미 삼아 그리스어와 라틴어를 우리말 문장에 넣어서 사용해 보면

그리스어 –한국어 퓨전

'책이 두껍다' 는 'Biblos 두껍다'

'책의 저자' 는 'Biblu 저자'

'책에게 붙여진 제목' 은 'Biblo 붙여진 제목'

'책을 샀다' 는 'Biblon 샀다'

라틴어 –한국어 퓨전

'책이 두껍다' 는 'Libellus 두껍다'

'책의 저자' 는 'Libelli 저자'

'책에게 붙여진 제목' 은 'Libello 붙여진 제목'

'책을 샀다' 는 'Libellum 샀다'

딱딱 문법이 맞습니다. 아주 깔끔하게 '~이/~의/~에게/~을' 표현이 가능합니다.

그런데 영어는 이게 안됩니다.

Book	책이
Book's	책의
To book	책에게
Book	책을

Book이라는 단어가 Bookos / Booku / Booko / Bookon 이런 식으로 변하는 것이
아니라 '의' 는 's' 를 '에게' 는 ' to '를 따로 써주고 '이' 와 '을' 은 따로 표시할 방법
이 없습니다.

그래서 영어가 '어순'이 그렇게 중요한 것입니다.

'책이 두껍다' 는 'Book 두껍다'
'책을 샀다' 는 'Book 샀다'

이렇게 Book이라는 단어의 모양이 변하지 않기 때문에

The book is thick. 그 책은 두껍다.
I bought a book. 나는 책을 하나 샀다.

동사를 기준으로 어디에 쓰여 있는지에 따라 '책은' 인지 '책을' 인지 구분할 수밖에 없습니다.

The book / is (동사) / thick. 그 책은 두껍다.
I / bought(동사) / a book. 나는 책을 하나 샀다.

동사 앞에 있으면 주어, 뒤에 있으면 목적어입니다. 그래서 제가 늘 '어순' 을 강조하는 것
입니다. 다른 것은 다 틀려도 어순만 맞으면 신기하게 말이 통하는 것이 영어입니다.

항상 기억하세요.

일단 주어, 동사까지 말한다. 그리고 디테일은 나중에 생각한다. 말을 해놓고 본다. 써놓
고 본다. 틀려도 좋다. 말 순서를 익히는 것이 전부다. 나는 영어를 잘할 수 있다.

'저기 사람 있는 거 아니니?'
'어디요?'
'나는 보이는구먼.'
'당신이 맞아. 다리 위에 사람이 한 명 있어'

수술 후 몇 달을 집에서 꼼짝 못하고 누워있었던 저를 위해 부모님께서 여행을 제안하셨습니다. 다행히 체력이 빠르게 회복되고 있어서 오랜만에 먼 거리를 이동할 수 있었습니다.

때는 2018년 2월. 아직 춥고 해도 빨리 지는 시기라 인적이 드문 시골로 가니 정말 캄캄하더군요. 차 앞뒤로 뭐가 있는지 제대로 보이지 않았습니다.

어머니께서는 어떻게 그 와중에 다리 위에 사람이 하나 서 있는 것을 보셨을까요? 잠시 무언가를 생각하시던 어머니께서 뒷좌석으로 고개를 돌리시며 말씀하셨습니다.

There is someone on the bridge.

다리 위에 누군가가 있다.

아니… 바로 그 전날 배우신 걸 써먹으시려고 그러셨군요.

웃으며 '정답!'이라고 외치고 다리 위를 자세히 보니 사실 아무도 없었습니다. 그걸 복습하시려고 아버지와 상황극을 하시다니!

영어에는 우리말에 전혀 없는 표현 방식들이 많습니다. 그중에 하나가 바로 지금부터 보실 **There is** / **There are**로 말을 시작하는 방식입니다. 먼저 예문을 보시면서 감을 익혀봅시다.

1. 남자가 건물 안에 있다.
→ **There** + **be** + 남자가 + 건물 안에
→ **There** + **is** + 남자가 + 건물 안에
→ **There** + **is** + **a man** + 건물 안에
→ **There** + **is** + **a man** + **in the building**.

2. 여자가 자동차 안에 있다.
→ **There** + **be** + 여자가 + 자동차 안에
→ **There** + **is** + 여자가 + 자동차 안에
→ **There** + **is** + **a woman** + 자동차 안에
→ **There** + **is** + **a woman** + **in the car**.

3. 사람들이 건물 안에 있다.
→ **There** + **be** + 사람들이 + 건물 안에
→ **There** + **are** + 사람들이 + 건물 안에
→ **There** + **are** + **people** + 건물 안에
→ **There** + **are** + **people** + **in the building**.

4. 사람들이 자동차 안에 있다.

→ **There** + **be** + 사람들이 + 자동차 안에

→ **There** + **are** + 사람들이 + 자동차 안에

→ **There** + **are** + **people** + 자동차 안에

→ **There** + **are** + **people** + **in the car**.

5. 남자가 공원에 있다.

→ **There** + **be** + 남자가 + 공원에

→ **There** + **is** + 남자가 + 공원에

→ **There** + **is** + **a man** + 공원에

→ **There** + **is** + **a man** + **in the park**.

6. Peter는 공원에 있다.

→ **There** + **be** + **Peter**는 + 공원에

→ **There** + **is** + **Peter**는 + 공원에

→ **There** + **is** + **Peter** + 공원에

→ **There** + **is** + **Peter** + **in the park**.

7. 나의 상사는 공원에 있다.

→ **There** + **be** + 나의 상사는 + 공원에

→ **There** + **is** + 나의 상사는 + 공원에

→ **There** + **is** + **my boss** + 공원에

→ **There** + **is** + **my boss** + **in the park**.

8. Sarah는 사무실에 있다.

→ **There** + **be** + **Sarah**는 + 사무실에

→ **There** + **is** + **Sarah**는 + 사무실에

→ **There** + **is** + **Sarah** + 사무실에

→ **There** + **is** + **Sarah** + **in the office**.

9. 나의 동료는 사무실에 있다.

→ **There** + **be** + 나의 동료는 + 사무실에

→ **There** + **is** + 나의 동료는 + 사무실에

→ **There** + **is** + **my coworker** + 사무실에

→ **There** + **is** + **my coworker** + **in the office**.

생각보다 쉽죠? 나오는 사람이 한 명이면 **There is**로 시작하고 여러 명이면 **There are**로 시작하는 것 이외에 복잡한 규칙은 없습니다.

사실 이런 문형은 영어의 독특한 특징입니다. 다른 유럽어에서는 '거기에…'라는 말로 시작하는 경우가 거의 없습니다. 그럼 왜 이런 문형이 나오게 되었을까요?

생각보다 단순합니다.

만약에 여러분께서 '저기 남자가 한 명 있다.'라는 말을 하려면 영어로 어떻게 해야 할까요?

A man is there.

이렇게 말하면 되는데, 사람은 누구나 강조하고 싶은 것을 먼저 말하는 경향이 있습니다. 이것은 언어를 초월하여 인간이라면 누구나 그렇다고 보시면 됩니다.

'저기'

이 말이 먼저 튀어나오면

There

그리고 남자든 여자든 강아지든 고양이든 아무튼 무언가가 '있다'는 말을 하고 싶으면 다음으로 나와야 할 단어가 is입니다.

There is…

이렇게 되면 일단 듣는 사람의 주의를 끌 수 있습니다. 그리고 마지막에 누군지 얘기하는 거죠.

There is a man.
저기 남자가 한 명 있어.

이런 목적으로 원어민들이 There와 is를 앞으로 빼서 쓰기 시작했는데 그것이 오랜 세월 동안 살아남아서 지금도 쓰고 있습니다. 이것이 There is/There are라는 표현의 유래입니다. 허무하죠?

그래서 주로 처음 등장하는 무언가를 언급할 때 이 문형을 자주 씁니다.

'한 왕자님이 있었어요.'

우리말로 된 동화책을 보면 이런 표현이 자주 등장합니다. 그런데 이 말을 영어로 그대로 옮기면

A prince was.

이렇게 됩니다. 영어를 쓰는 사람들은 이 말이 너무나 어색한 것입니다. 분명 **be**동사는 그 뒤에 나오는 말이 무어냐에 따라 '~이다/~있다' 중에 하나의 뜻을 갖는데 이렇게만 써놓으면 무슨 말인지 알 수가 없죠.

그래서 할 수 없이 아무튼 여긴 아니고 그 한 왕자님이 있었던 거기를 붙여 줍니다. 그러면

A prince was there.

이렇게 되겠죠? 그런데 여기서 특정한 '거기'가 아니라 막연한 '거기'라는 그림을 그려주고 싶을 때 **There** 을 앞으로 당겨옵니다.

There, a prince was.

옛날 사람들은 이렇게도 썼을지 모릅니다. 그러나 was가 저렇게 끝에 대롱 대롱 매달려 있는 것이 마음에 들지 않았던 원어민들은 보다 더 안정감 있는 방식을 선택했습니다. was를 앞으로 같이 데려오는 것입니다.

There was a prince.

그리고 그대로 수백 년간 썼습니다. 그렇게 오늘날 영어에 반영이 되었죠.

'문제가 있어.'

한국 사람들이 흔히 하는 말입니다. 우리말의 특징 중 하나가 '있다, 없다'라는 별도의 단어가 있다는 것인데 영어는 그런 단어가 따로 있지 않습니다.

A problem is.

이런 말이 없다는 것이죠.

그래서 이럴 때 **There is**…라고 시작을 해야 '어디에 있다는 건 아니지만 아무튼 있어.' 라는 표현을 할 수 있습니다 그래서

There is a problem.

이라는 말을 쓰는 것입니다.

잠시 아까 나왔던 영어 문장들을 다시 불러오겠습니다.

1. 남자가 건물 안에 있다.
There + is + a man + in the building.

2. 여자가 자동차 안에 있다.

There + is + a woman + in the car.

3. 사람들이 건물 안에 있다.

There + are + people + in the building.

4. 사람들이 자동차 안에 있다.

There + are + people + in the car.

5. 남자가 공원에 있다

There + is + a man + in the park.

6. Peter는 공원에 있다

There + is + Peter + in the park.

7. 나의 상사는 공원에 있다

There + is + my boss + in the park.

8. Sarah는 사무실에 있다.

There + is + Sarah + in the office.

9. 나의 동료는 사무실에 있다

There + is + my coworker + in the office.

my가 들어간 단어가 두 개 있네요. my boss와 my coworker가 보이시죠? my는 다들 아시는 대로 '나의'라는 뜻입니다.

여기서는 이런 기능을 하는 단어에 대해 자세한 설명을 드리겠습니다.

'나의 / 너의 / 그의 / 그녀의 / 우리의 / 그들의…' 등 그 뒤에 나오는 단어가 '누구의' 것인지 나타내는 말들을 통틀어 '소유격'이라고 합니다. 더 세분화하면 소유 대명사, 소유 형용사… 등 각종 용어가 등장하겠지만 용어를 외우는 것보다 중요한 건 실제 어떻게 쓰는지 이해하는 겁니다.

나의 = **my**

너의 = **your**

그의 = **his**

그녀의 = **her**

우리의 = **our**

그들의 = **their**

다행히 외워야 할 것이 몇 개 없습니다. 그래도 '외운다'는 것에 강박이 있는 분들을 위해 한 말씀 드리자면, 이걸 한 번에 다 외운다고 해서 갑자기 실력이 늘지도 않고 반대로 못 외운다고 해서 영어를 못하지도 않습니다. 제 경험, 그리고 언어학 이론을 토대로 말씀드리면 문법은 외우는 것이 아닙니다. 익숙해지는 것입니다. 규칙은 규칙일 뿐 그 규칙이 적용된 수십수백만 개의 문장들을 듣고 읽고 쓰고 말하면서 점점 익숙해지는 것이지 일단 완벽하게 외운 뒤에 '나중에 써먹는' 것이 절대 아니라는 것을 명심하세요.

'나의 책'을 영어로 하면

my book

'너의 책'은 당연히

your book

순서대로

his book 그의 책

her book 그녀의 책

our book 우리의 책

their book 그들의 책

이렇게 표현할 수 있습니다.

여기서 가장 많이 받는 질문이 바로

my, your, his, her는 한 사람이니까 뒤에 book이 나오는 것인데 our나 their라면 뒤에 books가 나와야 하는 것 아닌가?'

입니다.

여기에 대한 저의 대답은 '반은 맞고 반은 틀리다'입니다. 실제 각종 영어시험 문제로 자주 출제되는 것이 바로 이 '단/복수' 개념인데요.

my book을 '나'는 한 명이니 book도 하나라고 생각하시면 곤란합니다. 내가 책을 여러 권 가지고 있으면 당연히 my books라고 할 수 있습니다.

그러면 our book도 가능하지 않나요? 우리가 공동 저자인데 함께 쓴 책을 지칭하면서 '우리 책'이라고 한다면 당연히 our book(우리들의 책)입니다. 그린 우리를 다른 사람이 보고 their book(그들의 책)이라고 할 수도 있죠.

이처럼 영어는 수학이 아닙니다. 딱 정해진 하나의 값이 존재하지 않습니다. 그래서 실제 이런 일이 벌어지기도 합니다.

'우리의 삶'

이 말을 할 때 과연 **our life**라고 해야 하는지 **our lives**라고 해야 하는지 고민을 하게 될 때가 있습니다. 미국에서 에세이를 쓸 때 이 부분에서 막혔던 적이 있는데요. 제가 원어민 친구 세 명에게 물어봤습니다. 그러자 답이 갈리더군요. 삶이라는 것은 보편적 단어이기 때문에 **our life**라고 쓰라는 친구 한 명, 그래도 우리들인데 삶도 여러 개니까 **our lives**라고 쓰라는 친구 한 명. 마지막으로 '삶'이라는 개념을 의미하려면 **our life**를 쓰고 각각 살아가는 모습들을 의미하려면 **our lives**를 쓰라는 현자 같은 친구 한 명.

결론부터 말씀드리면 마지막 친구가 한 말이 정답입니다. 영어는 우리말과 달리 추상적인 것과 물리적인 것을 다른 식으로 표현합니다.

우리는 '우리의 삶'이라는 표현이 철학적 문장에도 쓰이고 각각의 생활방식을 모두 다 표현하는 반면에 영어는 이 둘을 분리하는 것이죠. 여기에 대해서는 나중에 더 자세히 설명을 드리겠습니다.

1 남자가 건물 안에 있다.
(is / there / the building / a man / in)

_____

2 여자가 자동차 안에 있다.
(the car / a woman / is / there / in)

_____

3 사람들이 건물 안에 있다.
(people / there / the building / are / in)

_____

4 사람들이 자동차 안에 있다.
(are / in / there / the car / people)

_____

5 남자가 공원에 있다.
(is / a man / there / the park / in)

_____

6 나의 상사는 공원에 있다.
(is / the park / my boss / in / there)

_____

7 나의 동료는 사무실에 있다.
(there / the office / is / my coworker / in)

_____

정답

1. There is a man in the building
3. There are people in the building.
5. There is a man in the park.
7. There is my coworker in the office.

2. There is a woman in the car.
4. There are people in the car.
6. There is my boss in the park.

이제부터는 〈사람이 + 있다 + 어디에〉와 〈there + be + 사람이 + 어디에〉
두 가지 문형을 하나씩 순차로 연습해 보겠습니다.

1. 나의 친구는 사무실에 있다.

→ 나의 친구는 + 있다 + 사무실에

→ My friend + 있다 + 사무실에

→ My friend + is + 사무실에

→ My friend + is + in the office.

2. 나의 친구는 사무실에 있다.

→ There + be + 나의 친구는 + 사무실에

→ There + is + 나의 친구는 + 사무실에

→ There + is + my friend + 사무실에

→ There + is + my friend + in the office.

3. 너의 친구는 사무실에 있다.

→ 너의 친구는 + 있다 + 사무실에

→ Your friend + 있다 + 사무실에

→ Your friend + is + 사무실에

→ Your friend + is + in the office.

4. 너의 친구는 사무실에 있다.

→ There + be + 너의 친구는 + 사무실에

→ There + is + 너의 친구는 + 사무실에

→ There + is + your friend + 사무실에

→ There + is + your friend + in the office.

5. 그의 친구는 사무실에 있다.

→ 그의 친구는 + 있다 + 사무실에

→ **His friend** + 있다 + 사무실에

→ **His friend** + **is** + 사무실에

→ **His friend** + **is** + **in the office**.

6. 그의 친구는 사무실에 있다.

→ **There** + **be** + 그의 친구는 + 사무실에

→ **There** + **is** + 그의 친구는 + 사무실에

→ **There** + **is** + **his friend** + 사무실에

→ **There** + **is** + **his friend** + **in the office**.

7. 그녀의 친구는 사무실에 있다.

→ 그녀의 친구는 + 있다 + 사무실에

→ **Her friend** + 있다 + 사무실에

→ **Her friend** + **is** + 사무실에

→ **Her friend** + **is** + **in the office**.

8. 그녀의 친구는 사무실에 있다.

→ **There** + **be** + 그녀의 친구 + 사무실에

→ **There** + **is** + 그녀의 친구 + 사무실에

→ **There** + **is** + **her friend** + 사무실에

→ **There** + **is** + **her friend** + **in the office**.

9. 우리의 친구들은 사무실에 있다.

→ 우리의 친구들은 + 있다 + 사무실에

→ **Our friends** + 있다 + 사무실에

→ **Our friends** + **are** + 사무실에

→ **Our friends** + **are** + **in the office**.

10. 우리의 친구들은 사무실에 있다.

→ **There** + **be** + 우리의 친구들은 + 사무실에

→ **There** + **are** + 우리의 친구들은 + 사무실에

→ **There** + **are** + **our friends** + 사무실에

→ **There** + **are** + **our friends** + **in the office**.

11. 그들의 친구들은 사무실에 있다.

→ 그들의 친구들은 + 있다 + 사무실에

→ **Their friends** + 있다 + 사무실에

→ **Their friends** + **are** + 사무실에

→ **Their friends** + **are** + **in the office**.

12. 그들의 친구들은 사무실에 있다.

→ **There** + **be** + 그들의 친구들은 + 사무실에

→ **There** + **are** + 그들의 친구들은 + 사무실에

→ **There** + **are** + **their friends** + 사무실에

→ **There** + **are** + **their friends** + **in the office**.

잘 따라오셨죠? 여기서부터는 지금 보신 문장들 중에 원어민들이 '자연스럽다'고 여기는 녀석들만 추려보겠습니다.

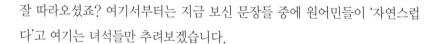

There is a man in the building.

There is a woman in the car.

There is a man in the park.

이 세 문장의 공통점이 보이시나요?

There is a man in the building.

There is a woman in the car.

There is a man in the park.

man/woman 앞에 있는 a에 표시를 했습니다. 지금 보신 이 a를 '관사'라고 부릅니다. 더 정확하게는 '부정관사'라고 하는데요. 이 용어 자체에는 지금 신경 쓰지 않으셔도 됩니다. 제 설명을 잘 들으세요.

강의보기

어느 더운 여름날 친구가 여러분 집에 놀러 왔습니다. 뭐라도 좀 내와야 할 것 같아서 골똘히 생각을 하던 중 마침 그 전날 수박 하나를 사 왔다는 것이 기억났습니다. 여러분은 냉장고에 수박이 있다는 사실을 친구에게 이야기합니다.

'야, 냉장고에 수박 있어.'

이 말을 들은 친구는 화색을 띠며 여러분을 쳐다볼 것입니다. 조금 전, 여러분이 하신 대사를 영어로 바꾸어 보면

There is a watermelon in the fridge.

라고 합니다. 우리말 문장과 이 영어 문장을 나란히 놓고 비교해 볼까요?

There is a watermelon in the fridge.

냉장고에 수박이 있어.

여기서 '수박'이라는 단어가 각각 어떻게 표현되었는지 보세요.

a watermelon

수박

우리말은 '수박'이라고만 쓰면 되는데 영어는 **a watermelon**이라고 앞에 **a**가 붙어 있습니다. 냉장고 안에 수박이 한 통 있는 경우, 우리는

'냉장고에 수박 있어.'

라고 말하나

'냉장고에 수박 하나 있어.'

라고 말하나 큰 차이가 없습니다. '하나의 수박'이라고 꼭 밝혀주지 않아도 냉장고 문을 열었을 때 수박이 한 통 있다고 해서 상대가 '왜 하나라고 말하지 않았어?'라고 묻지 않습니다.

우리말은 이처럼 '수'에 둔감합니다.

여러분 집에 엄청나게 큰 냉장고가 있어서 수박이 여러 통 들어 있다고 합시다. 그럴 때도 여러분은 대부분 '야, 냉장고에 수박 있어.' 이렇게 말씀하실 겁니다.

꼭 '여러 개의 수박'이라고 밝혀주지 않아도 됩니다.

그런데 영어는 이것을 철저하게 구분합니다. 한국어를 쓰는 우리 입장에서 봤을 때는 뭘 저렇게 피곤하게 사나 싶을 정도입니다.

There is a watermelon in the fridge.

이 말은 냉장고에 수박이 '하나' 있다는 뜻입니다.

냉장고에 수박이 여러 개 있으면

There are some watermelons in the fridge.

이렇게 앞에 **a**가 붙지 않습니다. '몇몇의'라는 뜻을 가진 **some** 등이 이 자리를 대신하고 watermelon 뒤에 **s**를 붙여서 하나가 아니라 여러 개임을 표시합니다.

한 가지 더,

There is a watermelon in the fridge.

이 문장에서 **a watermelon**은 너와 내가 알고 있는 특정한 수박, 예를 들어 어제밤에 같이 먹다가 남긴 '그 수박'이 아니라 네가 아마 처음 보는 '어떤 수박'을 의미합니다. 그래서 아주 깐깐하게 번역을 하면

There is a watermelon in the fridge.
냉장고에 어떤 수박이 하나 있어.

이런 말이 됩니다. 이게 **a**의 역할입니다. 이렇게 우리가 서로 알고 있는 '정해

진' 무엇이 아니라 '정해지지 않은' 무엇을 지칭한다고 해서 부정(不定) 관사 (冠詞)라고 합니다. 관사(冠詞)는 어떤 말 앞에 덧붙인 말이라 보시면 됩니다.

정해지지 않은(不定) + 수박 = a + watermelon

이런 식이죠.

우리가 이번 장에서 연습했던

There is / There are···

이런 표현들은 '있다'에 초점이 맞춰져 있습니다. 그래서 **is, are**가 앞으로 튀어나와 있죠. 영어는 더 강조하고 싶은 말일수록 앞에 쓰는 경향이 있습니다.

There is a man in the building.

즉, 이 문장에서
1. **There is** 있다
2. **a man** 한/어떤 남자가
3. **in the building** 그 건물 안에

1번이 가장 중요한 정보이고 그 다음이 2번과 3번이라고 보시면 됩니다.

그래서

There is a woman in the car.
어떤 여자가 그 차 안에 있어.

이 문장을 좀 더 생동감 있게 표현하면

'야, 있다 어떤 여자가 그 차 안에.'

정도가 됩니다.

우리가 '있다'는 말을 먼저 던지는 경우는 언제일까요? 예를 들면, 밤에 길을 걷다가 인기척이 나서 흠칫 놀라 돌아보니 사람이 하나 서 있는 경우를 생각해 봅시다. 누군지는 모르지만 누가 '있다'라는 말을 할 때 영어로

There is someone!
저기 누가 있어!

이렇게 표현합니다.

그러니 말하는 나도, 듣는 상대방도 알고 있는 '그 남자' 또는 '그 여자'가 아닌 '어떤 남자, 어떤 여자, 또는 누군가'를 언급할 때 **There is, There are**로 시작하는 문형을 많이 쓸 수밖에 없습니다.

There is a man in the building.
There is a woman in the car.
There is a man in the park.

그래서 이렇게 '한/어떤' 이라는 뜻을 가진 **a**가 잘 어울립니다.

There is someone on the bridge.

다리 위에 누군가 있어.

someone은 '누군가' 즉, 정확히 정체를 알 수 없는 사람을 뜻합니다. 단어 자체가 그런 뜻이니 여기에 또 **a**를 붙여서 **a someone**이라고는 하지 않습니다.

그래서 **someone**이나 **anyone**처럼 이미 '어떤, 한 사람'이라는 뜻을 가진 단어들은 관사 없이 홀로 움직입니다.

Is there anyone? 거기 누구 계세요?

There is someone! 누군가 있어!

지금 내용이 이해 가신 분들! 모두 축하드립니다. 사실 '관사'는 한국인이 이해하기 너무 어려워 설명을 기피하는 영역입니다. 그러나 영문법 0교시는 이것을 짚고 넘어갑니다. 그래야 앞으로 여러분께서 다른 어떤 교재, 강의를 보셔도 이해가 되실 테니까요.

아, 제가 문법은 외우는 것이 아니라 익숙해지는 것이라 했죠? 이해가 간다는 것은 나의 뇌가 그 정보를 처리했다는 증거입니다. 이제부터 이 정보를 저장해야 하는데 인간의 뇌는 '반복'을 통해서만 '저장'이라는 것을 합니다. 그러니 앞으로 지금 배운 내용들을 계속 만나면서 서서히 익숙해질 때까지 '관사' 생각은 그만합시다. 지금 말씀드린 정도만 이해하셔도 충분합니다.

지금은 이해가 가도 그때그때 다 적용이 되지 않습니다. 여러분께서는 언제든지 영어로 말을 하다가 더듬을 수도 있고 글자로 쓰다가 틀릴 수도 있습니다. 그러나 실수를 두려워해서는 안됩니다.

실수를 하는 것은 인간에게 매우 중요하다고 합니다.

사람 뇌를 본떠서 만든 것이 AI(인공지능)인데요. AI는 끊임없이 시도하고 실수하고 그것을 수정하면서 기하급수적으로 성능이 좋아진다고 합니다. 뇌 과학자들은 실수를 통해 배우는 것이 진짜라고 말합니다. AI와 사람의 뇌는 그 학습체계가 거의 같으니까요.

그러니 실수하는 것을 즐거워하세요.
내가 무언가 시도했다는 증거이고 내가 성장하는 발판입니다.

실수는 나의 영어가 꽃 피기 위한 토양과 거름이 됩니다.

1 나의 친구는 사무실에 있다.
(the office / my friend / in / is)

_____

2 나의 친구는 사무실에 있다.
(is / in / there / my friend / the office)

_____

3 너의 친구는 사무실에 있다.
(in / your friend / the office / is)

_____

4 너의 친구는 사무실에 있다.
(your friend / there / the office / is / in)

_____

5 그의 친구는 사무실에 있다.
(is / his friend / the office / in)

_____

6 그의 친구는 사무실에 있다.
(in / there / the office / his friend / is)

_____

7 그녀의 친구는 사무실에 있다.
(the office / her friend / is / in)

_____

8 그녀의 친구는 사무실에 있다.
(the office / in / there / is / her friend)

_____

9 우리의 친구들은 사무실에 있다.
(are / the office / in / our friends)

_____

10 우리의 친구들은 사무실에 있다.
(our friends / there / the office / in / are)

_____

⑪ 그들의 친구들은 사무실에 있다.
(in / are / their friends / the office)

_____

⑫ 그들의 친구들은 사무실에 있다.
(the office / are / there / in / their friends)

_____

정답

1. My friend is in the office.
2. There is my friend in the office.
3. Your friend is in the office.
4. There is your friend in the office.
5. His friend is in the office.
6. There is his friend in the office.
7. Her friend is in the office.
8. There is her friend in the office.
9. Our friends are in the office.
10. There are our friends in the office.
11. Their friends are in the office.
12. There are their friends in the office.

There is no physician or physic for love.

사랑은 의사도 약도 없다.

- 아일랜드 속담

사랑에 대한 인간의 인식은 동서고금 모두 같은 것 같습니다. 사랑을 하나의 낭만적인 '병'으로 보는 속담이 많은데요. 아일랜드 사람들이라고 예외는 아니었나 봅니다. physician은 doctor보다 더 격식 있고 예스러운 단어인데요. 아무래도 속담이다 보니 doctor 대신 쓰인 것 같습니다. physic도 medicine보다는 더 속담에 어울리는 단어입니다.

'~가 없다' 는 표현을 할 때는 두 가지 방식이 있는데요.

There is not ~

There is no ~

첫 번째 There is not은 줄여서 There isn't라고 쓰는 경우가 더 많습니다. 그리고 '어떤 ~도 없다' 라는 뜻을 살리기 위해서 'There isn't any ~' 라고 문장을 시작할 때가 많죠.

There isn't any physician or physic for love.

여기서 isn't any 보다 단순하게 표현하고 싶으면

There is no~

라고 바꾸어서 표현할 수 있습니다.

There is no physician or physic for love.

마지막 for love를 보시고 '사랑에'인데 to love는 안 되나? 이런 생각을 하는 분들이 많으실 겁니다. to는 그 뒤에 나오는 것 쪽으로 '향하는' 방향의 그림을 주로 가지고 있고 for는 그 뒤에 나오는 것에 '영향을 미치는' 그림을 가지고 있습니다. 그래서 의사와 약이 love를 고치는, 즉 그 '병'에 영향을 미치는 그림을 그려주기 위해서 for를 썼습니다.

이처럼 전치사는 각각 미묘한 뜻을 갖고 있습니다. 그래서 우리말로 1:1 번역이 힘들죠. 전치사를 굳이 어떤 뜻으로 외우기보다는 영어 문장을 많이 접하면서 자연스럽게 익숙해지는 것이 답입니다. 지금 나온 속담 같은 것이 여러분께 좋은 데이터가 될 것입니다.

There are no friends at cards or politics.
노름과 정치에서 친구는 없다.
- F.P. Dunne, 미국의 유머작가

아주 뼈를 때리는 말이네요. '노름판에서'라는 말을 at cards라고 하는군요. 이처럼 at 뒤에 명사를 툭 붙여서 그것을 하는 장소, 터를 의미하는 경우가 많습니다. '일터에서'라는 말을 at work로 표현하는 것만 봐도 알 수 있죠.

politics는 끝에 s가 붙어서 언뜻 보기에 '복수'처럼 보이지만 저 자체가 하나의 단어입니다. '정치'라는 개념을 뜻하죠. 이처럼 영어 단어 중에 철자가 독특한 녀석들이 꽤 있습니다. 워낙 영어의 역사가 복잡하다 보니 이런 일이 발생하는데요. 여러분께서 아량을 가지고 좀 봐주실 필요가 있습니다.

대표적으로 '학문'의 종류에 해당하는 단어들은 이렇게 s로 끝날 때가 많습니다.

mathematics 수학

physics 물리학

linguistics 언어학

economics 경제학

그리스어로 -ikos는 '~와 관련한, ~와 관련한 것'이라는 뜻을 갖습니다. 이것이 라틴어로는 -icus가 되었고 영어로 들어오면서 -ics가 되었습니다. 그래서 mathematics는 '수를 배움에 관한 것' 정도의 의미를 가진 단어로 출발했다고 보시면 됩니다. physics는 '자연법칙에 관한 것', 이런 식으로 만들어진 단어죠. 이런 이유로 여러 개가 아닌데도 끝에 s가 붙는 형태를 갖게 되었습니다.

조금 더 나가보면 학문의 종류를 뜻하는 단어 중에

biology 생물학

phycology 심리학

geology 지질학

sociology 사회학

이처럼 -logy 로 끝나는 단어들이 있고

geography 지리학

bibliography 서지학

*서지학: 책을 대상으로 조사, 분석, 비평, 연구하여 기술하는 학문

이렇게 -graphy로 끝나는 경우도 있습니다.

-logy는 그리스어 logos에서 파생된 말로써 '말, 논리, 이성' 이라는 뜻을 가지고 있습니다. 우리가 쓰는 한자어 중에 '道(도)' 라는 것이 있죠. '도가 텄다' 라든가 '도를 아느냐' 라고 하잖아요. 이 道와 비슷한 그림을 가진 것이 logos입니다.

그래서 biology는 bio를 이해하는 것이라는 뜻으로 출발했습니다. bio는 우리가 워낙 외래어로 많이 쓰니 뭔가 '생물' 과 관련한 것이라는 것은 바로 알 수 있죠?

-graphy는 그리스어 '쓰다' 에서 파생한 말입니다. geography는 geo는 '땅' 이라는 뜻으로 출발한 단어죠. 둘을 합치면 '땅에 대해서 쓰고, 묘사하는 것' 정도가 되겠네요. 그래서 '지리학' 이 되었습니다.

우리가 '그래픽' 이라는 외래어를 참 많이 쓰는데요 이 말이 원래 고대 그리스어에서 시작하여 '무언가를 쓰고 그려놓은 것' 이라는 뜻임을 알고 나면 '언어' 의 웅장한 역사는 경이롭지 않을 수 없습니다. 그래서 외국어를 공부하면 사고의 폭이 넓어진다는 말이 있나 봅니다.

영어를 모국어로 사용하지 않는 학습자가 처음 하는 실수 중

<u>his 그의</u>

이것을 he's로 쓰는 경우가 있습니다. 사실 he's는 he is의 줄임 말입니다. his(그의)와
는 다르죠.

<u>her 그녀의</u>

이 말을 하려고 할 때도 많은 분들께서 she's라고 쓰기도 합니다. Mom's ~ 라고 하면
'엄마의 ~' 니까 she's는 'she의 ~' 가 아닐까 하는 일반화에 기인한 오류죠. (이것을
overgeneralization(과일반화)라고 합니다.) she's는 she is의 줄임말입니다. her와는
다릅니다.

그런데 이런 실수를 하면서 자신감을 잃어버릴 필요가 없다는 얘기를 해드리려고 합니다.
예전에 제가 원어민 친구들과 어울리면서 문득 그들의 어린 시절이 궁금해졌습니다. 그래
서 친구들 집에 놀러 가서 부모님들과 이야기를 나눌 기회가 있었죠. 거기서 재미있는 일화
들을 들었는데요

'그녀의'라는 말을 she's로 하거나 his를 he's로 잘못 쓰는 일은 원어민들도 어린 시절
다 겪었던 실수라고 합니다. 우리말을 쓰는 아이들도 어릴 때에는 재미있는 실수를 많이
합니다.

<u>'엄마, 밥 다 먹었다요.'</u>

제 조카가 어릴 때 실제 이렇게 말한 적이 있는데 이걸 보고 어떤 생각이 드시나요? 대부

분은 '먹었다요'가 아니고 '먹었어요'가 자연스러운 표현이라는 것 정도까지만 생각합니다. 하지만 저는 직업병 덕분에(?) 이 말을 분석해 봤습니다.

'먹다'의 과거형 '먹었다', 그리고 존댓말을 해야 하니까 '먹었다요'

이게 이 말을 한 아이의 논리입니다. 사실 논리가 틀리지는 않았죠? 다만 우리가 그렇게 쓰지 않을 뿐입니다. '~다' 뒤에는 '~요'를 붙이지 않는다는 것이 또 다른 규칙인데 아직 이 아이가 습득을 하지 못한 것뿐입니다.

마찬가지로 원어민 아이들도

She's new home is pretty! 그녀의 새 집이 예뻐!

이렇게 her가 들어갈 자리에 she's를 쓰기도 합니다. mom's는 '엄마의'인데 she's는 '그녀의'가 아닌 것이 오히려 이 아이들에게는 이해하기 어려울 겁니다.

이처럼 우리가 하는 대부분의 '실수'는 사실 실수가 아닌 경우가 많습니다. 내가 생각했을 때 이렇게 하면 말이 될 것이라는 어떤 '논리'를 통해서 나온 것이기 때문에 나름 논리적인 면이 있습니다.

그래서 한 언어 학자는 이런 말을 한 적이 있습니다.

'영어를 배우는 사람들은 문제가 없다. 영어가 문제다.'

실제로 제가 대학교 3학년 때 교수님께서 칠판에 썼다가 반 전체가 웃음바다가 되었던 명언입니다.

그러니까 여러분! 영어를 무서워하지 마세요. 오히려 넓은 마음으로 이해해 주세요. 더 많이 말하고 쓰고 더 많이 틀려보시면 분명 영어를 잘하게 됩니다.

지금까지 나온 문장들은 모두 평서문입니다. '내 생각은 이렇다.' '사실은 이렇다.'와 같이 내가 알고 있는 정보를 상대에게 전달하는 것이 목적이죠. 그런데 내가 필요한 정보가 있을 때는 어떻게 해야 할까요? 상대에게 질문을 해야겠죠?

영어에서 의외로(?) 어려운 부분이 바로 이 '의문문'입니다. 실제 제가 처음 영어를 공부할 때 골치 아파했고 어머니께서도 적응하시는데 꽤 오랜 시간이 걸렸던 것이 의문문입니다.

'걔 지금 집에 있니?'

이 책을 읽고 계신 여러분 지금 이 말을 영어로 해보시겠어요?

정답은 이 장 끝에서 공개합니다.

'누가 어디에 있다.'라는 표현을 영어로 할 때는

〈누가 + 있다 + 어디에〉

이렇게 순서를 잡는다는 것은 이제 다 익히셨으리라 봅니다.

'내 친구가 그 건물 안에 있다.'를 영어로 하면
→ 내 친구가 + 있다 + 그 건물 안에
→ My friend + 있다 + 그 건물 안에
→ My friend + is + 그 건물 안에
→ My friend + is + in the building.

My friend is in the building.

내 친구가 그 건물 안에 있다.

이제 이 문장을 질문으로 바꾸어서 '내 친구가 그 건물 안에 있니?'라고 해 봅시다.

방법은 매우 간단합니다.

강의보기

〈주어 + 동사〉를 〈동사 + 주어〉로 순서만 바꿔주면 됩니다. 즉,

My friend (주어) + is (동사) + **in the building.**

Is (동사) + My friend (주어) + **in the building?**

이렇게 두 단어의 위치를 서로 바꾸면 끝입니다.

Is my friend in the building?

내 친구는 그 건물 안에 있니?

생각보다 쉽죠?

알고 나면 정말 쉬운데 우리에게 영어로 질문하기가 어려운 이유는 우리말과 방식이 전혀 다르기 때문입니다.

걔 교실에 있어.
걔 교실에 있어?

우리말은 평서문을 의문문으로 바꿀 때 그냥 문장 끝에 물음표를 붙이고 억양을 올려주면 됩니다. 단어의 위치를 서로 바꾸지 않습니다.

반면 영어는

He is in the classroom. 걔 교실에 있어.
Is he in the classroom? 걔 교실에 있어?

이렇게 주어 **he**와 동사 **is**의 위치가 뒤바뀌어 버리죠.

이런 차이점을 처음부터 이해하고 인정해야 우리말에서 벗어날 수 있습니다.

자, 이제 한번 여러 가지 문장으로 연습을 해볼까요?

1. 남자가 건물 안에 있나요?
→ 있나요 + 남자가 + 건물 안에?

→ Is + 남자가 + 건물 안에?

→ Is + **a man** + 건물 안에?

→ Is + **a man** + **in the building?**

2. 여자가 자동차 안에 있나요?

→ 있나요 + 여자가 + 자동차 안에?

→ **Is** + 여자가 + 자동차 안에?

→ **Is** + **a woman** + 자동차 안에?

→ **Is** + **a woman** + **in the car?**

3. 사람들이 건물 안에 있나요?

→ 있나요 + 사람들이 + 건물 안에?

→ **Are** + 사람들이 + 건물 안에?

→ **Are** + **people** + 건물 안에?

→ **Are** + **people** + **in the building?**

4. 사람들이 자동차 안에 있나요?

→ 있나요 + 사람들이 + 자동차 안에?

→ **Are** + 사람들이 + 자동차 안에?

→ **Are** + **people** + 자동차 안에?

→ **Are** + **people** + **in the car?**

5. 그는 공원에 있나요?

→ 있나요 + 그는 + 공원에?

→ **Is** + 그는 + 공원에?

→ **Is** + **he** + 공원에?

→ **Is** + **he** + **in the park?**

6. 그녀는 사무실에 있나요?

→ 있나요 + 그녀는 + 사무실에?

→ Is + 그녀는 + 사무실에?

→ Is + she + 사무실에?

→ Is + she + in the office?

7. 그들은 여기에 있나요?

→ 있나요 + 그들은 + 여기에?

→ Are + 그들은 + 여기에?

→ Are + they + 여기에?

→ Are + they + here?

8. 그들은 거기에 있나요?

→ 있나요 + 그들은 + 거기에?

→ Are + 그들은 + 거기에?

→ Are + they + 거기에?

→ Are + they + there?

어떻습니까? 정말 〈주어 + 동사〉 순서만 〈동사 + 주어〉로 서로 맞바꾸면 질문이 됩니다. 이렇게 쉬운 것을 우리가 학창 시절 너무 어려운 말로 배웠다는 생각이 듭니다.

> 'be동사가 사용된 평서문을 의문문으로 바꿀 시
> 문장의 주어와 동사를 도치시킨다.'

제가 중고등학교 때 배웠던 내용은 이렇게 쓰여있었던 것 같습니다. 이 설명 자체는 완벽하지만 그 안에 들어있는 단어들을 우리가 정확하게 알아야 이 설명이 의미가 있습니다.

be동사란 정확하게 무엇인지
평서문은 무엇인지
의문문은 무엇인지
주어는 무엇인지
동사는 무엇인지
도치는 무엇인지

그래서 제가 〈대한민국 영문법 0교시〉라는 책을 만들게 된 것입니다. 아무도 가르쳐주지 않는 1교시 이전의 지식. 그것을 여러분께 꼭 전달해 드리고 싶었습니다.

위에 언급된 용어들 중 우리에게 가장 어려운 것이 '도치'가 아닐까 합니다.

'도치(倒置)'는

66

'차례나 위치 따위를 서로 뒤바꿈'이라고
표준 국어 대사전에 정의되어 있습니다.
언어에서는 '…말하는 사람이 강조하려는 말을 문장의
앞쪽에 내세우는 것을 이르며,
'어머니 보고 싶어요.'가 '보고 싶어요, 어머니.'가 되는 것 따위이다.'

99

가 도치의 정의이고 예시라고 정리되어 있네요.

이렇게 보니 왜 의문문이 〈동사 + 주어〉의 순서를 갖는지 이해가 가시죠? 제가 예시를 통해 다시 한번 자세히 설명드리겠습니다.

'걔 지금 집에 있어.'

이 말의 핵심이 무엇일까요?

그것은 우리가 정확히 알 수 없습니다. 어느 단어를 크게 말하느냐에 따라 달라집니다.

걔! 지금 집에 있어.

이렇게 말한다면 '걔'가 이 문장에서 가장 중요한 정보입니다. 너와 내가 알고 있는 '그 사람'이 지금 집에 있다는 것을 알리려는 것이죠.

걔 **지금!** 집에 있어.

이때는 다른 때가 아니라 '지금' 걔가 집에 있다는 것이 중요합니다.

걔 지금 **집에!** 있어.

걔가 지금 다른 곳이 아니라 '집에' 있다는 것이 중요하죠.

걔 지금 집에 **있어!**

걔가 지금 집에 없지 않고 '있다'는 것이 중요합니다.

또는 말의 순서를 달리하는 겁니다.

걔 지금 집에 있어.
지금 걔 집에 있어.
집에 걔 지금 있어.
있어 걔 지금 집에.

이런 단순한 원리에 착안하여 만들어진 게 영어의 '도치'입니다.

'걔 지금 집에 있어?'

의문문은 특별히 어떤 단어를 세게 말하지 않는 이상 '있는지' 즉, 문장의 '동사'를 궁금해하는 것입니다. 이것을 영어로 표현하면

He **IS** at home now?

라고 **is**를 세게 말하는 방법이 있고

IS he at home now?

이렇게 **is**를 제일 처음 말하는 방법도 있습니다.

그런데 매번 궁금한 것을 세게 말하는 식으로 질문을 하기는 힘드니 제일 먼저 말하자고 해서 만들어진 것이 우리가 지금 본 영어 의문문입니다.

영어의 기본 어순은

〈주어 + 동사 + 나머지〉

인데

여기서 내가 '동사'를 궁금해하니 당연히

〈동사 + 주어 + 나머지〉

이렇게 순서를 바꾸는 것이죠. 이렇게 이해하시면 지극히 당연한 언어 규칙입니다.

남자가 건물 안에 있나요?
Is a man in the building?

여자가 자동차 안에 있나요?
Is a woman in the car?

사람들이 건물 안에 있나요?
Are people in the building?

사람들이 자동차 안에 있나요?
Are people in the car?

그는 공원에 있나요?
Is he in the park?

그녀는 사무실에 있나요?

Is she in the office?

그들은 여기에 있나요?

Are they here?

그들은 거기에 있나요?

Are they there?

이것이 **be**동사가 들어있는 문장을 의문문으로 만들 때 주어와 동사의 위치가 서로 뒤바뀌는 이유입니다.

저도 학창 시절 의문문 때문에 힘들었던 기억이 납니다.

〈There + be + 사람 + 어디에〉와 같은 표현은 어떻게 질문으로 바꿀까요?

There is a man in the car.

를 예로 들어서 설명드리겠습니다.

먼저 〈주어 + 동사〉 순서를 〈동사 + 주어〉 순서로 바꿔야 하죠?

〈There + be + 사람 + 어디에〉에서 동사는 be입니다. 이건 당연하죠?

그런데 이제 '주어'를 찾으시라 말씀드리면 대부분 이 문장에서 동사 앞에 있는 There라고 말씀하십니다. 그러나 There는 이 문장의 주어가 아닙니다. '무조건 문장 맨 앞에 있으면 주어이다.'라는 말은 맞지 않습니다. 주어는 늘 문장에서 '동사'와 짝을 이루어 그 동사로 설명되거나 그 동사의 동작을 행하는

사람, 사물, 생각, 개념입니다.

그러므로 〈There + be + 사람 + 어디에〉에서 주어는 맨 앞에 있는 There가 아니라 뒤에 있는 '사람' 부분입니다. 즉,

There is a man in the car.

이라는 문장이 있으면 동사 is만 맨 앞으로 보내서

Is there a man in the car?

이라고 하면 바로 질문 완성입니다.

그럼 자연스럽게 〈동사 + 주어〉 순서가 되죠.

사실, 이 부분은 우리가 직관적으로 알 수 있습니다. there는 '거기', 또는 '거기에'인데 '거기'는 어떤 사람도, 물건도, 생각이나 개념도 아닙니다. 그래서 문법에서는 이 there를 '유도부사'라고 부릅니다. 뒤에 말이 나오게 '유도'해 주는 부사라는 뜻이죠.

그러나 저는 이 유도부사라는 말을 맹목적으로 외우는 것은 아무 쓸모가 없다고 생각합니다. 용어는 이해를 돕기 위한 수단이 되어야지 용어를 이해하기 위한 것이 공부의 주 목적이 되어서는 안됩니다.

저도 학창 시절 유도부사라는 말을 듣고 태권도, 검도, 유도할 때 그 유도인 줄 알고 혼자 괴로워했던 기억이 납니다. 그때 누군가가 이 용어들을 제대로 설명해 주었더라면 하는 아쉬움이 항상 있습니다.

1. 남자가 건물 안에 있나요?

→ 있나요 + 남자가 + 건물 안에?

→ **be** + **there** + 남자가 + 건물 안에?

→ **Is** + **there** + 남자가 + 건물 안에?

→ **Is** + **there** + **a man** + 건물 안에?

→ **Is** + **there** + **a man** + **in the building?**

2. 여자가 자동차 안에 있나요?

→ 있나요 + 여자가 + 자동차 안에?

→ **be** + **there** + 여자가 + 자동차 안에?

→ **Is** + **there** + 여자가 + 자동차 안에?

→ **Is** + **there** + **a woman** + 자동차 안에?

→ **Is** + **there** + **a woman** + **in the car?**

3. 사람들이 건물 안에 있나요?

→ 있나요 + 사람들이 + 건물 안에?

→ **be** + **there** + 사람들이 + 건물 안에?

→ **Are** + **there** + 사람들이 + 건물 안에?

→ **Are** + **there** + **people** + 건물 안에?

→ **Are** + **there** + **people** + **in the building?**

4. 사람들이 자동차 안에 있나요?

→ 있나요 + 사람들이 + 자동차 안에?

→ **be** + **there** + 사람들이 + 자동차 안에?

→ **Are** + **there** + 사람들이 + 자동차 안에?

→ Are + there + people + 자동차 안에?

→ Are + there + people + in the car?

5. 남자가 공원에 있나요?

→ 있나요 + 남자가 + 공원에?

→ be + there + 남자가 + 공원에?

→ Is + there + 남자가 + 공원에?

→ Is + there + a man + 공원에?

→ Is + there + a man + in the park?

6. Peter가 공원에 있나요?

→ 있나요 + peter가 + 공원에?

→ be + there + peter가 + 공원에?

→ Is + there + peter가 + 공원에?

→ Is + there + peter + 공원에?

→ Is + there + peter + in the park?

7. 나의 상사가 공원에 있나요?

→ 있나요 + 나의 상사가 + 공원에?

→ be + there + 나의 상사가 + 공원에?

→ Is + there + 나의 상사가 + 공원에?

→ Is + there + my boss + 공원에?

→ Is + there + my boss + in the park?

8. Sarah가 사무실에 있나요?

→ 있나요 + Sarah가 + 사무실에?

→ be + there + Sarah가 + 사무실에?

→ Is + there + Sarah가 + 사무실에?

→ Is + there + Sarah + 사무실에?

→ Is + there + Sarah + in the office?

9. 나의 동료가 사무실에 있나요?

→ 있나요 + 나의 동료가 + 사무실에?

→ be + there + 나의 동료가 + 사무실에?

→ Is + there + 나의 동료가 + 사무실에?

→ Is + there + my coworker + 사무실에?

→ Is + there + my coworker + in the office?

10. 나의 친구가 사무실에 있나요?

→ 있나요 + 나의 친구가 + 사무실에?

→ be + there + 나의 친구가 + 사무실에?

→ Is + there + 나의 친구가 + 사무실에?

→ Is + there + my friend + 사무실에?

→ Is + there + my friend + in the office?

11. 너의 친구가 사무실에 있나요?

→ 있나요 + 너의 친구가 + 사무실에?

→ be + there + 너의 친구가 + 사무실에?

→ Is + there + 너의 친구가 + 사무실에?

→ Is + there + your friend + 사무실에?

→ Is + there + your friend + in the office?

12. 그의 친구가 사무실에 있나요?

→ 있나요 + 그의 친구가 + 사무실에?

→ **be** + **there** + 그의 친구가 + 사무실에?

→ **Is** + **there** + 그의 친구가 + 사무실에?

→ **Is** + **there** + **his friend** + 사무실에?

→ **Is** + **there** + **his friend** + **in the office?**

13. 그녀의 친구가 사무실에 있나요?

→ 있나요 + 그녀의 친구가 + 사무실에?

→ **be** + **there** + 그녀의 친구가 + 사무실에?

→ **Is** + **there** + 그녀의 친구가 + 사무실에?

→ **Is** + **there** + **her friend** + 사무실에?

→ **Is** + **there** + **her friend** + **in the office?**

14. 우리의 친구들이 사무실에 있나요?

→ 있나요 + 우리의 친구들이 + 사무실에?

→ **be** + **there** + 우리의 친구들이 + 사무실에?

→ **Are** + **there** + 우리의 친구들이 + 사무실에?

→ **Are** + **there** + **our friends** + 사무실에?

→ **Are** + **there** + **our friends** + **in the office?**

15. 그들의 친구들이 사무실에 있나요?

→ 있나요 + 그들의 친구들이 + 사무실에?

→ **be** + **there** + 그들의 친구들이 + 사무실에?

→ **Are** + **there** + 그들의 친구들이 + 사무실에?

→ **Are** + **there** + **their friends** + 사무실에?

→ **Are** + **there** + **their friends** + **in the office?**

자, 이렇게 해서 〈누가 + 있다 + 어디에〉를 영어로 표현하는 법을 배웠고 연습도 해 보았습니다. 이제 장소와 사람에 해당하는 단어만 최대한 많이 바꾸어 보면서 경험치를 쌓아 나가시면 됩니다.

아, '걔 지금 집에 있니?'를 영어로 어떻게 하는지 아직 답을 안 드렸네요. 일단 '걔'가 남자인지 여자인지 머릿속으로 떠올려 보세요. 남자면 **he**, 여자면 **she**로 하시면 됩니다.

만약 걔가 집에 있다면

He is home.
She is home.

인데 이것을 질문으로 바꾸면

Is he home?
Is she home?

이렇게 되겠네요. 그리고 마지막에 지금 **now**라는 말을 붙이면

Is he home now? 걔 지금 집에 있니?
Is she home now? 걔 지금 집에 있니?

이렇게 문장이 완성됩니다.

#4

누가 + 이다 + 무엇/어떤

강의보기

'당신 참 고집 세다!'

TV 채널을 놓고 티격태격 다투시다가 아버지께서 어머니께 말씀하셨습니다. 사실 그 전날 밤에는 아버지께서 채널을 양보하셨던 걸로 기억합니다. 그러니 이번에는 어머니께서 양보하실 차례라고 생각하시는 것 같았습니다.

한참을 티격태격하시다가 어머니께서 아버지께 한마디 하시더군요.

'당신 참 고집 세다!'

두 분께서 다투시는 모습이 귀여워 큭큭 거리며 지켜보던 저는 머릿속에서 무언가가 번뜩여서 어머니께 말을 건넸습니다.

'그 말 영어로 한번 해보세요.'

'뭐를?'

'당신 참 고집 세다! 이거요!'

갑작스럽게 낸 퀴즈에 당황하시던 어머니께서는 한참을 고민하시다가 이내 뭔가 찜찜한 표정으로 슬쩍 한 마디 던져 보시더군요.

'고집… **strong**…?'

아! 그럴 줄 알았습니다. 지금 비슷한 생각을 하시던 이 책을 읽으시는 분들! 잘 따라오세요! 집중!

'그 친구 알고 보니까 순 거짓말쟁이더라고!'

'세상에! 어제 그분이 같은 회사 직원이래!'

이런 말은 우리가 일상생활하면서 몇 번 쓰는지 셀 수조차 없습니다. 워낙 자주 쓰는 표현 방식이니 반드시 제대로 익혀두어야 합니다. 먼저 예문을 보시겠습니다.

1. 내 친구는 기술자이다.

→ 내 친구는 + 이다 + 기술자

→ My friend + 이다 + 기술자

→ My friend + is + 기술자

→ My friend + is + an engineer.

2. 내 친구는 바쁘다.

→ 내 친구는 + 이다 + 바쁜

→ My friend + 이다 + 바쁜

→ My friend + is + 바쁜

→ My friend + is + busy.

아주 단순하게 나누면 이 표현 방식은 이렇게 두 가지 종류로 나눌 수 있습니다. 여기서 1번 문장

'내 친구는 기술자이다.'

처럼 사람의 정체를 밝힐 때는 그 사람의 직업이나 신분 등에 해당하는 말을 be동사 뒤에 쓰죠.

I am a teacher.

나는 교사이다.

You are a student.

너는 학생이다.

이런 teacher나 student처럼 정체를 밝히는 단어를 문법적으로는 '명사(名詞)'라고 합니다. 즉, 어떤 것의 '이름'이 되겠네요. 진짜 이름이 아니더라도 그 사람을 한 마디로 '정의'할 수 있는 어떤 단어를 명사라고 보시면 됩니다.

그리고 2번 문장

'내 친구는 바쁘다.'

처럼 사람의 상태, 특징을 나타낼 때는 그 사람의 감정, 상태, 특징 등에 해당하는 말을 be동사 뒤에 씁니다.

I am sad.

나는 슬프다.

You are funny.

너는 웃기다.

이런 sad나 funny 등 쉽게 말해 상태, 특징을 나타내는 단어를 문법적으로는 '형용사(形容詞)'라고 합니다. 여기까지는 워낙 잘 아시는 내용이죠? 그런데 우리가 과연 100% 제대로 알고 있다고 자신할 수 있을까요?

다음 두 영어 단어는 우리말로 무슨 뜻인가요?

sad

funny

한번 직접 써보시겠어요?

혹시,

sad = 슬프다

funny = 웃기다

라고 쓰셨나요? 그렇다면…

아쉽지만 틀렸습니다. 전혀 그런 뜻이 아닙니다.

자, 지금 멍하신 분들은 제 설명을 잘 들어보세요.

우리말은 '슬프다' 그리고 '웃기다'가 한 단어입니다.

'너는 웃기다.'

여기서 '웃기다'를 '웃긴 + 이다'와 같이 나누는 것이 더 어색하죠? 그래서 외국인들은 우리말을 '밥'에 비유합니다. 착 달라붙고 끈끈하여 잘 떨어지지 않습니다.

실제 국문법 책을 읽어보면 우리말을 분석할 때 이렇게 하나처럼 보이는 말 덩어리를 떼어내서 하나씩 분석하는 게 엄청나게 힘이 든다고 합니다. 어디서부터 분리해서 떼어내어야 할지 모르겠다고 합니다.

그런데 영어는 마치 '빵'과 같습니다. 전혀 다른 특성을 가지고 있습니다.

You are funny.

이 문장을 아주 자세히 보면 정확히 세 단어입니다.

you = 너는
are = 이다
funny = 웃긴

그래서 You are funny.는 '너는 웃긴 사람/존재이다.'라는 말이 됩니다.

이해 가셨나요? funny가 '웃기다'라는 뜻이 아니라 '웃긴'이고 '~이다'는 be 동사로 표현한다는 것입니다. 이게 영어의 특징입니다.

우리말은 이렇게 떼어내기가 더 힘듭니다. '웃긴 + 이다' 이렇게 나눠서 보는 게 더 어색하죠. 그러나 영어는 오히려 이걸 하나로 붙이기가 더 힘듭니다. funny는 어디까지나 '웃긴'이고 you가 funny 하다는 결론을 내려주려면 be동사인 are로 연결해 주어야 합니다.

마찬가지로 sad는 '슬픈'이죠. 그래서 sad movie라고 하면 '슬픈 영화'잖아요? 그래서 You are sad.는 '너는 + 이다 +슬픈' 이렇게 세 단어가 합쳐진 문장입니다.

그런데 지금 여러분들도 그렇고, 현장에서 많은 학생들도 그렇고

You are sad. 를 보여드리면

You are = 너는

sad = 슬프다

이렇게 오해를 하세요. **You are**가 'You(너) + are(는)' 이렇게 한 덩어리라
고 생각하시는 거죠.

왜 이런 잘못된 분석을 하게 될까요?

이건 다름이 아니라 우리말 즉, 한국어 원리가 그렇기 때문입니다. 우리말
에는 **be**동사라는 것이 없고 '슬ㅍ'라는 기본값에, 'ㅡㄴ'을 붙여서 '슬픈',
'ㅡ다'를 붙여서 '슬프다' 이런 식으로 말을 만들어 줍니다.

그러나 영어는 **sad**(슬픈)라는 완전한 단어가 있고 이걸 '어디에 놓느냐'에
따라 각기 다른 표현을 할 수 있습니다. 아까 보신 대로 **sad movie**처럼
movie(영화)라는 명사 앞에 놓으면 뒤에 나오는 것이 '슬픈' 명사라는 말이
되고 **I am sad.** 나 **You are sad.** 처럼 **be**동사 뒤에 놓으면 앞에 있는 명사
가 '슬프다' 이런 뜻이 되죠. 이때 '~이다'라는 뜻을 담당하는 것이 **be**동사

입니다.

지금까지 말씀드린 be동사의 감각을 여러 예문들을 통해 익혀보도록 하겠습니다.

1. 그는 가수이다.
→ 그는 + 이다 + 가수
→ He + 이다 + 가수
→ He + is + 가수
→ He + is + a singer.

2. 그녀는 아름답다.
→ 그녀는 + 이다 + 아름다운
→ She + 이다 + 아름다운
→ She + is + 아름다운
→ She + is + beautiful.

3. 우리는 요리사이다.
→ 우리는 + 이다 + 요리사
→ We + 이다 + 요리사
→ We + are + 요리사
→ We + are + cooks.

아! 참고로 요리사는 cooker가 아닙니다. cooker는 대부분 요리기구를 의미합니다. 우리가 흔히 쓰는 '밥통'이 영어로 rice cooker죠. 혹시 친구를 '밥통'이라고 놀리고 싶으면 You are a cooker.라고 하셔도 됩니다. 책임은 지지 않습니다.

4. 그들은 배고프다.

→ 그들은 + 이다 + 배고픈

→ They + 이다 + 배고픈

→ They + are + 배고픈

→ They + are + hungry.

지금 각각의 문장에서 be동사 뒤에 나온 단어들만 따로 모으면

a singer

beautiful

a cook

hungry

이렇게 되겠죠? 이 중에 제가 a를 붙여놓은

singer

cook

이 두 녀석이 '명사(名詞)'

beautiful

hungry

이 두 녀석이 '형용사(形容詞)'입니다.

이런 '용어'를 만나면 참 가슴이 답답해지는 경우가 많습니다. 그러나 우리가 앞으로 이 책을 통해서 세상의 모든 영어 교재와 강의를 이해하는 힘을 기르는 것이 목표인 것 다 알고 계시죠? 그래서 이 용어까지 완벽하게 이해시켜 드리는 것이 저의 임무라고 생각합니다. 그래서 이 책의 제목이 〈대한

민국 영문법 0교시〉 아니겠습니까?

먼저 '명사(名詞)'

이 친구는 우리가 흔히 하나의 '개체(unit)' 또는 '개념(concept)'으로 생각할 수 있는 모든 것들을 지칭합니다. 예를 들어볼게요. 이 책을 쓰는 저는 영어강사인데요 '영어강사'라는 것은 우리가 세상의 여러 가지 직업 중에서 주로 학원 등에서 영어를 가르치는 사람의 직업을 일컫는 일종의 '개념'이죠? 그래서

English instructor 영어강사

이것이 명사(名詞)입니다. 한자를 풀어보면 '이름 명(名) + 말씀 사(詞)' 이렇게 두 글자를 합친 것인데요. 쉽게 말해 '이름을 붙일 수 있는 말'을 뜻합니다.

a person who sings 노래하는 사람

어떤 사람의 직업이 뭐냐고 할 때 '노래하는 사람이다' 이렇게 길게 말할 수도 있습니다. 그러나

singer 가수

이렇게 한 단어로 딱 이름을 붙여주는 것이 더 좋죠. 그래서 이런 단어를 명사(名詞)라고 부릅니다.

a person who cooks food 요리하는 사람

이렇게 길게 말해도 되지만 따로 이름을 붙여주면

cook 요리사

이것이 명사(名詞)입니다.

'형용사(形容詞)'

이 용어는 우리가 아까 보았던 명사(名詞)의 성질이나 상태를 나타내는 말들을 지칭합니다.

저는 유명한 다른 영어강사들에 비해서 나이가 어린 편인데요. 저를 만약

'젊은 영어강사'라고 한다면 어떤 단어가 형용사(形容詞)에 해당할까요?

바로, '영어강사'라는 명사(名詞)의 성질이나 상태를 나타내는 '젊은'이 형용사(形容詞)입니다.

young English instructor 젊은 영어강사

이 '형용사(形容詞)'의 한자를 풀어보면 '모양 형(形) + 얼굴 용(容) + 말씀 사(詞)' 이렇게 세 글자를 합친 것인데요. 쉽게 말해 '명사(名詞)가 어떤 모습을 하고 있고 어떻게 생겼는지를 알려주는 말'을 뜻합니다.

제가 개인적으로 좋아하는 가수는 임재범 씨입니다. 갑자기 무슨 소리냐고요? 가장 일상적인 예를 통해서 명사, 형용사 개념을 확실히 설명드리려고요.

임재범 씨가 노래하는 것을 들으면 잘하고 못하고를 넘어서 아름답다는 생각이 들거든요. 그래서 저는 임재범 씨를 영어로 이렇게 표현하고 싶습니다.

beautiful singer 아름다운 가수

'임재범'이라는 한 사람에게 붙은 '가수'라는 이름에 '아름다운'이라는 말로 '어떤' 가수인지 표현했습니다. 이것이 형용사(形容詞)의 역할입니다.

사실 임재범 씨를 좋아하는 이유 중에 하나는 어린 나이에 음악을 배우겠다고 영국으로 무작정 건너간 그 정신력과 도전정신 때문이기도 합니다. 돈은 없지만 열정은 가득했다. 항상 배고팠지만 행복했다는 그 시절의 임재범 씨를 영어로 표현하자면

hungry singer 배고픈 가수

이었을 겁니다.

참 이 '배고픈'이라는 형용사는 꿈을 좇는 사람들에게는 뭔가 울컥하는 느낌으로 다가오는 것 같아요. 그래서 우리말에서도 영어에서도 참 간절하다는 말로 잘 쓰는 것 아닐까 합니다.

예전 2002년 월드컵 때 거스 히딩크 감독이 말했던 그 문장이 지금 딱 떠오르네요.

I am still hungry.

'나는 아직 배가 고프다.'라는 이 말은 아직까지도 회자되고 있습니다. 말이 가진 힘이라는 것이 정말 대단하죠?

이 문장을 빵처럼 잘라서 하나씩 나누어 보면

I 나는 / am ~이다 / still 여전히 / hungry 배고픈

그래서 I am still hungry.는 '나는 여전히 배고픈 상태이다.' 정도로 직역할 수 있습니다.

I는 당연히 거스 히딩크 감독을 가리키겠죠? 그분의 상태를 나타내는 형용사(形容詞)가 hungry입니다.

be동사는 등호(=) 표시와도 같다고 했죠? 그러면

I = hungry

즉, '히딩크 감독의 상태는 배고픈 상태' 이렇게 보실 수 있습니다.

이런 원리로 우리는 '임재범 is a beautiful singer.'라고 하여

임재범 = beautiful singer

이렇게 그의 정체를 표현할 수도 있고

'임재범 was hungry.'라고 하여

임재범은 과거에 = hungry

이렇게 그의 과거 상태를 나타낼 수도 있습니다.

마치 퍼즐 같지 않나요? 네, 맞습니다 하나하나 엉겨 붙는 우리말과 달리 툭

툭 떨어져 있는 단어들이 약속된 순서대로 죽 늘어서는 것이 영어입니다. 그래서 저는 영어를 보면 어릴 적 하던 '레고'가 떠오릅니다. 여러분도 지금 그런 느낌을 받으셨나요? 그렇다면 아주 잘 따라오고 계신 겁니다.

1. 우리 아버지는 경찰이다.

→ 우리 아버지는 + 이다 + 경찰

→ **My father** + 이다 + 경찰

→ **My father** + **is** + 경찰

→ **My father** + **is** + **a police officer**.

2. 우리 어머니는 요리사이다.

→ 우리 어머니는 + 이다 + 요리사

→ **My mother** + 이다 + 요리사

→ **My mother** + **is** + 요리사

→ **My mother** + **is** + **a chef**.

3. 우리 아버지는 진지하시다.

→ 우리 아버지는 + 이다 + 진지한

→ **My father** + 이다 + 진지한

→ **My father** + **is** + 진지한

→ **My father** + **is** + **serious**.

4. 우리 어머니는 행복하시다.

→ 우리 어머니는 + 이다 + 행복한

→ **My mother** + 이다 + 행복한

→ **My mother** + **is** + 행복한

→ **My mother** + **is** + **happy.**

My father is a police officer.

우리 아버지는 경찰이다.

이 문장에서 **my father**는 곧 **a police officer**입니다. 정확하게는 세상의 많은 **police officers** 중에 **a**(한, 어떤) **police officer**이죠.

My father = **a police officer**

be동사는 이런 관계를 나타냅니다.

My mother is a chef.

우리 어머니는 요리사이다.

이 문장에서 **my mother**는 곧 **a chef**입니다. 세상의 많은 **chefs** 중에 a(한, 어떤) **chef**이죠.

My mother = a chef

이런 관계를 표현했습니다.

my father, my mother, a police officer, a chef는 모두 '명사(名詞)'입니다.

1 그는 가수이다.
(a singer / is / he)

_____

2 그녀는 아름답다.
(is / beautiful / she)

_____

3 우리는 요리사이다.
(we / cooks / are)

_____

4 그들은 배고프다.
(are / they / hungry)

_____

5 우리 아버지는 경찰이다.
(is / a police officer / my father)

_____

6 우리 어머니는 요리사이다.
(my mother / a chef / is)

_____

7 우리 아버지는 진지하시다.
(serious / my father / is)

_____

8 우리 어머니는 행복하시다.
(happy / is / my mother)

_____

정답

1. He is a singer.
2. She is beautiful.
3. We are cooks.
4. They are hungry.
5. My father is a police officer.
6. My mother is a chef.
7. My father is serious.
8. My mother is happy.

인간은 밥을 먹은 뒤에는 보수적이다.

Men are conservative after dinner.

- 랄프 왈도 에머슨 Ralph Waldo Emerson (미국의 사상가 겸 시인, 1803~1882)

우리는 모두 배가 고플 때는 진보적이고 개혁적이지만 배가 부르면 현재에 만족하여 변화를 원하지 않게 된다는 것을 재치있게 표현한 미국의 사상가 에머슨의 말입니다.

conservative(보수적인)라는 단어를 처음 보는 분들이 있을 겁니다. 그렇지만 그 정도만 제외하면 이 문장이 어렵다고 느끼는 분들은 없겠죠? men은 man의 복수형입니다. after와 dinner는 다들 아시는 단어고요.

이 문장은 정확하게

누구는 + 이다 + 어떤 상태

이 구조로 만들어졌습니다. 뒤에 after dinner가 살짝 붙었을 뿐이죠. 철학적 메시지를 전달하기 위해서 복잡한 문장을 쓸 필요는 없습니다. 이 구조로 여러분들도 여러분만의 명언을 하나씩 만들어 보는 건 어떨까요?

Men are progressive before dinner.

인간은 밥을 먹기 전에는 진보적이다.

저는 에머슨의 말을 뒤집어서 이와 같은 문장을 만들어 보았습니다.

나는 아테네인도 희랍인도 아닌 세계시민이다.

I am not an Athenian or a Greek, but a citizen of the world.

– 소크라테스 Socrates (B.C. 470년 경 ~ 399)

소크라테스는 참 대단한 사람입니다. 2020년 현재의 눈으로 보아도 세련된 철학을 했던 것 같습니다. 기원전 사람이 저런 말을 했다는 것이 경이롭지 않나요? 사실상 좁은 도시에 갇혀 살았던 사람이 대부분인 시대에 자신을 아테네인도 희랍인도 아닌 세계시민으로 규정한 소크라테스. 그가 왜 인류의 지성인지 한 문장으로 보여주네요.

정직한 사람은 신이 만들어 낸 훌륭한 작품이다.

An honest man is the noblest work of God.

– 알렉산더 포프 Alexander Pope (영국의 시인, 1688~1744)

정직이라는 것처럼 인류 역사를 관통하는 미덕도 없을 것입니다. noble이라는 단어는 '고귀한, 훌륭한' 정도의 뜻인데 그것의 최상급이 바로 noblest입니다. 그리고 work는 '일' 이외에도 '작품'이라는 뜻으로 쓰이기도 하죠. 정직한 사람이 얼마나 없으면 그런 사람은 신의 가장 고결한 작품이라는 말이 나왔을까요?

Great talkers are little doers.

말이 많은 자들은 행동을 별로 하지 않는다.

정말 재치 있는 문장입니다. do는 '~을 하다'라는 동사죠? 그것에 -er을 붙여서 doer라고 하면 '행하는 자'입니다. 일반적으로 영어권에서는 말보다 행동으로 보여주는 사람을 doer이라고 합니다. 그런데 little doers라고 하면 거의 하지 않는 사람이 됩니다.

빈 수레가 요란하다. 말보다 행동이다.

동서고금을 막론하고 참 말만 많은 사람들은 늘 문제였나 봅니다.

2002년 대한민국 축구 대표팀을 월드컵 4강에 올려놓은 거스 히딩크 감독의 명언

I am still hungry.
나는 아직 배가 고프다.

당시 대한민국 전체를 흔들었던 한마디였는데요.

사실 I am still hungry.는 아주 영어스러운 표현은 아닙니다. 당시 상황에서 영어를 모국어로 쓰는 감독이었다면 아마 이 표현은 나오지 않았을 겁니다. 그러나 히딩크 감독은 네덜란드 사람이고 영어는 그에게 외국어죠. 역설적으로 그렇기 때문에 자신이 네덜란드어로 생각한 바를 영어로 얘기했을 때 시적인 표현이 탄생했습니다.

제가 영어공부를 하면서 참 좋은 예로 삼았던 것이 바로 히딩크 감독입니다. 우리는 모두 우리가 어릴 때부터 배운 모국어로 사고를 합니다. 그래서 외국어를 배우면 처음에는 그들과 조금 다른 표현을 쓰거나 어색한 단어를 사용하는 경우가 생길 수밖에 없습니다.

그러나 그것이 여러분에게 두려움을 가져다 주어서는 안됩니다. 쓰는 언어가 다른데 표현하는 방법이 완전히 똑같을 수는 없습니다. 그 사실을 모르는 사람이 무지한 것이지 표현이 어색한 것은 절대 잘못된 것이 아닙니다.

그래서 저는 처음부터 '원어민은 절대 쓰지 않는 표현!'이라면서 겁을 주는 식의 영어 콘텐츠를 경계합니다. 이는 학습자의 의욕을 꺾고 원어민 절대주의에 빠지게 만들어 그 어떤 실수도 하지 않아야 한다는 강박관념에 시달리게 만들 뿐입니다.

잘 생각해 보세요. 우리는 모두 외국어를 '수단' 으로 배워야 합니다. 언어는 수단이자 도구입니다. '장식품' 이 아니죠. 혹시 지금도 여러분의 영어를 비웃는 사람이 있다면 이렇게 받아치세요.

'너는 영어를 누구한테 잘 보이려고 배우니? 나는 내 생각을 표현하려고 배워. 발음이 좋고 말이 빠른 것보다 얼마나 가치 있는 내용을 전달하는지가 더 중요하지. 그것이 언어의 본질이야.'

제가 이번 장에 썼던 문장 중에

My mother is a chef.
우리 어머니는 요리사야.

이 문장 기억하시죠?

사실 이 말은 실제 직업이 요리사인 나의 어머니를 의미할 수도 있지만 어머니께서 요리를 잘 하신다는 뜻으로 쓸 수도 있습니다. (실제로 저희 어머니는 저에게 세계 최고의 요리사입니다.)

영어와 우리말의 독특한 표현방식의 차이가 바로 여기 있는데요. 우리는 대부분 말을 최대한 풀어서 하는 것을 좋아합니다. 예를 들면, 어떤 사람이 술을 많이 마시면 '그 사람 술 정말 많이 마셔.' 이렇게 표현합니다. '마신다' 즉, 동사로 표현하는 것이 일반적이죠. 그런데 영어로 이 느낌을 전달하려면

He is a heavy drinker.

이렇게 표현하는 것이 일반적입니다.

drinker = 마시는 자

이렇게 명사로 표현하는 것입니다.

그래서 언어를 연구하는 사람들은 종종 이런 말을 합니다. 영어는 '명사' 위주의 언어이다.

'명사 위주의 언어' 라는 것은 명사가 동사, 형용사보다 영어에서는 훨씬 중요하다는 말이 아닙니다. 어떤 것을 '표현' 할 때 우리는 '~한다, ~이다' 즉, 동사로 얘기하는 것을 좋아하지만 그들은 '~하는 것, ~한 사람, ~라는 것' 즉, 명사로 표현하는 것을 좋아한다는 것입니다.

'너 참 거짓말 못한다.'

제가 어렸을 때 어머니 지갑에서 몰래 동전을 훔쳐 오락실에 갔다 오면 어머니께서는 '어디 갔다 왔는지 솔직하게 얘기해봐.' 라고 하셨습니다. 지금 생각하면 이불을 발로 뻥뻥 찰 일인데 그때는 어린 마음에 말도 안 되는 변명을 늘어놨던 기억이 납니다.

'응… 밖에 나갔는데 개미가 있는데 개미가 계속 가서 개미 따라다녔어.'

변명도 변명 같아야 화를 내실 텐데 말 같지도 않은 소리를 하니 어머니께서도 어찌나 어이가 없으셨는지 크게 웃으시며 이렇게 말씀하시더군요.

'너 참 거짓말 못한다.'

서른을 넘어 마흔에 가까워진 지금도 저는 어머니가 세상에서 제일 무섭습니다. 눈치가 정말 빠르시거든요.

그럴 일은 절대 없겠지만 제가 만약 이 나이에 다시 어머니께 티 나는 거짓말을 한다면 이제는 영어로 저한테 이렇게 한방 날리실 수도 있어요.

You are not a good liar.

너는

거짓말을 잘하는 사람 = good liar

은 아니구나.

지금도 지구촌 어딘가 영어를 쓰는 국가에서는 수많은 아이들이 이 말을 듣고 눈물을 뚝뚝 흘리고 있을 겁니다. 힘내라. 어린이들!

My father is serious.
우리 아버지는 진지하시다.

이 문장에서 my father는 serious한 상태입니다. my father의 여러 상태나 특징 중 serious가 my father의 현재 모습을 나타내고 있습니다.

my father = serious 한 상태

이런 관계를 표현한 것이죠.

My mother is happy.
우리 어머니는 행복하시다.

이 문장에서 My mother는 happy 한 상태입니다. My mother의 여러 상태나 특징 중 happy가 My mother의 현재 모습을 나타내고 있습니다.

My mother = happy 한 상태

이런 관계를 표현한 것이죠.

my father, my mother는 '명사(名詞)' 입니다.

serious, happy는 '형용사(形容詞)'입니다.

이건 다 이해가시죠? 그런데 바로 이 지점에서 어머니께서 저에게 하셨던 질문이 하나 떠오릅니다.

'지후야, 그러면 뒤에 나온 단어가 지금 그렇다는 말인지 원래 그런 사람이라는 말인지 어떻게 구분하니?'

이 질문을 들었을 때 저는 큰 충격을 받았습니다. 사실 한 번도 그런 생각을 해 본 적이 없었거든요. 그래서 한참을 고민하다가 마침 제가 미국에서 대학을 다닐 때 교양과목으로 들었던 스페인어 수업이 떠올랐습니다. 그때는 학점을 따느라 그냥 대충 외워서 시험을 봤는데 다시 교재를 펼쳐서 진지하게 읽어보니 여기에 답이 있더군요.

> Yo soy estudiante. 나는 학생이다.
> Yo estoy cansado. 나는 피곤하다.

지금 이 두 문장이 스페인어 be동사 장에 나오는 대표적 예문입니다.

yo는 '나' 입니다. 그리고 각각의 문장에서 yo 뒤에 나온 soy와 estoy가 둘 다 영어의 am에 해당합니다. 이럴 수가! be동사가 왜 두 개야?

내가 '학생'인 것은 일시적이라고 보기 어렵습니다. 나의 신분이고 이는 일정 기간 지속되는 것이죠? 이런 성격의 '~이다'를 표현할 때는 soy를 쓰고 cansado (피곤한)처럼 일시적 상태를 표현할 때는 estoy를 씁니다.

와! 그러면 스페인어를 쓰는 사람들은 매번 말할 때마다 이 둘을 다 구분해야 하는 것인가?

네, 맞습니다. 반드시 구별해야 합니다. 물론 그들은 어릴 때부터 써와서 전혀 어렵다고 생각하지 않습니다. 스페인어를 외국어로 배웠던 저는 너무 힘들었지만요.

이걸 보니 생각보다 영어가 화끈한 면이 있네요? 굳이 be동사를 두 개로 나누지 않고 그냥 맥락으로 이해하고 넘어가는 언어가 영어입니다. 우리말과의 공통점을 드디어 하나 발견했네요!

사실 영어는 언어학적으로 보면 생각보다는 규칙이 복잡하지는 않은 언어입니다. 대신에 난해한 면이 있죠. 규칙이 좀 엉망입니다. 제 역할은 단순하지만 난해하고 엉망인 '영어'를 여러분께 최대한 정교하고 명료하게 설명드리는 것입니다.

이제 be동사 뒤에 형용사를 써서 주어를 설명하는 문장들은 이해가 잘 가시죠? 지금부터는 새로운 내용을 다루도록 하겠습니다.

어머니께서 저에게 이렇게 물어보신적이 있습니다.

'지후야, '재미있다'고 할 때 **interesting**이라고 하잖아?'

'네 맞아요.'

'그래, 그러면 나는 재미있다고 하려면 **I am interesting.**인가?'

이 질문을 들은 저는 잠시 고민에 빠졌습니다. 그리고 다시 여쭈어보았죠.

'나는 재미있다는 게 정확히 무슨 뜻이에요? 내가 재미있어하는 건가요? 아니면 내가 재미있는 사람이라는 건가요?'

이번에는 제 대답을 들으신 어머니께서 잠시 고민에 빠지셨습니다. 그리고 이렇게 말씀하셨죠.

'내가 어떤 **TV** 프로를 봤는데 그게 재미있는 거야.'

아! 여기서 저는 엄청난 깨달음을 얻었습니다.

'아! 그건 내가 재미있게 되는 거 아닌가요?'

'내가 재미있게 된다는 게 무슨 말이야?'

도저히 한국어로 설명하기 힘든 바로 그 부분! 모든 영어 학습자들을 한 번쯤은 좌절하게 만드는 바로 그 부분이 이렇게 우연히 튀어나왔습니다.

저는 어머니께 잠시 생각을 정리하고 설명드리겠다고 한 후 방으로 들어갔습니다.

가만히 책상에 앉아있는데 문득 대학시절이 떠오르더군요. 영어교육과 학생들은 의무적으로 졸업 전에 실습을 나가야 합니다. 주로 미국으로 이민을 오신 분들의 자녀분들의 영어공부를 돕거나 미국 초등학교 저학년 학생들의 숙제를 도와주는 일 등을 하죠. 지역 자치센터와 주립 초등학교 등에 가서 실습을 하고 평가를 받습니다.

제가 졸업반에 들어가서 나간 첫 실습이 떠올랐습니다. 아직 미국에 온 지 얼마 되지 않아서 영어가 서툰 이민자 2세 아이들의 공부를 도와줄 기회가 있었는데요. 9살, 10살 아이들이기 때문에 금방 친해질 수 있었고 열심히 해줘서 참 고마웠던 기억이 납니다. 오랫동안 씨름하던 문제가 저의 도움으로 풀리면 아이들은 손뼉을 치면서 이렇게 말하곤 했습니다.

I am interesting!

그 말을 들은 저는 일단 같이 기뻐해 준 뒤 아이들의 눈을 바라보면서 이렇게 말해줍니다.

I am interested.

그러면 아이들은 잠시 멀뚱멀뚱 저를 쳐다보다가 I am interested.라고 따라 합니다. 이게 아이들을 가르칠 때 가장 중요한 과정 중 하나입니다.

당시 제가 **interesting**과 **interested**의 차이를 이해시키기 위해 정말 열심히 원서를 뒤져서 저만의 교안을 만들었던 기억이 나는데요. 한번 지금부터 재구성해보겠습니다.

다음 문장들을 그냥 한번 죽 읽어보세요.

1. 나는 기쁘다.

→ 나는 + (~한 상태)이다 + 기쁜

→ I + (~한 상태)이다 + 기쁜

→ I + am + 기쁜

→ I + am + pleased.

2. 너는 피곤하다.

→ 너는 + (~한 상태)이다 + 피곤한

→ You + (~한 상태)이다 + 피곤한

→ You + are + 피곤한

→ You + are + tired.

3. 그는 놀랐다.

→ 그는 + (~한 상태)이다 + 놀란

→ He + (~한 상태)이다 + 놀란

→ He + is + 놀란

→ He + is + surprised.

4. 그녀는 안심했다.

→ 그녀는 + (~한 상태)이다 + 안심한

→ She + (~한 상태)이다 + 안심한

→ She + is + 안심한

→ She + is + relieved.

5. 우리는 헷갈린다.

→ 우리는 + (~한 상태)이다 + 헷갈린

→ We + (~한 상태)이다 + 헷갈린

→ We + are + 헷갈린

→ We + are + confused.

6. 그들은 충격받았다.

→ 그들은 + (~한 상태)이다 + 충격받은

→ They + (~한 상태)이다 + 충격받은

→ They + are + 충격받은

→ They + are + shocked.

자, 혹시 제가 지금 보여드린 문장들의 공통점이 보이시나요?

자세히 보면 각 문장의 맨 끝에 오는 단어들이 모두 −ed 형태로 끝납니다. 눈치가 빠르신 분들은 아마 지금 '이게… 피피… 그건가?'라는 생각을 하실 겁니다.

맞습니다. 학교 다닐 때 배웠던 그 **p.p.**입니다. 그렇다고 지금 '**p.p.** 란 무엇인가'를 고민하실 필요는 없습니다. 저도 그런 얘기를 하려는 게 아니고요.

제 안내를 잘 따라오시기 바랍니다.

1. 나는 기쁘다.

→ 나는 + (~한 상태)이다 + 기쁜

→ I + (~한 상태)이다 + 기쁜

→ I + am + 기쁜

→ I + am + pleased.

이 문장에서 맨 끝에 나온 단어 pleased는 please에 −ed를 붙인 것입니다. 그러면 please가 무슨 뜻인지 먼저 알아야겠죠? please가 정확히 무

슨 뜻인지 아시나요? 사전에서 이 단어를 찾아보면

please (동사) (남을) 기쁘게 하다

이렇게 뜻풀이가 나옵니다. 그리고 이런 예문도 보이네요.

You can't please everybody.
모든 사람을 기쁘게 할 수는 없다.

이제 조금 감이 잡히시죠? 그 뒤에 나오는 대상을 '기쁘게 하다'라는 뜻을 가진 단어가 **please**입니다.

잠시 제가 만든 문장을 하나 보시겠습니다.

It pleases me.

무슨 뜻인지 아시겠나요? 전혀 당황하실 필요 없습니다.

I study English.

처럼 그냥 〈주어 + 동사 + 목적어〉로 만들어진 단순한 문장입니다.

It pleases me.
It 그것은

pleases 기쁘게 한다

me 나를

'그것은 나를 기쁘게 한다.'

이런 뜻을 가진 문장입니다.

원어민들이 보았을 때 이 문장은 이런 그림을 가지고 있습니다.

It pleases me. 라는 문장에 들어 있는 세 단어의 관계는

It이 **please**를 **me**로 보내는 그림입니다.

please가 '~를 기쁘게 하다'라는 뜻이니까 **it**이 기쁘게 하는 힘, 영향을 **me**에게 보내는 논리를 갖추고 있습니다.

간단하게 기호로 표시하면

It pleases → me

이렇게 **It**이 **please**를 **me** 쪽으로 '건너가게' 만든다고 보시면 됩니다.

I love you. 라고 할 때 **I**가 **love**를 → **you**에게 보내는 느낌이라는 것은 직관적으로 이시겠죠? 당연히 '내가' '사랑'을 '너'에게 보내야 그것이 '나는 너를 사랑한다.'가 됩니다.

이처럼 앞에 나온 단어가 그 뒤에 나온 단어에게 영향력을 행사하는 그림을 가진 문장구조를 우리는 '능동태'라고 부릅니다.

그런데 여기서

'그것은 나를 기쁘게 한다.'라는 말을 '나'의 입장에서 본다면 내가 그것에 의하여 기쁨을 느낀다는 말인데 이걸 영어로 어떻게 표현할까요?

방법은 아주 쉽습니다. 원리만 먼저 보여드리면

주어 I 뒤에 be동사 am을 붙여서 I am을 쓴 후

그 뒤에 please라는 단어의 끝에 -ed를 붙여서 pleased로 만들고 I am 뒤에 그냥 써줍니다.

I am pleased.

나는 기쁘다.

그럼 It은 어디로 갔을까요? 그것에 의하여 내가 기쁨을 느끼는 것이니 '~에 의해'라는 뜻을 가진 by를 이 문장 뒤에 써주고

I am pleased by

나는 기쁘다 ~에 의해

마지막에 **it** 을 붙여주면

I am pleased by it.

나는 기쁘다 그것에 의해.

이렇게 문장을 만들어 줄 수 있습니다. 그런데 지금처럼 **it**이 무엇인지 확실하지 않고 또 특별히 밝힐 필요가 없을 때는 그냥 **by**와 함께 생략을 할 때가 더 많습니다.

우리도 '아~ 배부르다.'라고 하지 '아~ 배부르다 밥에 의해서.'라고 굳이 하진 않잖아요? 그래서

I am pleased.

나는 기쁘다.

이렇게만 딱 써놓으면 원어민들은 '아! 수동태구나!'라고 바로 알아챕니다.

I am pleased.

이 문장 속에 있는 세 단어의 관계는 어떻게 될까요?

please의 끝에 **−ed**가 붙으면 '힘의 방향'이 반대로 바뀌어 버립니다. 마치 종이의 한쪽 끝을 접어서 날리면 그 접힌 부분의 반대쪽으로 날아가듯이 영어 단어도 힘의 방향을 뒤집을 수 있습니다. 그래서

I am ← pleased

이렇게 **please** 즉, 기쁘게 하는 힘이 **I**를 향해 다가옵니다. 그럼 **am**은 뭘까요? 저 녀석은 '다리'입니다. 즉 **please**를 **I**에게 가도록 연결해 주는 역할을

합니다. 조금씩 이해가 가시나요? 이것이 바로 '수동태'의 원리입니다. 문장을 몇 가지 더 보도록 하겠습니다.

He tires me.

그는 나를 피곤하게 한다.

이 문장 속 세 단어의 관계는 어떻게 되죠? he가 tire를 → me에게 보내는 그림이라고 생각하시면 됩니다.

그럼 이것을 '나'의 입장에서 본다면 어떻게 될까요?

주어 I 뒤에 be동사 am를 붙여서 I am을 만들고 그 뒤에 tire 끝에 –ed를 붙인 tired를 써줍니다.

I am tired.

나는 피곤하다.

이렇게 되면 힘의 방향이 바뀌죠?

I am ← tired

am은 역시 '연결 다리' 역할을 하고요

I am tired by him.이라고 해도 괜찮은데 굳이 '그'에 의해서라는 말을 밝히고 싶지 않으면 그냥 생략해도 된다고 했죠?

I am tired (by him).

그래서 우리가 수동태를 문법책에서 찾아보면 '**by** 이하는 생략할 수 있다'는 말이 나오는 것입니다. 생략하고 말고는 우리 마음입니다.

영어는 이렇게 독특한 작동원리를 가지고 있습니다. 단어 끝을 접어서 힘의 방향을 전환하고 그것을 이용해 그 앞과 뒤에 나온 단어들의 관계를 재설정해줍니다. 우리말에는 없는 원리입니다.

자, 그러면 제가 여러 가지 문장들을 각각 '능동태'와 '수동태'로 보여드리겠습니다.

강의보기

It surprises me. (it이 surprise를 → me에게 보내는 느낌) - 능동태
→ 그것은 + 놀라게 한다 + 나를
→ 그것은 나를 놀라게 한다.

I am surprised. (I에게 ← surprise가 오는 느낌) - 수동태
→ 나는 (~한 상태)이다 + 놀란
→ 나는 놀랐다.

She relieves me. (she가 relieve를 → me에게 보내는 느낌) - 능동태

→ 그녀는 + 안심시킨다/안도하게 만든다 + 나를

→ 그녀는 나를 안심시킨다.

I am relieved. (I에게 ← relieve가 오는 느낌) - 수동태

→ 나는 + (~한 상태)이다 + 안심한/안도된

→ 나는 안심한/안도된 상태이다.

They confuse me. (they가 confuse를 → me에게 보내는 느낌) - 능동태

→ 그것들은 + 혼란스럽게 한다 + 나를.

→ 그것들은 나를 혼란스럽게 한다.

I am confused. (I에게 ← confuse가 오는 느낌) - 수동태

→ 나는 + (~한 상태)이다 + 혼란스러운

→ 나는 혼란스러운 상태이다.

The news shocks me. (the news가 shock를 → me에게 보내는 느낌) - 능동태

→ 그 뉴스는 + 충격을 준다 + 나를(나에게)

→ 그 뉴스는 나에게 충격을 준다.

I am shocked. (I에게 ← shock이 오는 느낌) - 수동태

→ 나는 + (~한 상태)이다 + 충격받은

→ 나는 충격받은 상태이다.

이제 확실히 이해가 가시죠?

이 원리를 수학 공식처럼 만들면 〈be동사 + p.p.〉는 수동태라는 말이 나오는 것입니다. 이 공식에는 아무 문제가 없습니다. 그러나 애초에 공식이라

는 것은 복잡한 것을 단순화하기 위한 도구인데 복잡한 원리를 이해했을 경우에만 의미가 있습니다. 그래서 저는 이번 장에서 여러분께 꼭 수동태를 '이해'시켜드리고 싶었습니다.

저는 이상주의자가 아닙니다. 공부에 있어서 '암기'는 절대 나쁜 것이 아닙니다. 그러나 이해가 수반되지 않은 맹목적인 암기는 힘을 발휘하지 못합니다. 반대로 이해가 수반된 암기는 엄청난 위력을 발휘합니다.

자, 이쯤 되시면

I am pleased because I am loved.

이 문장이 '정확하게' 이해되실 겁니다.

I am ← pleased + because + I am ← loved.
나는 사랑받아서 기뻐.

어떤가요? 왜 이 말이 '나는 사랑받아서 기뻐.'가 되는지 직관적으로 아시겠죠?

이제부터 다양한 동사로 능동태/수동태를 익혀보겠습니다.

- **interest**: 관심을 끌다

능동태 – 그것은 나의 관심을 끈다.
→ 그것은 + 관심을 끌다 + 나를
→ It + 관심을 끌다 + 나를
→ It + interests + 나를
→ It + interests + me.

수동태 – 나는 관심이 있다.

→ 나는 + (~한 상태)이다 + 관심이 끌린 상태

→ I + (~한 상태)이다 + 관심이 끌린 상태

→ I + am + 관심이 끌린 상태

→ I + am + interested.

It interests me. (it이 interest를 → me에게 보내는 느낌) - 능동태

I am interested. (I에게 ← interest가 오는 느낌) - 수동태

- **excite**: 흥분시키다

능동태 – 그것은 너를 흥분시킨다.

→ 그것은 + 흥분시킨다 + 너를

→ It + 흥분시킨다 + 너를

→ It + excites + 너를

→ It + excites + you.

수동태 – 너는 흥분했다.

→ 너는 + (~한 상태)이다 + 흥분된 상태

→ You + (~한 상태)이다 + 흥분된 상태

→ You + are + 흥분된 상태

→ You + are + excited.

It excites you. (it이 excite를 → you에게 보내는 느낌) - 능동태

You are excited. (you에게 ← excite가 오는 느낌) - 수동태

- **bore**: 지루하게 만들다.

능동태 – 그것은 그를 지루하게 만든다

→ 그것은 + 지루하게 만든다 + 그를

→ It + 지루하게 만든다 + 그를

→ It + bores + 그를

→ It + bores + him.

수동태 – 그는 지루하다.

→ 그는 + (~한 상태)이다 + 지루해진 상태

→ He + (~한 상태)이다 + 지루해진 상태

→ He + is + 지루해진 상태

→ He + is + bored.

It bores him. (it이 bore를 → him에게 보내는 느낌) - 능동태

He is bored. (he에게 ← bore가 오는 느낌) - 수동태

- **amuse**: 즐겁게 하다

능동태 – 그것은 그녀를 즐겁게 한다.

→ 그것은 + 즐겁게 하다 + 그녀를

→ It + 즐겁게 하다 + 그녀를

→ It + amuses + 그녀를

→ It + amuses + her.

수동태 – 그녀는 즐겁다.

→ 그녀는 + (~한 상태)이다 + 즐거워진 상태

→ She + (~한 상태)이다 + 즐거워진 상태

→ She + is + 즐거워진 상태

→ She + is + amused.

It amuses her. (it이 amuse를 → her에게 보내는 느낌) - 능동태

She is amused. (she에게 ← amuse가 오는 느낌) - 수동태

- **disappoint**: 실망시키다

능동태 – 그것은 우리를 실망시킨다.

→ 그것은 + 실망시킨다 + 우리를

→ It + 실망시킨다 + 우리를

→ It + disappoints + 우리를

→ It + disappoints + us.

수동태 – 우리는 실망했다.

→ 우리는 + (~한 상태)이다 + 실망하게 된 상태

→ We + (~한 상태)이다 + 실망하게 된 상태

→ We + are + 실망하게 된 상태

→ We + are + disappointed.

It disappoints us. (it이 disappoint를 → us에게 보내는 느낌) - 능동태

We are disappointed. (we에게 ← disappoint가 오는 느낌) - 수동태

- **embarrass**: 당황스럽게 만들다

능동태 – 그것은 그들을 당황스럽게 만든다.

→ 그것은 + 당황스럽게 만든다 + 그들을

→ It + 당황스럽게 만든다 + 그들을

→ It + embarrasses + 그들을

→ It + embarrasses + them.

수동태 – 그들은 당황했다.

→ 그들은 + (~한 상태)이다 + 당황한 상태

→ They + (~한 상태)이다 + 당황한 상태

→ They + are + 당황한 상태

→ They + are + embarrassed.

It embarrasses them.
(it이 embarrass를 → them에게 보내는 느낌) - 능동태

They are embarrassed.
(they에게 ← embarrass가 오는 느낌) - 수동태

어떻습니까? 능동태/수동태라는 말 자체를 외우는 것이 아닌 그 원리를 이해하신 기분이? 여러분께서 지금 웃음을 짓고 계신다면 저는 제 할 일을 다 했다고 생각합니다.

QUIZ

1 나는 기쁘다.
(pleased / am / I)

_____

2 너는 피곤하다.
(you / tired / are)

_____

3 그는 놀랐다.
(surprised / is / he)

_____

4 그녀는 안심했다.
(is / relieved / she)

_____

5 우리는 헷갈린다.
(confused / we / are)

_____

6 그들은 충격 받았다.
(they / shocked / are)

_____

7 [능동태] 그것은 나의 관심을 끈다.
(me / it / interests)

_____

8 [수동태] 나는 관심이 있다.
(am / I / interested)

_____

9 [능동태] 그것은 너를 흥분시킨다.
(excites / you / it)

_____

10 [수동태] 너는 흥분했다.
(are / excited / you)

_____

⑪ [능동태] 그것은 그를 지루하게 만든다.
(bores / him / it)

_____

⑫ [수동태] 그는 지루하다.
(is / bored / he)

_____

⑬ [능동태] 그것은 그녀를 즐겁게 한다.
(it / her / amuses)

_____

⑭ [수동태] 그녀는 즐겁다.
(she / amused / is)

_____

⑮ [능동태] 그것은 우리를 실망시킨다.
(us / it / disappoints)

_____

⑯ [수동태] 우리는 실망했다.
(are / we / disappointed)

_____

⑰ [능동태] 그것은 그들을 당황스럽게 만든다.
(them / embarrasses / it)

_____

⑱ [수동태] 그들은 당황했다.
(are / they / embarrassed)

_____

정답

1. I am pleased.
2. You are tired.
3. He is surprised.
4. She is relieved.
5. We are confused.
6. They are shocked.
7. It interests me.
8. I am interested.
9. It excites you.
10. You are excited.
11. It bores him.
12. He is bored.
13. It amuses her.
14. She is amused.
15. It disappoints us.
16. We are disappointed.
17. It embarrasses them.
18. They are embarrassed.

이제부터는 지금까지 나왔던 '수동태' 문장들을 모두 '질문'으로 바꾸어 보겠습니다. 이 연습을 마치고 나면 우리가 별생각 없이 접해왔던 많은 영어회화 표현들이 이 원리로 탄생한 것임을 알게 될 겁니다.

be동사가 들어있는 문장을 의문문으로 만들 때는 〈주어 + 동사〉를 〈동사 + 주어〉로 순서를 바꾼다. 기억하고 계시죠?

1. 나는 기쁘니? (나는 기쁜 상태이니?)

→ (~한 상태)이니 + 나는 + 기쁜?

→ Am + 나는 + 기쁜?

→ Am + I + 기쁜?

→ Am + I + pleased?

I am pleased. → Am I pleased?

우리가 살면서 '내가 기쁘니?'라고 물어볼 일은 많이 없지만 우리의 목표는 문장 생성의 원리를 익히는 것입니다. 이제부터 주어만 바꾸어서 문장을 계속 만들어 가면 원하는 표현을 하실 수 있습니다. 예컨대 제가 아버지께 무언가 선물을 사드리고 어머니께 '아버지께서 기뻐하시나요?'라고 여쭙는 다면 **Is he pleased?**라고만 하면 됩니다.

2. 나는 흥미롭니? (나는 흥미로운 상태이니?)

→ (~한 상태)이니 + 나는 + 흥미로운

→ Am + 나는 + 흥미로운

→ Am + I + 흥미로운

→ Am + I + interested?

I am interested. → Am I interested?

지금 이 문장도 자연스럽게 이해가 되시죠? **I am interested.**와 **I am interesting.**이 서로 다른 뜻이라는 것도 이제는 아실 겁니다. **I am interesting.**이라는 말은 '나는 흥미로운 사람'이라는 뜻이죠. 다른 사람들이 나를 보고 흥미를 느껴야 합니다.

I am interested.와 **I am interesting.**에서 **I**만 다른 단어로 바꾸면 무한히 많은 표현들을 만들어 낼 수 있습니다. 저는 미국에서 대학시절 농구를 많이 했습니다. 물론 외국인들을 상대로 하는 농구는 이기기 쉽지 않아서 주로 지는 역할이긴 했지만요. 저녁을 먹고 농구를 한판 할 시간이 되면 친구들이 다가와 **Are you interested?**라고 물어봅니다. '너 관심 있니?'라는 말은 사실은 같이 한판 하겠냐는 말이죠.

그러다가 농구 시합이 진행되면 일단 저는 수비하기 바빴습니다. 190이 훌쩍 넘는 친구들이 공격을 해오면 정말 무섭습니다. 어떻게든 막아야 한다는 생각에 반칙도 불사하죠. 그러다가 기회가 나면 제가 2점 숏을 날리곤 했는데 생각보다 저의 숏이 정확했습니다. 분명 드리블도 형편없고 발도 느린데 희한하게 숏만 정확하니 친구들이 신기해했습니다. 나중엔 제가 있는 팀은 늘 저를 중심으로 공격을 하곤 했죠. 이 모습을 지켜보던 상대팀 친구가 저에게 이렇게 말하더군요.

You are interesting, bro.

우리말로 하자면 '너 참 재미있는 놈이네.' 정도가 됩니다. 하긴 어이가 없었겠죠. 기교는 자기들이 다 부렸는데 막상 득점은 제가 가장 많이 했으니! 보시다시피 이렇게 살짝 비꼬는(?) 표현으로도 씁니다. 얼마나 유용한가요?

3. 너는 피곤하니? (너는 피곤한 상태이니?)
→ (~한 상태)이니 + 너는 + 피곤한?
→ **Are** + 너는 + 피곤한?
→ **Are** + **you** + 피곤한?
→ **Are** + **you** + tired?

You are **tired**. → Are you **tired**?

영어회화 책 첫 장에 나올 만한 질문이죠? 정확히 지금 배우시는 문법으로 만들어졌습니다.

4. 너는 신났니? (너는 신난 상태이니?)
→ (~한 상태)이니? + 너는 + 신난?
→ **Are** + 너는 + 신난?
→ **Are** + **you** + 신난?
→ **Are** + **you** + excited?

You are **excited**. → Are you **excited**?

이 문장을 보니 다시 한번 대학시절 추억이 떠오르는데요. 저희 학교에는 **Culture Night**이라는 것이 있었습니다. 세계 각국에서 온 학생들이 자기 나라의 전통문화를 보여주는 축제인데요. 꽤나 재미있었고 반응도 좋았습니다. 그때 사회자가 중간중간에 이렇게 외치던 기억이 나네요

Are you guys excited?

우리말로 직역하면 '여러분 모두 신나세요?' 정도인데, 상황에 맞는 우리말이 무엇이 있을까 생각을 해보니 '여러분 모두 즐거운 시간 되고 계시나요?' 정도가 딱이지 않나 싶습니다.

아, 여기서 **you guys**라는 표현이 흥미롭죠? 상대방이 여럿일 때 쓰는 표현입니다. 영어는 다른 유럽어들과 달리 '너희들, 당신들'이라는 단어가 따로 없습니다. 예전에는 있었는데 현대영어에는 남아 있지 않습니다.

그래서 **you**의 복수는 그냥 **you**입니다. 그런데 구어체에서는 복수임을 밝힐 때 **you guys**라는 말을 정말 많이 씁니다. 이때 **guy**는 딱히 '남자'라는 뜻이 아닙니다. 그냥 상대가 여럿이면 성별에 상관없이 **guys**라고 부릅니다.

5. 그는 놀랐니? (그는 놀란 상태이니?)
→ (~한 상태)이니 + 그는 + 놀란?
→ **Is** + 그는 + 놀란?
→ **Is** + **he** + 놀란?
→ **Is** + **he** + surprised?

He is surprised. → Is he surprised?

이제 여러분들은 **surprise**라는 동사가 '~를 놀라게 하다'라는 뜻임을 알기 때문에 이 문장이 정확하게 이해가 될 겁니다. 여기서 조금 응용하여 **He is surprising.**이라고 하면 그는 놀라운 사람이라는 뜻이 됩니다. 다른 사람들이 그를 보고 놀라움을 느껴야 하죠. 이것도 이해 되시죠?

6. 그는 지루하니? (그는 지루한 상태이니?)

→ (~한 상태)이니 + 그는 + 지루한?

→ Is + 그는 + 지루한?

→ Is + he + 지루한?

→ Is + he + bored?

He is bored. → Is he bored?

여기서 **bored**를 **boring**이라고 하면 그는 지루한 사람, 즉, 남들이 그 사람을 보고 지루하다는 말이 되어 버립니다. 이런 실수는 처음 영어를 배울 때 원어민이 아니라면 종종 하게 됩니다. 저도 예전에 '나 심심해.'를 **I am boring.**이라고 했다가 주변 친구들을 폭소하게 만들었던 기억이 납니다. 사람들 앞혀 놓고 '그거 알아? 나 무지하게 지루한 인간이야.'라고 말한 꼴이죠. 그렇다고 실수를 두려워하지는 마세요. 실수하지 않으면 배우는 것도 없습니다.

7. 그녀는 안심했니? (그녀는 안심한 상태이니?)

→ (~한 상태)이니 + 그녀는 + 안심한?

→ Is + 그녀는 + 안심한?

→ Is + she + 안심한?

→ Is + she + relieved?

She is relieved. → Is she relieved?

---

relieve가 '~를 안심시키다'라는 뜻이기 때문에 이런 문장이 가능합니다. 여기서 만약 **relieved**를 **relieving**이라고 바꾸면 '안심을 시키는'이라는 의미가 됩니다. 누군가 나에게 안심이 되는 말, 안도가 되는 말을 해주었다면

That is relieving.이라고 표현하실 수 있습니다. 그것이 나를 안심시킨다는 말이 되는 것이죠.

8. 그녀는 즐겁니? (그녀는 즐거운 상태이니?)

→ (~한 상태)이니 + 그녀는 + 즐거운?

→ Is + 그녀는 + 즐거운?

→ Is + she + 즐거운?

→ Is + she + amused?

She is amused. → Is she amused?

---

amuse가 '~를 즐겁게 하다'라는 뜻이잖아요? 여기에 −ment를 붙여서 amusement라고 하면 '재미, 오락, 놀이'라는 말이 됩니다. 그래서 amusement park라고 하면 '놀이공원'이라는 뜻이 생깁니다. 이렇게 영어 단어는 그 모양을 조금씩 변화시켜서 새로운 뜻을 끊임없이 만들어 냅니다. 원리를 공부하는 것이 즐거운 이유는 바로 이런 응용을 할 수 있게 되기 때문인 것 같습니다.

9. 우리는 헷갈리니? (우리는 헷갈린 상태이니?)

→ (~한 상태)이니 + 우리는 + 헷갈린?

→ Are + 우리는 + 헷갈린?

→ Are + we + 헷갈린?

→ Are + we + confused?

We are confused. → Are we confused?

이 말은 어디에 쓰면 좋을까 생각하시는 분들께 재미있는 이야기를 해드리면 사실 남녀 사이에 흔히 '썸 탄다'고 하죠? 이 책을 읽으시는 분들은 어떠실지 모르겠지만 남녀가 소위 '밀당'을 할 때는 자신의 마음을 100% 보여주면 안 됩니다. 그래서 이럴 때 단골로 하는 말이 바로 **I am confused.** 입니다. 우리말로 하면 '나 헷갈려.'인데요. 내가 너를 좋아하는 것 같기도 하고 안 좋아하는 것 같기도 하다고 애간장을 태울 때 하면 딱 좋습니다.

10. 우리는 실망했니? (우리는 실망한 상태이니?)

→ (~한 상태)이니 + 우리는 + 실망한?

→ Are + 우리는 + 실망한?

→ Are + we + 실망한?

→ Are + we + disappointed?

We are disappointed → Are we disappointed?

---

disappoint가 '~를 실망하게 하다'라는 뜻이기 때문에 탄생하는 문장입니다. 이걸 거꾸로 **disappointing**이라고 써버리면 완전히 다른 뜻이 되겠죠? 일반적으로 영어에서 **disappointing**이라는 말을 사람에게 쓰면 상당히 모욕적인 표현이 됩니다. **You are disappointing.** 이 말은 '이 실망스러운 녀석!' 정도가 됩니다. 딱 들으셔도 정말 큰 잘못을 한 경우가 아니라면 하기 어려운 말이죠? 그래서 사람에게 이런 말을 쓰는 경우는 드뭅니다. **The result is disappointing.** '그 결과가 실망스럽다.'처럼 사람이 아닌 것이 주체가 되는 경우는 흔한 편입니다. 여러분도 한번 써보세요. 새로 먹어본 파스타가 맛이 없다면

The pasta is disappointing!

11. 그들은 충격받았니? (그들은 충격받은 상태이니?)

→ (~한 상태)이니 + 그들은 + 충격받은?

→ **Are** + 그들은 + 충격받은?

→ **Are** + **they** + 충격받은?

→ **Are** + **they** + **shocked?**

> They are shocked. → Are they shocked?

가만히 생각해 보면 '쇼킹'만큼 많이 쓰는 외래어도 없는 것 같습니다. 그동안 '그거 진짜 쇼킹하다.'라는 말을 써오셨다면 외래어를 참 원리에 맞게 잘 쓰신 겁니다. 사람은 **shock**를 당할 수는 있죠. 어떤 소식이 너무 나에게 충격을 준다면 **The news shocks me.**라고 말씀하시면 됩니다. 그렇게 충격을 받은 나는 **I am shocked.**인 것이고요. 그런데 만약 그 소식이 충격을 준다는 뜻을 표현하고 싶으시면 어떻게 할까요? 그 소식을 보거나 들은 사람들이 충격을 받는 것이기 때문에 **The new is shocking!**이라고 하면 됩니다. 그러니 우리가 평소에 썼던 '그거 진짜 쇼킹하다.'는 매우 정확한 표현이죠? 영어로도 **That is very shocking.**이 될 테니까요.

12. 그들은 당황했니? (그들은 당황한 상태이니?)

→ (~한 상태)이니 + 그들은 + 당황한?

→ Are + 그들은 + 당황한?

→ Are + they + 당황한?

→ Are + they + embarrassed?

They are embarrassed. → Are they embarrassed?

---

embarrass가 '~를 당황시키다'라는 뜻이기 때문에 탄생한 문장입니다. 역으로 어떤 사람이 나나 다른 사람들을 당황스럽게 만든다면 그 사람이 embarrassing 하다고 말씀하실 수 있습니다. **He is embarrassing! She is embarrassing!** 이런 말은 그 사람을 보는 나까지 창피할 때 쓰면 딱입니다. 사람은 살면서 누구나 **embarrassing** 한 경험이 한 번쯤은 있죠? 저는 예전에 집에서 노래연습을 한답시고 이불 속에 들어가서 소리를 질렀던 적이 있습니다. 물론 초등학교, 중학교 다닐 때 이야기인데요. 노래를 하다가 이불 밖으로 나왔는데 어머니께서 딱 옆에 앉으셔서 빨래를 개고 계셨던 적이 있습니다. 그때를 회상하면 딱 이런 말이 나오네요.

That was embarrassing!

그거 진짜 창피했어!

저 기죽을까 봐 우리 아들 노래 잘한다고 해 주셨던 어머니, 아버지께 진심으로 감사드립니다. 제 진짜 노래 실력은 나중에 노래방에서 뼈저리게 확인했습니다.

QUIZ

다음 평서문을 모두 의문문(질문)으로 바꾸시오.

1 나는 기쁘다.
I am pleased.

_____

2 너는 피곤하다.
You are tired.

_____

3 그는 놀랐다.
He is surprised.

_____

4 그녀는 안심했다.
She is relieved.

_____

5 우리는 헷갈린다.
We are confused.

_____

6 그들은 충격을 받았다.
They are shocked.

_____

7 나는 관심이 있다
I am interested.

_____

8 너는 흥분했다
You are excited.

_____

9 그는 지루하다.
He is bored.

_____

10 그녀는 즐겁다.

She is amused.

---

11 우리는 실망했다.

We are disappointed.

---

12 그들은 당황했다.

They are embarrassed.

정답

1. Am I pleased?
2. Are you tired?
3. Is he surprised?
4. Is she relieved?
5. Are we confused?
6. Are they shocked?
7. Am I interested?
8. Are you excited?
9. Is he bored?
10. Is she amused?
11. Are we disappointed?
12. Are they embarrassed?

지혜의 샘

The poor in spirit are blessed, for the kingdom of heaven is theirs.

마음이 가난한 사람은 행복하다. 하늘나라가 그들의 것이다. - 마태복음

저는 평소에 종교서와 철학서를 즐겨 읽습니다. 딱 어떤 종교나 철학에 귀의한 사람은 아닙니다만 읽으면서 삶에 대한 지혜를 얻는 것 같습니다. 지금 보신 문장은 마태복음 (Matthew) 에 나오는 한 구절인데요. 이번 장에서 저희가 공부한 수동태로 만들어졌습니다.

poor는 '가난한' 이라는 형용사인데 앞에 the를 붙여서 the poor라고 하면 '가난한 사람들' 이라는 '명사' 가 됩니다. 영어는 이렇게 'the + 형용사' 를 '명사' 로 만들어 쓰는 경우가 많은데요.

the young 젊은이들

the old 노인들

이렇게 굳이 young people, old people이라고 말하지 않고 간결히 표현할 수 있다는 장점이 있습니다.

the poor in spirit

이 말은 마음, 영혼(spirit)에 있어서(in) 가난한 자들이라는 의미로 직역할 수 있는데 실제 의미는 '자신의 나약함을 인지하는 자들, 영혼의 가난함을 인지하는 자들' 정도라고 합니다. 현대인의 관점으로 재번역 하자면 자신이 아는 것이나 믿는 것이 완전치 않음을 알고 겸손하며 스스로를 성찰할 수 있는 사람들이라 할 수 있다고 합니다. 그래서 저는 '겸

허한 사람들' 정도가 좋은 번역이 아닐까 생각합니다.

The poor in spirit 겸허한 사람들은 are blessed 축복을 받았다

bless가 '~를 축복하다' 는 뜻이므로 the poor in spirit에게 ← bless가 다가오는 그림이죠.

for the Kingdom of heaven is theirs

여기에서 for는 '~이기 때문에' 라는 뜻으로 쓰였습니다. because와 같은 말인데요, 좀더 격식 있는 표현입니다.

for ~이기 때문이다 the Kingdom of heaven 하늘나라가 is ~이다 theirs 그들의 것

그래서

The poor in spirit are blessed for the Kingdom of heaven is theirs.
겸허한 사람들은 복되도다. 하늘나라가 그들의 것이니.

이런 하나의 구절이 탄생했습니다.

A man is known by the books he reads.
사람은 그가 읽는 책에 의해 알 수 있다.

예전에 '썰전' 이라는 방송 프로그램에서 유시민 작가가 전원책 변호사에게 '그 사람을 알려면 그 사람이 쓴 책을 보면 됩니다.' 라고 말해서 기억에 남아 있는데 마침 영어로 이 문장을 격언처럼 쓰더군요.

A man 한/어떤 사람은 is ~이다 known 알려진

know가 '~을 알다' 라는 뜻의 동사인 것은 다들 아시죠? 이것의 p.p.형은 knowed가 아니라 known입니다. 이렇게 소위 '불규칙' 하게 변하는 동사들이 있는데요. 이 단어가 원래 어떤 언어에서 기원했느냐에 따라 변화하는 방식이 다 다르기 때문에 벌어지는 현상입니다. 현대영어에서는 그냥 '불규칙 (irregular)' 이라고 부르죠.

아무튼 의미를 보면

A man is known 어떠한 사람은 알려진다
by는 '~에 의해서' 라는 뜻의 전치사입니다.
the books he reads 이 말은 The books 그 책들 ← he reads 그가 읽는

이렇게 꾸미는 말이 뒤로 가있는데요. 우리말과 영어는 꾸미는 말의 순서가 이렇게 다릅니다.

우리는 '마실 물' 이라고 하지만 영어에서는 water to drink라고 씁니다. 마찬가지로 '그가 읽는 책' 은 the books he reads 이렇게 순서가 바뀌는 것이죠. 그래서

A man is known by the books he reads.
사람은 그가 읽는 책을 보면 알 수 있다.

이런 말이 탄생하게 되었습니다. 그 사람이 읽는 책보다 그 사람을 더 적나라하게 드러내는 것이 그 사람이 '쓴' 책이라면 지금 저는 여러분께 저의 모든 것을 보여드리고 고백하는 것과 마찬가지겠군요. 갑자기 부끄러워집니다. 예쁘게 봐주세요.

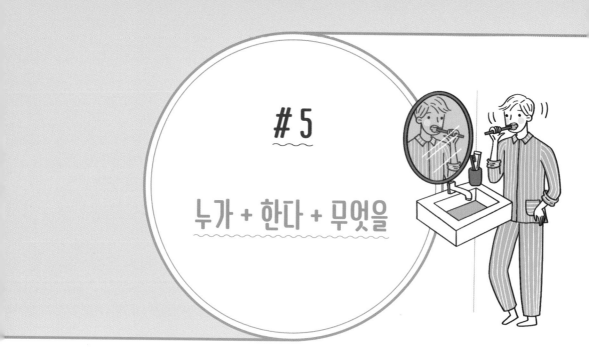

5

누가 + 한다 + 무엇을

I use a computer.

→ 나는 + 사용한다 + 컴퓨터를

→ 나는 컴퓨터를 사용한다.

이렇게 주어 뒤에 '~을 한다'에 해당하는 동사들을 넣어서 만드는 표현들을 배워보겠습니다. '~이다/~있다'에 해당하는 **be**동사가 아닌 대부분의 동사들을 '일반 동사'라고 부릅니다. 이 용어를 딱히 외우실 필요는 없습니다. 이번 장을 마치면 자연스럽게 익숙해질 것입니다.

I use a computer.

→ 나는 + 사용한다 + 컴퓨터를

→ 나는 컴퓨터를 사용한다.

You use a computer.

→ 너는 + 사용한다 + 컴퓨터를

→ 너는 컴퓨터를 사용한다.

He uses a computer.

→ 그는 + 사용한다 + 컴퓨터를

→ 그는 컴퓨터를 사용한다.

She uses a computer.

→ 그녀는 + 사용한다 + 컴퓨터를

→ 그녀는 컴퓨터를 사용한다.

We use a computer.

→ 우리는 + 사용한다 + 컴퓨터를

→ 우리는 컴퓨터를 사용한다.

They use a computer.

→ 그들은 + 사용한다 + 컴퓨터를

→ 그들은 컴퓨터를 사용한다.

같은 구조의 문장에 다른 주어를 넣어 여러 개를 만들어 보았습니다. 이 문장들에서 눈에 띄는 점이 하나 있는데요. 바로 **he**와 **she**가 주어일 때만 동사가 **use**가 아니라 **uses**로 바뀌는 것입니다. 영어에서는 이렇게 '나, 너' 그리고 '너희들, 우리들, 그들' 이렇게 여럿에 해당하지 않는 단어가 주어로 쓰일 경우 동사 뒤에 **s**를 붙입니다.

강의보기

나, 너, 너희들, 우리들, 그들

이 녀석들을 모두 빼면 '그, 그녀, 그것' 등이 남죠? 더 나아가면 '남자, 여자, 책상, 연필, 공책…' 등 제3의 것이면서 여러 개가 아닌 하나를 가리키는 단어들. 이것들이 주어로 쓰이면 동사 뒤에 s가 붙는다는 것이 영문법 규칙입니다.

문법적으로는 이런 단어들을 '3인칭 단수'라고 부릅니다. 이 용어를 억지로 외울 필요는 없습니다. 많은 문장들을 보면서 자연스럽게 익숙해지실 겁니다.

1. 남자는 책을 읽는다.

→ 남자는 + 읽는다 + 책을

→ A man + 읽는다 + 책을

→ A man + reads + 책을

→ A man + reads + a book.

2. 그는 책을 읽는다.

→ 그는 + 읽는다 + 책을

→ He + 읽는다 + 책을

→ He + reads + 책을

→ He + reads + a book.

3. 여자는 책을 읽는다.

→ 여자는 + 읽는다 + 책을

→ **A woman** + 읽는다 + 책을

→ **A woman** + **reads** + 책을

→ **A woman** + **reads** + **a book**.

4. 그녀는 책을 읽는다.

→ 그녀는 + 읽는다 + 책을

→ **She** + 읽는다 + 책을

→ **She** + **reads** + 책을

→ **She** + **reads** + **a book**.

5. Sarah는 책을 읽는다.

→ **Sarah**는 + 읽는다 + 책을

→ **Sarah** + 읽는다 + 책을

→ **Sarah** + **reads** + 책을

→ **Sarah** + **reads** + **a book**.

6. Peter는 책을 읽는다.

→ **Peter**는 + 읽는다 + 책을

→ **Peter** + 읽는다 + 책을

→ **Peter** + **reads** + 책을

→ **Peter** + **reads** + **a book**.

7. 내 친구는 책을 읽는다.

→ 내 친구는 + 읽는다 + 책을

→ **My friend** + 읽는다 + 책을

→ **My friend** + **reads** + 책을

→ **My friend** + **reads** + **a book**.

지금 보신 문장들은 모두 동사 **read** 뒤에 **s**가 붙어서 **reads**가 되었습니다. '나, 너, 너희들 우리들, 그들, 그 외 여러 개인 것들'이 아닌 제3의 한 개의 것이 주어일 경우 동사 뒤에 **s**를 붙인다. 이 정도만 기억하시면 됩니다.

QUIZ

1 남자는 책을 읽는다.
(reads / a man / a book)

_____

2 그는 책을 읽는다.
(reads / a book / he)

_____

3 여자는 책을 읽는다.
(a book / reads / a woman)

_____

4 그녀는 책을 읽는다.
(she / a book / reads)

_____

5 Peter은 책을 읽는다.
(a book / reads / Peter)

_____

6 Sarah는 책을 읽는다.
(reads / Sarah / a book)

_____

7 친구는 책을 읽는다.
(my friend / a book / reads)

_____

정답

1. A man reads a book.
3. A woman reads a book.
5. Peter reads a book.
7. My friend reads a book.

2. He reads a book.
4. She reads a book.
6. Sarah reads a book.

사실 영어에서 이렇게 3인칭 단수가 주어인 경우 동사 뒤에 **s**를 붙이는 이유가 있습니다. 여기부터는 긴장을 조금 풀고 잠시 재미있는 옛날이야기 듣는다 생각해 주세요.

영어는 유럽의 다른 언어들과 비교하면 좀 특이한 편입니다. 저는 흔히 영어를 '혼종'이라고 부르는데요. (잡종보다는 그래도 어감이 좋아서요.) 대다수의 유럽어 즉, 프랑스어, 이탈리아어, 스페인어, 독일어… 등은 모두 주어로 '나, 너, 너희들, 그, 그녀, 우리들, 그들' 중 어떤 것이 쓰이는지에 따라 그 뒤에 쓰는 동사 모양이 모두 다릅니다.

read(읽다)를 스페인어로는 **leer**라고 하는데요. 나는 읽는다, 너는 읽는다… 이런 식으로 한번 문장을 만들어 보여드리겠습니다.

Yo 나는 **leo** 읽는다

Tu 너는 **lees** 읽는다

El 그는 **lee** 읽는다

Ella 그녀는 **lee** 읽는다

Nosotros 우리들은 **leemos** 읽는다

Vosotros 너희들은 **leeis** 읽는다

Ellos/Ellas 그들은, 그녀들은 **leen** 읽는다

자, 보시니 어떤가요? leo, lees, lee, leemos, leeis, leen 이렇게 주어에 따라 동사가 모두 다르게 생겼죠?

read를 독일어로는 lesen이라고 하는데

Ich 나는 lese 읽는다
Du 너는 liest 읽는다
Er 그는 liest 읽는다
Sie 그녀는 liest 읽는다
Wir 우리들은 lesen 읽는다
Ihr 너희들은 lest 읽는다
Sie 그들은 lesen 읽는다

마찬가지로 주어가 무엇이냐에 따라 동사가 다 다르게 생겼습니다.

영어도 옛날에는 이런 특성을 다 가지고 있었습니다. 그런데 지금은 왜 그렇지 않을까요?

영어는 게르만 어족 즉, 독일어 계열입니다. 영어와 독일어는 형제 지간이라고 보셔도 좋습니다. 이 형제들의 부모 게르만 어를 쓰던 옛사람들을 게르만족이라 부르는데요. 이들은 유목 민족이었습니다. 한군데 정착해서 농사를 지으며 사는 것보다는 이리저리 돌아다니면서 다양한 형태의 삶을 살았고 때문에 다른 민족과의 접촉이 잦았습니다. 언어라는 것은 본래 다른 언어와 접촉이 많아지면 규칙이 단순해지는 경향이 있습니다. 일단 서로 알아들어야 무언가를 사고팔아 먹고 살 수 있으니 복잡한 문법이 조금씩 깎여 나가는 것이죠. 일단 게르만어 자체가 이 과정을 겪어서 당시 로마제국에서 쓰던 라틴어보다는 조금 불규칙하고 약간 덜 복잡한 문법을 갖추기 시작했습니다.

그런데 지금의 영국 땅에 해당하는 브리타니아 지역에 살던 민족들은 이 과정을 수차례 겪었습니다. 각기 다른 민족들에게 차례로 침략을 당했고 때로는 식민 지배를 받으면서 언어의 모습이 급변했습니다. 규칙도 하나로 통일되지 않고 어떤 언어의 영향을 받았느냐에 따라 각기 다른 문법 원리를 쓰고 복잡한 단어 변화 규칙이 단순화되어 유럽 그 어느 언어와도 비슷하지 않은 독특한 언어가 되었죠. 이것이 영어입니다.

전 세계 어느 언어에서도 찾아볼 수 없는 특징은 바로 '그, 그녀, 그것' 이렇게 '제3의 어떤 하나' 즉, '3인칭 단수'가 주어로 쓰일 때만 동사 모양이 바뀐다는 것입니다. 동사 뒤에 s가 붙는다는 것이죠.

그러나 역사적 배경을 다 알고 나면 사실 역으로 설명하는 것이 더 정확합니다.

주어가 3인칭 단수일 때 동사 뒤에 **s**가 붙는다기보다는 주어가 3인칭 단수인 경우를 빼고는 동사 모양이 모두 같다.

이것이 발상의 전환입니다. 원래는 다 달라야 하는데 오랜 세월에 걸쳐 깎여 나가고 3인칭 단수 주어인 경우에만 달랑 남은 것이니까요.

사실 영어는 독일어, 스페인어, 프랑스어 등 다른 유럽 언어들에 비해서는 문법이 단순한 편입니다. 대신 난해하죠. 불규칙이 많으니까요. 이것을 이해하고 있으면 우리가 영어 공부를 하면서 스트레스를 받을 때마다 슬기롭게 넘어갈 수 있습니다.

'영어 이 녀석 참 일관성 없네!'

네, 여러분 탓이 아닙니다. 영어가 원래 그런 언어라서 헷갈리고 힘든 것이니 너그러이 용서해 주시기 바랍니다. 그리고 틀리는 것을 두려워하지 마세요.

영어가 잘못한 겁니다.

Small men imitate; great men originate.

소인은 모방하고 위인은 창조한다.

지금 이 문장은 각기 독립된 문장 두 개가 세미콜론(;) 표시로 연결된 것입니다. 세미콜론(;)
은 '그리고, 그래서, 그러나…' 정도의 뜻을 가진 기호입니다. 굳이 'and, so, but…'
같은 단어를 넣지 않아도 그냥 편한 대로 두 문장을 이어서 해석하라는 신호 같은 것이죠.

Small men imitate and great men originate.

소인은 모방하고 위인은 창조한다.

이렇게 '그리고'로 해석해도 괜찮고

Small men imitate but great men originate.

소인은 모방하지만 위인은 창조한다.

이렇게 '그러나'로 해석해도 괜찮습니다.

men은 man의 복수형입니다. '남자들'이죠. 예전에는 동서고금을 막론하고 여권이 높지
않아서 man이라는 단어를 그냥 '사람'이라는 개념으로 썼습니다. 그래서 이렇게 속담
등을 보면 대부분 a man이 '사람은'이라는 뜻으로 쓰이는 것을 볼 수 있죠.

small men 소인은 (그릇이 작은 사람들은) imitate 모방한다

그리고, 그러나

어느 쪽이든 편하게 이어주시고

great men 위인은 (훌륭한 사람들은) originate 창조한다

Small men imitate; great men originate.

소인은 모방하고 위인은 창조한다.

어떤 구조이고 어떤 뜻인지 이제 확실하게 이해가 되시죠? 사실 모방은 창조의 어머니입니다. 그러니 소인으로 시작하더라도 위인이 될 수 있다는 희망을 가져봅니다.

Creditors have better memories than debtors.

빌려 간 사람보다 꿔 준 사람이 더 잘 기억한다.

와! 이 문장을 보니 정말 사람 사는 건 다 똑같은 것 같습니다. 빌려 간 사람은 기억이 없고 빌려준 사람만 기억하는 게 돈이라고들 하죠. debtor는 '채무자' 입니다. 여기서는 그냥 '돈을 빌려 간 사람' 이라고 보시고요. creditor는 '채권자' 입니다. 마찬가지로 그냥 '돈을 빌려준 사람' 이라고 생각하세요. memory는 '기억, 기억력' 정도 되는 명사입니다. 이것을 have 뒤에 목적어로 써서

Creditors 빌려준 사람들은 have 가지고 있다 better memory 더 나은 기억력을

문장을 이렇게 시작합니다. 그리고 '~보다'에 해당하는 than을 써주고 마지막에
debtors를 붙여주면

Creditors have better memories than debtors.
빌려 간 사람보다 꿔 준 사람이 더 잘 기억한다.

I want to die knowing one more thing.
한 가지라도 더 알면서 죽고 싶다. - 소크라테스

소크라테스는 참 대단한 사람입니다. 죽을 때까지 무언가를 알고 싶어 했다니! 소크라테
스 시점에서 보면 I want는 '나는 원한다'가 되겠죠? 그리고 want 뒤에 목적어로 to
die가 쓰였습니다. '죽는 것'이라고 생각하시면 되는데 동사 앞에 to를 붙여서 지금처
럼 to die로 쓰거나 동사 뒤에 -ing를 붙여서 dying으로 쓰면 '~하는 것'이라는 명사가
만들어집니다. 다만 want는 주로 뒤에 'to + 동사원형'이 나오는 편이라 I want to die
라고 문장을 시작했습니다.

knowing

갑자기 이렇게 뜬금없이 단어가 하나 붙죠? 이때는 그 동사를 '하면서'라고 내려가면서
해석하시는 것이 좋습니다.

I want to die knowing… 나는 죽고 싶다 알면서…

이렇게 '~하면서'라는 의미로 '동사 + -ing'를 붙여줄 수 있습니다.

I want 나는 원한다 to die 죽기를 knowing 알면서 one more thing 하나 더

이렇게 해서 만들어진 소크라테스의 명언입니다. 뭔가 뭉클하네요. 자유와 진리를 위해
싸우다가 목숨을 잃은 소크라테스의 삶을 다시 한번 생각해 봅니다.

우리 사회에 만연한 영어 사대주의

이렇게 한번 영어의 실체(?)를 알고 나면 이 녀석을 뭐 그렇게 신성시 해왔는지 이해가 가지 않을 때가 있습니다. 저는 농담 반 진담 반으로 영어를 '잡어(雜語)'라고 부르는데요, 미국에서 전공 수업을 들을 때 교수님들께서 농담으로 흔히 쓰셨던 말입니다.

'종잡을 수 없는 언어가 강한 군대를 가졌다는 이유 하나로 (영국에서 미국으로 이어지는 세계 패권을 의미) 세상을 지배하게 되어서 유감이다.'라는 농담도 가끔 하시고요.

그리고 우리는 영어를 너무 신격화해서 생각할 필요가 없습니다. 21세기를 살아가는데 꼭 필요하기 때문에 배울 뿐이다. 사실 예의상 배워주는 것이다. 이런 자신감이 꼭 필요합니다.

한국 사회는 영어 사대주의가 팽배한 대표적인 사례입니다. 실제 영어교육 전공 수업에서 비뚤어진 영어 광풍의 예로 대한민국이 등장하기도 합니다. 영어를 '현란하게' 멋진 '발음으로' 하는 것이 곧 권력인 것처럼 많은 사람들이 생각하니까요. 이게 딱 20세기 사고 방식입니다. 저처럼 30대 후반 정도 되신 분들만 해도 이런 사대주의가 분명히 있을 겁니다. 그 위 세대는 더하고요. 90년대에서 2000년대까지 한국 사회는 세계에서 찾아볼 수 없을 정도의 영어 광풍의 무대였습니다.

이것은 우리의 잘못은 아닙니다. 우리 사회가 그렇게 만들었죠.

그러나 지금 우리 어린이들은 전혀 다른 세상을 살아갈 것입니다. 미국 내에서는 스페인어를 쓰는 인구가 무려 전체의 15%에 육박합니다. 미국 사람 9명 중에 약 한 명은 스페인어를 쓴다는 말이죠. 그리고 이 인구는 점점 늘어가고 있습니다. 이렇게 두 언어를 쓰는 것을 bilingualism(바이링구얼리즘)이라고 합니다. 유럽은 워낙 다른 언어를 쓰는 나라들끼리 가까이 붙어 있기 때문에 예전부터 bilingualism(바이링구얼리즘)이 예전부터 자리 잡았지만 미국처럼 극단적으로 영어 하나만 쓰는 사회는 그렇지 못했습니다. 그래서 '세 언어를 할 줄 아는 사람을 trilingual(삼중언어 구사자), 두 언어를 할 줄 아는 사람을 bilingual(이중언어 구사자), 그리고 한 언어만 할 줄 아는 사람을 American(미국인)이라고 한다는 농담도 있습니다.

한 가지 언어밖에 할 줄 모르는 사람들에게는 두 가지 이상의 언어를 구사하는 사람들이 종종 두려움의 대상입니다. 인간은 본래 자신이 알아듣지 못하는 언어를 쓰거나 자신과 다르게 생긴 사람을 적대시하거든요. 이것은 인간이라는 동물이 가지고 있는 본능이고 수십만 년 진화의 역사를 통해 얻은 생존 전략일 뿐입니다.

그래서 미국에서는 종종 언어, 인종에 따른 갈등이 원인이 된 사건이 발생하곤 합니다. 가까운 사례로 전체 미국인의 15%에 육박하는 스페인어 사용자들은 이민 2세인 경우가 많은데 영어와 스페인어를 모두 자유자재로 구사하기 때문에 오해를 받기도 합니다. 커피숍에서 두 종업원이 스페인어로 웃으며 대화하는 것을 보고 한 백인 고객이 자신의 흉을 본다며 싸움을 걸어 뉴스에 나온 적도 있습니다. 나중에 알고 보니 그냥 두 종업원을 둘 다 이민 2세이고 스페인어로 오늘 끝나고 뭐 할 거냐는 등의 이야기를 한 것으로 밝혀졌습니다.

또한 전형적인 미국 백인 영어 발음과 다른 발음을 가진 사람을 공격하는 일도 발생합니다. 동양인과 흑인을 대상으로 한 사건이 꽤 많았습니다.

이런 저급한 사건들은 사실 19세기와 20세기 전 세계를 할퀴었던 제국주의의 찌꺼기일 뿐입니다.

대부분의 사람들이 두 개 이상의 언어를 구사하는 국가들을 방문해 보면 (싱가포르, 스위스, 말레이시아 등) 그들이 얼마나 언어에 대해 너그러운지 알 수 있습니다. 단적인 예로 저는 하와이에서 대학을 다녔는데요. 하와이는 미국 땅이지만 또 다른 세상과 같다고 보셔도 좋습니다. 이민자들의 천국이자 정말 모든 인종이 섞여 사는 용광로 같은 곳입니다. 그래서 미국 본토와 매우 다른 독자적인 문화를 가지고 있고 '전형적인 무엇'에 대한 강요가 없는 편입니다. 우리가 흔히 말하는 '전형적인 미국식 영어'라는 것에 대한 환상과 강요도 찾아보기 힘듭니다. 오히려 본토 백인이 그곳에 오면 이방인이 됩니다. 적응하기 힘들어하죠. 많은 사람들이 영어 이외에 다른 언어를 하나 이상 할 줄 압니다. 그들 모두 부모와 조부모가 이민자였기 때문이죠.

〈저자가 다닌 Berignham Young University - Hawaii〉

사실 우리 아이들이 21세기, 나아가 22세기에 마주할 세상은 바로 그런 곳입니다. 미국 사람, 독일 사람, 중국 사람, 아르헨티나 사람, 한국 사람이 다 함께 만나서 웃고 떠들고 토론하고 물건을 사고파는 세상. 그것이 점점 좁아지는 지구촌의 미래 모습입니다. 이런 거대한 역사의 흐름을 보지 못하면 정통 미국식 영어, 영국식 영어라는 과거의 상품에 빠지게 됩니다. 사실 이런 '정통 본토 영어'는 대한민국을 비롯한 몇몇 아시아 국가에서만 장사가 되는 기괴한 상품입니다. 저는 이런 촌극이 너무나 안타깝습니다.

내 생각 하나 쉬운 문장으로 표현하지 못하고, 원서로 고전을 읽을 힘이 없는 사람이 미국 10대가 쓰는 최신 표현을 외운다는 것이 대체 무슨 의미가 있을까요?

여러분, 앞으로의 세계는 지금까지와 전혀 다를 것입니다. 영어를 원어민처럼 구사하는 게 멋이던 시절은 안타깝지만 지났습니다. 그런 것을 강요하는 것은 식민지를 건설하고 원주민들에게 자신들의 문화와 언어를 강제 이식하려 했던 폭력의 찌꺼기일 뿐입니다. 이제는 누가 영어라는 도구를 가지고 더 많은 양질의 정보를 접하고 좋은 글과 말을 통해 더 많은 사람들에게 자신의 생각을 전달할 수 있는지가 경쟁력입니다.

'이번 주말에 파티 어때? 그거 쩌는데?' 이런 말을 현란한 발음으로 할 줄 아는 게 어떻게 경쟁력일까요? '나는 우리 공동체가 협력을 통해 더 견고해질 수 있다고 믿습니다.' 와 같은 가슴을 울리는 문장을 영어로 말하고 쓸 줄 아는 사람이 경쟁력 있는 인재입니다.

여러분이 영어보다 위에 있어야 합니다. 영어는 여러분 한 사람 한 사람이 지금까지 열심히 쌓아온 지식과 지혜를 세상에 알리는 도구에 불과합니다.

〈사람이 + 한다 + 무엇을〉 문형으로 최대한 쉬운 단어를 문장을 몇 가지 만들어 보겠습니다.

1. 나는 TV를 본다. (나는 TV를 시청한다.)
→ 나는 + 시청한다 + TV를
→ I + 시청한다 + TV를
→ I + watch + TV를
→ I + watch + TV.

어머니께서는 이 문장을 들으시고 see나 look은 쓰지 않느냐고 물으셨습니다. 간단히 설명을 드리면 see는 무언가가 내 시야에 자연스럽게 들어와서 보는 것을 의미합니다. 그래서 우리말로 '보이다'를 영어로 표현할 때 see를 많이 씁니다.

'너 저거 보여?'

이 말을 영어로 하면 Do you see that?입니다. see가 이런 뜻인지 모르면 Do you see that?을 '너 저것을 보니?'라고 생각할 수 있습니다. 그러나 눈으로 어떤 지점을 응시하는 경우는 look을 씁니다.

What are you looking at? 이 문장이 우리말로 '너 뭘 보니?' 정도가 됩니다. 흔히 길거리에서 눈이 마주쳐서 '야, 뭘 봐?'라고 한다면 Hey, what are you looking at? 이렇게 말할 수 있죠.

watch는 그러면 어떤 뜻일까요? 정확하게는 '움직이는' 무언가를 본다는 뜻에 가깝습니다. 그래서 영상을 볼 때 주로 watch를 씁니다. 그러니 당연히 TV에는 watch가 어울리는 단어죠!

2. 너는 보고서를 쓴다

→ 너는 + 쓴다 + 보고서를

→ **You** + 쓴다 + 보고서를

→ **You** + **write** + 보고서를

→ **You** + **write** + **a report**.

3. 그녀는 서류를 검토한다.

→ 그녀는 + 검토한다 + 서류를

→ **She** + 검토한다 + 서류를

→ **She** + **reviews** + 서류를

→ **She** + **reviews** + **a document**.

review라는 동사는 생김새를 보면 그 뜻을 알 수 있습니다. view가 '보다' 인데 앞에 **re**-가 붙어서 '다시'라는 뜻이 추가된 것이죠. 무언가를 '다시 본 다'는 것은 '검토한다'는 말이 됩니다. 이렇게 보니 쉽죠? **pre**-는 '~이전'이 라는 뜻인데 뒤에 **view**를 붙여서 **preview**라고 하면 '미리 보기'가 됩니다.

아, 그리고 이 문장에서는 주어가 **she**라서 주어가 나와서 **review** 뒤에 **s**가 붙은 것이 보이시죠? 잘 익혀두세요.

4. 그는 이메일을 보낸다.

→ 그는 + 보낸다 + 이메일을

→ **He** + 보낸다 + 이메일을

→ **He** + **sends** + 이메일을

→ **He** + **sends** + **an email**.

영어는 그 격동의 역사 덕분에 새로운 단어를 만들어내는 것에 최적화되어 있습니다. 영어와 다른 유럽 언어들의 차이점 중 하나가 바로 어떠한 단어 든 원하는 품사로 바꾸어 쓸 수 있느냐는 것입니다.

지금 보신 문장에서 '이메일을 보낸다'를 **send an email**이라고 했죠? 그런데 **email** 자체를 '동사'로 쓸 수도 있습니다. **I email you.**라고 하면 '내가 너에게 이메일을 보낼게.'라는 뜻이 됩니다. **email**은 **electronic mail**이라는 뜻인데 **mail**은 '우편'입니다. 그러면 **mail**도 '우편을 보내다'라는 뜻으로 쓸 수 있을까요?

빙고! 가능합니다. 그래서 **I can mail it to you.**라고 하여 '내가 그거 우편으로 너한테 보내줄게.'라고 표현할 수도 있습니다.

5. 우리는 신문을 읽는다.

→ 우리는 + 읽는다 + 신문을

→ **We** + 읽는다 + 신문을

→ **We** + **read** + 신문을

→ **We** + **read** + **a newspaper**.

6. 그들은 파일을 저장한다.

→ 그들은 + 저장한다 + 파일을

→ **They** + 저장한다 + 파일을

→ **They** + **save** + 파일을

→ **They** + **save** + **a file**.

아, 이 문장을 보고 제가 지금까지 원고를 저장하지 않았다는 것을 깨달았습니다. 이 파일을 저장하도록 하겠습니다.

I will save this file!

이제부터 우리가 일상적으로 하루 동안 하는 일과를 영어로 표현해 보도록 하겠습니다. 아침에 일어나서 세수를 하고, 일을 하고, 귀가하고, 잠자리에 드는 것까지요. 직장인의 하루를 영어로 묘사하면 어떤 문장들이 나올까?

이 생각으로 한 문장씩 만들어 보았습니다. 마음에 드셨으면 좋겠네요.

강의보기

1. 나는 기상한다. (나는 일어난다.)

→ 나는 + 일어난다

→ I + 일어난다

→ I + **get up**.

잠자리에서 일어나는 것은 **wake up**이라고도 하고 **get up**이라고도 합니다. 잠을 딱 깨는 것을 더 표현하고 싶으면 **wake up**을, 자리에서 일어나는 것을 더 표현하시고 싶으면 **get up**을 쓰면 됩니다. 그리고 뒤에 시간을 붙일 때는 '**at** + 시간'으로 표현하시면 됩니다. 예를 들어, **I wake up at 5 A.M.** 또는 **I get up at 5 A.M.**이라고 하면 '나는 오전 5시에 일어난다.'가 됩니다.

2. 나는 세수를 한다. (나는 내 얼굴을 씻는다.)

→ 나는 + 씻는다 + 내 얼굴을

→ I + 씻는다 + 내 얼굴을

→ I + **wash** + 내 얼굴을

→ I + **wash** + **my face**.

사실 우리말로는 '얼굴을 씻는다'라고 하지 '내 얼굴을 씻는다'고 하지는 않습니다. 누구의 얼굴인지 굳이 밝히는 것이 더 어색하죠. 그러나 영어는 이것을 꼬박꼬박 다 말해줍니다. '누구의' 얼굴인지도 중요한 것이죠. 그래서

'나는 세수를 한다.'는 말을 하려면 꼭 **my face**라고 밝혀주어야 합니다. 소유의 개념이 발달한 언어의 특징이라고 보면 됩니다. 또 하나, 우리말은 머리를 '감는다' 이렇게 머리카락에 쓰는 동사가 따로 있지만 영어는 똑같이 **wash**를 씁니다. 그래서 **I wash my hair.**라고 하면 '나는 머리를 감는다.' 입니다.

3. 나는 이를 닦는다.
→ 나는 + 닦는다 + 내 이들을
→ I + 닦는다 + 내 이들을
→ I + **brush** + 내 이들을
→ I + **brush** + **my teeth**.

'이'는 영어로 **tooth**입니다. 그러나 이를 닦을 때 특정한 이 한 개를 공략해서 닦는 사람이 아니라면 '이들을' 닦는다는 말이 원칙적으로는 맞겠죠? **tooth**의 복수형은 **teeth**입니다. **tooths**였으면 좋겠지만 그런 단어는 없습니다. 영어는 이처럼 변화 형태가 불규칙한 단어들이 꽤 많습니다. 이는 여러 언어가 섞여서 만들어진 언어의 특징입니다. 이 단어가 원래 어떤 언어에서 들어왔는지에 따라 출신 언어의 규칙을 따르는 것이 원인입니다. 그러니 너무 스트레스 받지 마세요. 이건 영어가 우리에게 미안해할 부분이지 우리가 송구스러워야 할 일이 아닙니다. 영어가 일관성 없는 게 우리 잘못은 아니지 않습니까?

4. 나는 면도를 한다.
→ 나는 + 면도를 한다
→ I + 면도를 한다
→ I + **shave**.

이 문장은 좀 특이하죠? 우리말은 '면도를 하다' 이렇게 두 단어가 나뉘어 있지만 영어에서는 **shave**라는 단어 하나에 '면도를 하다'라는 뜻이 들어있습니다. 그래서 I shave.라고 하면 '나는 면도를 한다.'는 뜻이 됩니다. '~를 한다'는 뜻의 do를 넣을 필요가 없는 것입니다. 물론, I do shave.라고 해도 틀린 말은 아닙니다. 그런데, do를 넣으면 문장의 동사가 '강조'되는 효과가 있습니다. 그래서 I do shave.라고 하면 마치 '나는 면도를 한다!!' 이렇게 외치는 느낌이 듭니다. '나 면도해! 한다니까!' 이런 느낌이랄까요? 그래서 종종 진짜 강조를 하고 싶을 때 일부러 do를 넣는 경우가 있습니다. I love you.보다. I do love you.가 강한 표현입니다. '사랑한다고!' 이렇게 외치고 싶으신 분들은 한번 사랑하는 사람에게 지금 바로 해보세요.

5. 나는 아침식사를 한다. (나는 아침을 먹는다.)
→ 나는 + 먹는다 + 아침을
→ I + 먹는다 + 아침을
→ I + have + 아침을
→ I + have + breakfast.

'아침, 점심, 저녁'처럼 '끼니'를 의미하는 단어에는 eat 대신 have를 더 많이 씁니다. 일반적으로 어떠한 음식을 eat 또는 have 한다고 하면 둘 다 '먹는다'는 뜻이 됩니다. 쿠키를 먹거나 아이스크림을 먹는다면 eat cookies나 have cookies 모두 자연스러운 표현이고 eat ice cream과 have ice cream 역시 둘 다 문제가 없습니다. 그렇지만 '끼니'를 뜻하는 단어에는 have breakfast. have lunch, have dinner 이렇게 eat보다는 have가 더 어울립니다. 그들이 예전부터 써온 방식이기 때문에 우리가 그냥 받아들여 주는 것이 좋습니다.

한 가지 더 말씀드리면 '약을 먹는다.'라는 말을 할 때도 eat 대신에 다른 단어를 씁니다. 바로 take입니다. 우리말로 '복용하다' 정도의 뜻을 take가 담고 있다고 보면 됩니다.

마지막으로 '끼니'에 해당하는 단어 앞에는 a/an처럼 '한, 어떤'의 뜻을 가진 관사가 오지 않습니다. 아침식사, 점심식사, 저녁식사는 우리 머릿속에 있는 '개념'에 가깝지 셀 수 있는 어떤 접시에 담긴 음식을 뜻하는 것이 아니기 때문입니다.

6. 나는 화장을 한다. (나는 화장품을 바른다.)

→ 나는 + 바른다 + 화장품을

→ I + 바른다 + 화장품을

→ I + put on + 화장품을

→ I + put on + make-up.

make-up이 '화장품'이라는 것은 다들 아실 겁니다. 우리도 '메이크업'이라고 외래어로 쓰니까요. 그런데 영어로 '화장을 하다'라는 표현을 하려니 막막하시죠? '하다'라고 해서 do를 써야 하나? 그러나 이렇게 되면 아까 '면도를 하다'에서 보셨던 것처럼 'I do make up. = 나 화장해! 한다고!' 이런 말이 되어버리고 맙니다. 화장을 하는 행위는 put on make-up이라고 표현합니다. 영어는 put on 하나로 옷, 신발, 장갑, 가면, 장신구, 심지어 화장까지 인간의 몸에 덧대는 모든 것을 '입다, 신다, 쓰다, 바르다' 등의 의미를 표현합니다. 이 점은 영어가 우리말보다 단순하죠? 그래서 역으로 외국인들이 한국어를 배울 때는 이 부분에서 그렇게 힘들어한다고 합니다.

신발을 신다

모자를 쓰다

장갑을 끼다

이렇게 무엇을 몸에 걸치는지에 따라 다 다른 동사를 외워야 하다니! 우리는 한국어를 어렸을 때부터 써왔기 때문에 이것이 어려운지 모릅니다. 외국인 입장에서 보면 한국어는 정말 어려운 언어입니다.

7. 나는 옷을 입는다.

→ 나는 + 입는다 + 옷을

→ I + 입는다 + 옷을

→ I + **put on** + 옷을

→ I + **put on** + **clothes**.

셔츠, 재킷, 바지, 코트 등 우리가 일반적으로 입는 '옷'을 모두 합쳐서 **clothes**라고 합니다. **cloth**라고 **es**를 빼면 '천'이라는 뜻이 됩니다. 그래서 **table cloth**는 식탁보라는 뜻입니다. 만약 레스토랑에서 가서 식사할 때 목에 끼워 넣는 그 천을 달라고 하려면 **Can I get a cloth?**라고 하시면 됩니다.

8. 나는 신발을 신는다.

→ 나는 + 신는다 + 신발을

→ I + 신는다 + 신발을

→ I + **put on** + 신발을

→ I + **put on** + **shoes**.

우리는 신발을 양쪽 발에 하나씩 신는다고 해서 한 개 이상이니 '신발들'이라고 표현한다는 생각을 하지 않습니다. 우리말은 사실 '하나,' '여럿' 즉, 문법 용어로 '단수', '복수'를 깐깐하게 따지지 않는 언어입니다. 그러다 보니 영어를 배울 때 여기서 자주 고민을 하게 되죠. 영어는 하나인지 여럿인지 매번 따지는 언어에 속합니다. 신발 한 켤레는 두 개의 신발로 구성되어 있으니 **put on a shoe**가 아니라 **put on shoes**라고 해야 합니다. 지금으로서는 간단하게 '영어는 세는 것을 참 좋아한다'라고 생각하세요.

9. 나는 버스를 탄다.

→ 나는 + 탄다 + 버스를

→ I + 탄다 + 버스를

→ I + **take** + **a bus**.

교통수단을 이용할 때 우리는 보통 '타다'라는 말을 쓰죠? 그 '타다'에는 탑승하는 행위와 탑승 완료 후 이동하는 과정까지가 내포되어 있습니다. 딱 거기에 해당하는 게 영어의 **take**입니다.

take a bus(버스를 타다), **take a taxi**(택시를 타다), **take the subway**(지하철을 타다)··· 등등···

10. 나는 지하철로 환승을 한다.

→ 나는 + 환승을 한다 + 지하철로

→ I + 환승을 한다 + 지하철로

→ I + **transfer** + 지하철로

→ I + **transfer** + **to the subway**.

특정 방향으로 향하는 '~로'를 뜻할 때는 거의 전치사 **to**를 씁니다. 제가 지금 한 말을 외우는 것이 아닙니다. **I transfer to the subway.**라는 말을 반복해서 해보시면서 자연스럽게 **transfer to**가 한 덩어리로 머릿속에 저장되는 것이 중요합니다. 문법은 외우는 것이 아니라 '익숙해지는 것'이다. 이말을 항상 기억하세요.

11. 나는 일터에 도착한다.

→ 나는 + 도착한다 + 일터에

→ I + 도착한다 + 일터에

→ I + **arrive** + 일터에

→ I + **arrive** + **at work**.

우리말의 '~에'에 해당하는 영어 단어는 여러 가지가 있습니다. 상황에 따라서 **on, in, at** 등이 올 수 있는데 지금 이 문장은 지도를 펼쳤을 때 '일터'라는 어떤 '점'으로 내가 이동하여 도착하는 상황을 담고 있습니다. 이런 경우는 거의 **at**을 씁니다.

work는 '일하다'라는 동사도 되고 '일터, 직장'이라는 명사도 됩니다. 그래서 at work라고 하면 '일터에' 정도로 해석합니다. 만약 누군가가 짜증 섞인 말투로 I am at work!라는 말을 한다면 '나 회사야!' 정도의 뜻에 가깝습니다. 그들이나 우리나 회사에 있다는 말은 그리 즐거운 상황에서 할 경우는 거의 없는 것 같습니다.

강의보기

12. 나는 타이핑을 한다.

    (나는 키보드를 두드린다.)

→ 나는 + 두드린다 + 키보드를

→ I + 두드린다 + 키보드를

→ I + type on + 키보드를

→ I + type on + a keyboard.

type이라는 단어는 타자기(typewriter)라는 것이 세상에 처음 나왔을 때 탄생한 단어입니다. 그래서 처음에는 type은 '타자기를 두드린다'는 뜻만 있었죠. (한마디로 '타자질 하다(?)') 그 때는 컴퓨터 키보드가 없었잖아요? 그래서 따로 '키보드를 두드리다'라는 단어가 없었죠. 세월이 흘러 컴퓨터가 나오고 keyboard라는 것이 탄생하자 원어민들은 고민에 빠집니다. 저걸 두드린다는 말을 어떻게 해야 하지? 고심 끝에 그들은 키보드 위에 타자질을 한다는 느낌으로 type on이라는 표현을 만들어 냈죠. 제 생각에는 세월이 아주 많이 흐르면 keyboard가 동사로 쓰이는 날도 오지 않을까 합니다. 현재 email을 '이메일을 보내다'라는 동사로 쓰듯이 말이죠.

2100년쯤에는 I keyboard this book. '나는 이 책을 컴퓨터에 쳐서 넣는다.' 라는 표현이 가능할까요? 그때 제가 확인할 수 있으면 참 좋으련만!

13. 나는 바람을 쐰다.

    (나는 약간의 공기를 얻는다.)

→ 나는 + 얻는다 + 약간의 공기를

→ I + 얻는다 + 약간의 공기를

→ I + get + 약간의 공기를

→ I + get + some air.

우리 말 표현을 영어로 옮길 때 아예 딱 상응하는 단어가 없어 힘들 때가 있습니다. 아, 물론 거꾸로 영어를 우리말로 옮길 때도 같은 현상이 발생하죠. 그래서 저는 이런 경우 그게 일반적인 인간의 표현인지 꼭 생각해 보라고 합니다. '쐰다'라는 말은 정확하게 뭔가요? 이 책을 읽고 계신 여러분께서는 어렸을 때부터 이 표현을 그냥 써 왔기 때문에 아는 거지 정확히 어원이 무엇이고 쐰다는 것이 딱히 뭐라는 설명을 하기가 힘들 겁니다. 그러면 가장 일반적인 인간의 표현은 뭐가 있을까요? '공기를 받는다, 마신다'입니다. 그래서 이번 문장에서는 제가 '공기를 얻는다'라는 말을 썼죠.

'나는 약간의 공기를 얻는다?' 무슨 말을 그런 식으로 하나? 이런 생각을 하실 수도 있는데요. 사실 바람을 쐰다는 말을 외국인들이 이해하기가 더 어렵습니다. 그래서 풀어서 '공기를 느끼고 마시는 행위'라고 설명해 줘야 하죠. 우리 말을 배우는 외국인들이 '바람을 쐰다'가 어색하듯, 우리도 get some air라는 말이 어색합니다. 어색한 것에 익숙해지는데 필요한 것은? 바로 '시간'입니다. 그래서 외국어는 오랜 시간 공부해야 하는 것입니다. 영어가 어렵다는 말보다는 우리말과 영어는 참 많이 다르다고 늘 생각하세요.

14. 나는 내 책상을 정리한다.

→ 나는 + 정리한다 + 내 책상을

→ I + 정리한다 + 내 책상을

→ I + organize + 내 책상을

→ I + organize + my desk.

책상을 정리한다는 말은 책상 위에 아무렇게나 놓여있던 물건들을 각각 제 자리에 놓는다는 뜻이겠죠? 그렇게 어떤 것을 제자리에 놓아 정리하는 행 위를 영어로는 **organize**로 표현합니다. 그래서 각 인재를 적재적소에 배 치하여 하나의 집단을 만드는 행위도 **organize**로 표현할 수 있습니다. 그 래서 '기관, 조직'이라는 뜻으로 **organization**이라는 단어를 많이 쓰죠. 그 리고 사람을 칭찬할 때도 이 단어를 쓸 수 있습니다. **You are organized.** 이 문장은 무슨 뜻일까요? 직역하자면, '당신은 정리가 된 사람이군요.' 정 도가 되겠죠? 구조를 보면 '**you**에게 ← **organize**가 행해진 상태(**are**)이다' 입니다. 즉, 규칙적인 생활과 꼼꼼한 정리, 단정한 옷차림 등 흐트러지지 않 는 생활을 하는 사람에게 이 표현을 쓸 수 있습니다. 저도 항상 **I'm very organized.**라고 자신 있게 말할 수 있는 날을 꿈꾸며 하루하루 열심히 살 아가는 중입니다.

15. 나는 퇴근을 한다. (나는 일터를 떠난다.)

→ 나는 + 떠난다 + 일터를

→ I + 떠난다 + 일터를

→ I + leave + 일터를

→ I + leave + work.

work는 '일하다'라는 뜻의 동사도 되고 '일터'라는 뜻을 가진 명사도 된다 고 했죠? 그리고 **leave**는 '~를 떠나다'라는 뜻을 갖습니다. 그래서 **leave work**라고 하면 '일터를 떠나다'라는 의미가 됩니다. 그러니 이것이 '퇴근하 다'라는 말로 쓰이는 것은 충분히 이해가 가시죠?

16. 나는 집에 간다.

→ 나는 + 간다 + 집에

→ I + 간다 + 집에

→ I + go + 집에

→ I + go + home.

여기서 많은 분들이 왜 **go** 뒤에 **to**가 없느냐는 질문을 하십니다. 저도 똑같은 생각을 했었습니다. 미국에서 원어민 선생님들께 여쭈어봤을 때 일단 이렇게 말씀하시더군요.

home은 '집' 뿐만 아니라 '집에, 집에서, 집으로'라는 뜻을 모두 담고 있다.

그래서 이후에 원서를 들여다보니 **home**은 부사(adverb)로 쓸 수 있다고 나와 있더군요. 즉 'home = 집'이 아니라 'home = 집, 집에, 집으로' 이렇게 봐야 한다는 것이죠.

요약! **home**이라는 단어 자체에 **to**가 이미 들어있다고 보시면 됩니다. 그러니 **go home**으로 기억하세요..

17. 나는 샤워를 한다.
→ 나는 + 한다 + 샤워를
→ I + 한다 + 샤워를
→ I + take + 샤워를
→ I + take + a shower.

'면도를 하다'가 **shave**였던 것 기억하시죠? 그리고 '화장을 하다'는 **put on** + **make-up**이었고요. 마찬가지로 우리말의 '~하다'를 **do**로 표현하지 않고 **take**를 써서 **take a shower**라는 하나의 표현이 '샤워를 하다'입니다. **take**는 상당히 유용한 단어입니다. 어지간한 단어를 그 뒤에 붙이면 그것을 한다는 의미가 생기거든요. **take a nap**이라고 하면 '낮잠을 자다', **take a walk**라고 하면 '산책을 하다' 이런 식입니다.

18. 나는 음식을 시킨다.

    (나는 음식을 주문한다.)

→ 나는 + 주문한다 + 음식을

→ I + 주문한다 + 음식을

→ I + order + 음식을

→ I + order + food.

한 언어를 쓰는 집단의 문화가 그 언어에 얼마나 영향을 미치는지는 이 문장을 보면 알 수 있습니다. 한국은 배달 음식이 워낙 많아서 '음식을 시켜 먹는다'라는 독특한 표현이 있지만 영어권에서는 딱히 그런 독립된 단어는 없습니다. order 즉, '주문하다'에 in을 붙여서 주문해서 여기로 들어오게 하는 그림을 만들어 order in some food라고 하면 '음식을 주문해서 배달시켜 먹다'라는 말을 할 수 있습니다. 보시다시피 우리말이 각기 다른 단어와 단어를 붙여서 하나로 빚고 반죽하는 언어(배달하다+시키다+먹다=배달시켜 먹다)인 반면 영어는 각 단어가 가진 이미지를 이용해서 하나하나 나열하여 의미를 형성하는 언어입니다. 그래서 '외식하다'를 eat out이라고 하는데요. 말 그대로 'eat(먹다) + out(밖에서)'입니다. 이러다 보니 영어에는 두세 단어가 줄줄이 함께 다니는 표현들이 많습니다. 이런 것들을 우리가 흔히 '숙어'라고 배웠죠. '숙어' 탄생의 비밀입니다.

19. 나는 책을 읽는다.

→ 나는 + 읽는다 + 책을

→ I + 읽는다 + 책을

→ I + read + 책을

→ I + read + a book.

20. 나는 잠자리에 든다. (자러 간다.)

→ 나는 + 자러 간다

→ I + 자러 간다

→ I + go to sleep.

to는 항상 '~쪽으로 향하는' 그림을 표현합니다. 그래서 go to sleep은 잠을 자는 행위 쪽으로 간다는 느낌을 표현할 수 있는데요. go to sleep을 문법적으로 어떻게 볼 것인가를 따지면 너무 복잡해집니다. 일단은 이렇게 생각하세요. I go라고 하면 '나는 간다'인데 뒤에 to를 붙이고 원하는 단어를 붙이면 그러한 행위, 장소 등으로 향하는 그림을 표현할 수 있습니다. go to work는 '일하러 간다, 출근한다'이고 go to study는 '공부하러 간다,' go to sleep은 '자러 간다'가 됩니다. 한 가지 더, 서양은 예전부터 침대 문화였죠? 그래서 go to bed라고 하면 '자다'라는 뜻이 됩니다.

1 나는 TV를 본다.
(TV / I / watch)

_____

2 너는 보고서를 쓴다.
(write / a report / you)

_____

3 그녀는 서류를 검토한다.
(she / a document / reviews)

_____

4 그는 이메일을 보낸다.
(sends / he / an email)

_____

5 우리는 신문을 읽는다.
(a newspaper / read / we)

_____

6 그들은 파일을 저장한다.
(save / they / a file)

_____

7 나는 기상한다. (나는 일어난다.)
(get up / I)

_____

8 나는 세수를 한다. (나는 얼굴을 씻는다.)
(wash / I / my face)

_____

9 나는 이를 닦는다.
(I / my teeth / brush)

_____

10 나는 면도를 한다.
(shave / I)

_____

11 나는 아침식사를 한다. (나는 아침을 먹는다.)
(have / I / breakfast)

_____

12 나는 화장을 한다. (나는 화장품을 바른다.)
(make-up / I / put on)

_____

13 나는 옷을 입는다.
(clothes / put on / I)

_____

14 나는 신발을 신는다.
(I / shoes / put on)

_____

15 나는 버스를 탄다.
(take / a bus / I)

_____

16 나는 지하철로 환승을 한다.
(the subway / transfer to / I)

_____

17 나는 일터에 도착한다.
(at work / arrive / I)

_____

18 나는 키보드를 두드린다.
(type on / I / a keyboard)

_____

19 나는 바람을 쐰다. (나는 약간의 공기를 얻는다.)
(some air / I / get)

_____

20 나는 내 책상을 정리한다.
(my desk / organize / I)

_____

21 나는 퇴근을 한다. (나는 일터를 떠난다.)
(I / work / leave)

_____

22 나는 집에 간다.
(home / I / go)

_____

23 나는 샤워를 한다.
(I / a shower / take)

_____

24 나는 음식을 시킨다. (나는 음식을 주문한다.)
(food / order / I)

_____

25 나는 책을 읽는다.
(read / I / a book)

_____

26 나는 잠자리에 든다. (자러 간다.)
(go to sleep / I)

_____

정답

1. I watch TV.	2. You write a report.
3. She reviews a document.	4. He sends an email.
5. We read a newspaper.	6. They save a file.
7. I get up.	8. I wash my face.
9. I brush my teeth.	10. I shave.
11. I have breakfast.	12. I put on make-up.
13. I put on clothes.	14. I put on shoes.
15. I take a bus.	16. I transfer to the subway.
17. I arrive at work.	18. I type on a keyboard.
19. I get some air.	20. I organize my desk.
21. I leave work.	22. I go home.
23. I take a shower.	24. I order food.
25. I read a book.	26. I go to sleep

이제 여기서 한 단계 더 나아가 보도록 하겠습니다. 어떻게 하면 말을 길게 할 수 있을까요? 사실 세상의 모든 언어는 두 가지 방법을 써서 짧은 말을 길게 만듭니다.

1. 문장 뒤에 단어를 계속 붙이는 방법
2. 문장들을 서로 연결하는 방법

여기서 바로 두 번째, 문장들을 서로 연결하는 연습을 해보겠습니다.

I read a newspaper and I drink coffee.
나는 신문을 읽고 커피를 마신다.

바로 이런 식으로요. 시작하겠습니다.

1. 나는 일어나고 세수를 한다.
    (나는 일어난다 + 그리고 + 나는 세수를 한다)
→ 나는 + 일어난다 + 그리고 + 나는 + 씻는다 + 얼굴을
→ I + 일어난다 + 그리고 + 나는 + 씻는다 + 얼굴을
→ I + **get up** + 그리고 + 나는 + 씻는다 + 얼굴을
→ I + **get up** + **and** + 나는 + 씻는다 + 얼굴을
→ I + **get up** + **and** + I + 씻는다 + 얼굴을

→ I + get up + and + I + wash + 얼굴을

→ I + get up + and + (I 생략 가능) + wash + my face.

여기서는 and 뒤에 있는 두 번째 I는 빼도 좋습니다. **I get up and wash my face.**라고 하셔도 됩니다. 내가 일어났는데 다른 사람이 내 얼굴을 씻겨 주지 않는 한 and 뒤에 있는 wash를 하는 주체도 '나'라는 것을 누구나 알 수 있기 때문에 생략해도 괜찮은 것이죠. 이렇게 말하지 않아도 알 수 있는 당연한 상황, 사건의 흐름을 우리는 '문맥(context)'이라고 합니다.

2. 나는 이를 닦고 면도를 한다.

    (나는 이를 닦는다 + 그리고 + 나는 면도를 한다)

→ 나는 + 닦는다 + 이를 + 그리고 + 나는 + 면도를 한다

→ I + 닦는다 + 이를 + 그리고 + 나는 + 면도를 한다

→ I + brush + 이를 + 그리고 + 나는 + 면도를 한다

→ I + brush + my teeth 그리고 + 나는 + 면도를 한다

→ I + brush + my teeth + and + 나는 + 면도를 한다

→ I + brush + my teeth + and + I + 면도를 한다

→ I + brush + my teeth + and + (I 생략 가능) + shave.

3. 나는 아침식사를 하고 화장을 한다.

    (나는 아침식사를 한다 + 그리고 + 나는 화장을 한다)

→ 나는 + 먹는다 + 아침을 + 그리고 + 나는 + 한다 + 화장을

→ I + 먹는다 + 아침을 + 그리고 + 나는 + 한다 + 화장을

→ I + have + 아침을 + 그리고 + 나는 + 한다 + 화장을

→ I + have + breakfast + 그리고 + 나는 + 한다 + 화장을

→ I + have + breakfast + and + 나는 + 한다 + 화장을

→ I + have + breakfast + and + I + 한다 + 화장을

→ I + have + breakfast + and + I + put on + 화장을

→ I + have + breakfast + and + (I 생략 가능) + put on + make-up.

4. 나는 옷을 입고 신발을 신는다.

    (나는 옷을 입는다 + 그리고 + 나는 신발을 신는다)

→ 나는 + 입는다 + 옷을 + 그리고 + 나는 + 신는다 + 신발을

→ I + 입는다 + 옷을 + 그리고 + 나는 + 신는다 + 신발을

→ I + **put on** + 옷을 + 그리고 + 나는 + 신는다 + 신발을

→ I + **put on** + clothes + 그리고 + 나는 + 신는다 + 신발을

→ I + **put on** + clothes + **and** + 나는 + 신는다 + 신발을

→ I + **put on** + clothes + **and** + I + 신는다 + 신발을

→ I + **put on** + clothes + **and** + (I 생략 가능) + (**put on** 생략 가능) +
  shoes.

우리말은 무엇을 '입는다', '신는다' 이렇게 옷이나 신발이냐에 따라 동사가
구분되어 있지만 영어는 몸에 걸치는 것은 전부 **put on**을 쓴다고 말씀드렸
죠? 그래서 옷이든 신발이든 **I put on clothes and I put on shoes.**와 같
이 똑같은 동사를 씁니다. 그리고 이렇게 되면 **and** 뒤에 반복되는 I와 **put
on**은 생략할 수 있습니다.

I put on clothes and shoes.

이렇게 간결한 표현이 가능하죠. 생각해보니 우리말은 옷은 '입다'이고 신발
은 '신다'라서 '나는 옷을 입고 신발을 신는다'라고 해야 합니다. 여기서 '신
는다'를 생략할 수 없습니다. 그런데 영어는 둘 다 똑같이 **put on**을 쓰기 때
문에 뒤에 있는 **put on**은 생략이 가능합니다. 언어 차이에 따른 재미있는
현상이 아닐 수 없습니다.

5. 나는 버스를 타고 지하철로 갈아탄다.

    (나는 버스를 탄다 + 그리고 + 나는 지하철로 갈아탄다)

→ 나는 + 탄다 + 버스를 + 그리고 + 나는 + 갈아탄다 + 지하철로

→ I + 탄다 + 버스를 + 그리고 + 나는 + 갈아탄다 + 지하철로

→ I + take + 버스를 + 그리고 + 나는 + 갈아탄다 + 지하철로

→ I + take + a bus + 그리고 + 나는 + 갈아탄다 + 지하철로

→ I + take + a bus + and + 나는 + 갈아탄다 + 지하철로

→ I + take + a bus + and + I + 갈아탄다 + 지하철로

→ I + take + a bus + and + (I 생략 가능) + transfer + to the subway.

6. 나는 일터에 도착하고 타이핑을 한다.

　(나는 일터에 도착한다 + 그리고 + 나는 타이핑을 한다)

→ 나는 + 도착한다 + 일터에 + 그리고 + 나는 + 두드린다 + 키보드를

→ I + 도착한다 + 일터에 + 그리고 + 나는 + 두드린다 + 키보드를

→ I + arrive + 일터에 + 그리고 + 나는 + 두드린다 + 키보드를

→ I + arrive + at work + 그리고 + 나는 + 두드린다 + 키보드를

→ I + arrive + at work + and + 나는 + 두드린다 + 키보드를

→ I + arrive + at work + and + I + 두드린다 + 키보드를

→ I + arrive + at work + and + (I 생략 가능) + type on + a keyboard.

7. 나는 바람을 쐬고 내 책상을 정리한다.

　(나는 바람을 쐰다 + 그리고 + 나는 내 책상을 정리한다)

→ 나는 + 얻는다 + 약간의 공기를 + 그리고 + 나는 + 정리한다 + 내 책
　상을

→ I + 얻는다 + 약간의 공기를 + 그리고 + 나는 + 정리한다 + 내 책상을

→ I + get + 약간의 공기를 + 그리고 + 나는 + 정리한다 + 내 책상을

→ I + get + some air + 그리고 + 나는 + 정리한다 + 내 책상을

→ I + get + some air + and + 나는 + 정리한다 + 내 책상을

→ I + get + some air + and + I + 정리한다 + 내 책상을

→ I + get + some air + and + I + organize + 내 책상을

→ I + get + some air + and + (I 생략 가능) + organize + my desk.

8. 나는 퇴근을 하고 집에 간다.

　　(나는 퇴근을 한다 + 그리고 + 나는 집에 간다)

→ 나는 + 떠난다 + 일터를 + 그리고 + 나는 + 간다 + 집에

→ I + 떠난다 + 일터를 + 그리고 + 나는 + 간다 + 집에

→ I + leave + 일터를 + 그리고 + 나는 + 간다 + 집에

→ I + leave + work + 그리고 + 나는 + 간다 + 집에

→ I + leave + work + and + 나는 + 간다 + 집에

→ I + leave + work + and + I + 간다 + 집에

→ I + leave + work + and + I + go + 집에

→ I + leave + work + and + (I 생략 가능) + go + home.

9. 나는 샤워를 하고 음식을 시킨다.

　　(나는 샤워를 한다 + 그리고 + 나는 음식을 시킨다)

→ 나는 + 한다 + 샤워를 + 그리고 + 나는 + 주문한다 + 음식을

→ I + 한다 + 샤워를 + 그리고 + 나는 + 주문한다 + 음식을

→ I + take + 샤워를 + 그리고 + 나는 + 주문한다 + 음식을

→ I + take + a shower + 그리고 + 나는 + 주문한다 + 음식을

→ I + take + a shower + and + 나는 + 주문한다 + 음식을

→ I + take + a shower + and + I + 주문한다 + 음식을

→ I + take + a shower + and + I + order + 음식을

→ I + take + a shower + and + (I 생략 가능) + order + food.

10. 나는 책을 읽고 잠자리에 든다.

　(나는 책을 읽는다 + 그리고 + 나는 잠자리에 든다)

→ 나는 + 읽는다 + 책을 + 그리고 + 나는 + 자러 간다

→ I + 읽는다 + 책을 + 그리고 + 나는 + 자러 간다

→ I + **read** + 책을 + 그리고 + 나는 + 자러 간다

→ I + **read** + **a book** + 그리고 + 나는 + 자러 간다

→ I + **read** + **a book** + **and** + 나는 + 자러 간다

→ I + **read** + **a book** + **and** + I + 자러 간다

→ I + **read** + **a book** + **and** + (I 생략 가능) + **go to sleep**.

어떻습니까? 생각보다 쉽죠? 아주 간단한 문장으로도 내가 원하는 바를 최대한 표현하려는 노력이 외국어 습득에서는 아주 중요합니다. 지금 연습한 문장 연결은 '나의 하루'를 거의 다 영어로 표현할 수 있게 해줍니다.

나는 일어나고 세수를 하고 이를 닦고 면도를 하고 아침식사를 하고 화장을 하고 옷을 입고 신발을 신고 버스를 타고 지하철로 갈아타고 일터에 도착하고 타이핑을 하고 바람을 쐬고 내 책상을 정리하고 퇴근을 하고 집에 가고 샤워를 하고 음식을 시키고 책을 읽고 잠자리에 든다.

I get up and wash my face and brush my teeth and shave and have breakfast and put on make-up and clothes and shoes and take a bus and transfer to the subway and arrive at work and type on a keyboard and get some air and organize my desk and leave work and go home and take a shower and order food and read a book and go to sleep.

어떤가요? **and**가 너무 많이 나와서 그렇지 사실 틀린 곳은 하나도 없습니다. 이렇게 아무리 단순한 문장이라도 규칙에 맞추어 나열하면 원하는 바를 충분히 표현할 수 있습니다.

여기에 조금만 살을 붙여보겠습니다.

나는 오전 6시에 일어나고 아침으로 샌드위치를 먹고 일터에 9시에 도착하고 오랜 시간 타이핑을 하고 맛있는 음식을 시키고 오후 10시에 잔다.

제가 추가된 정보를 적절한 위치에 넣어 보겠습니다.

I get up at 6 A.M. and wash my face and brush my teeth and shave and have sandwiches for breakfast and put on make-up and clothes and shoes and take a bus and transfer to the subway and arrive at work at 9 A.M. and type on a keyboard for a long time and get some air and organize my desk and leave work and go home and take a shower and order delicious food and read a book and go to sleep at 10 P.M.

어떤가요? 꽤 괜찮은 영어가 나오죠?

여기까지 따라오신 것을 진심으로 감사드립니다. 처음에는 우리말을 영어

순서로 바꾸는 것이 어려웠는데 그것을 해냈고요. 이제는 순서에 맞게 영어 단어를 넣어서 문장을 만들고 서로 잇기까지 했습니다. 이것이 정답입니다. 이런 훈련들이 반복되어 영어를 습득하는 것입니다. 성인이 되어서 영어를 공부하여 잘하게 된 사람들은 모두 알게 모르게 이 과정을 거쳤다고 보시면 됩니다.

이 책은 여러분께서 시행착오 없이 그 과정을 보다 빠르게, 제대로 경험하실 수 있도록 고안되어 있습니다.

Do your best, and God will do the rest.
최선을 다하고 천명을 기다려라. (진인사 대천명)

첫 번째 Do your best는 명령문입니다. 이렇게 대뜸 동사로 문장이 시작하는 경우 대부분 '~하라'고 해석하는 명령문이 되는데요, 사실 앞에 You가 생략되어 있습니다. 그래서 원래는 'You do your best, and God will do the rest.' 라는 문장입니다. 다만 '너'에게 직접 이 말을 하는데 굳이 '너는' 이라고 할 필요까지는 없어서 그냥 생략하고 쓰는 것으로 굳어졌을 뿐입니다.

your best는 '너의 최선' 이라고 생각하시면 됩니다.

God will do the rest에서 마지막 the rest는 네가 최선을 다하고 남은 나머지를 뜻합니다. 즉, 사람의 힘으로 어찌할 수 없는 주변 상황이나 앞으로의 전개 등을 the rest라고 표현한 것이죠.

그리고 눈치 빠르신 분들께서는 아마 느끼셨겠지만 이 문장은 운율이 있습니다. best와 rest에 기가 막히게 각운(脚韻)이 들어가 있죠? 이를 영어로는 rhyme이라고 합니다. 아마 힙합 좋아하시는 분들은 한 번쯤 들어보신 단어일 텐데 원래 동서고금을 막론하고 명언이나 속담 등은 이렇게 예술성도 높습니다. 그래서 인류의 자산이라고 하는 것 같습니다.

I think, therefore I am.

나는 생각한다, 그러므로 나는 존재한다.

- 데카르트, 프랑스의 철학자, 수학자(1596-1650)

인류 역사상 가장 유명한 문장 중 하나가 아닐까 싶습니다. therefore는 '그러므로' 정도의 뜻인데 이처럼 앞뒤 말이 인과관계가 있을 때 요긴하게 쓰입니다.

I am

이 문장은 앞서 be동사를 다룰 때 한번 보셨죠? I am은 '나는 ~이다/~있다/~인 상태이다' 정도로 해석할 수 있는데 그 뒤에 무엇이 나오면 '그런 것/사람이다, 거기에 있다, 또는 그런 상태이다'라고 해석할 수 있지만 지금처럼 아무 말도 없으면 그냥 '나는 있다'라고 밖에 해석할 수 없습니다. 그래서 이를 '나는 존재한다'는 뜻으로 썼습니다.

영어로 '질문'을 한다는 것이 얼마나 중요한지 실제 외국인과 '대화'를 해보면 느끼게 됩니다. 내가 먼저 무언가를 물어볼 수 없다면 대화를 원만히 끌어갈 수 없습니다. 그래서 이 책에서는 한번 다룬 문장들은 반드시 질문으로도 바꾸어 보는 것을 원칙으로 합니다. 이번 장도 예외는 아닙니다.

지난번에 의문문 만드는 방법 배우신 것 기억나시죠?

be동사가 들어있는 문장은 〈주어 + 동사〉 만 〈동사 + 주어〉의 순서로 바꾸면 된다고 했죠?

예 You are a teacher → Are you a teacher?

그런데 이번 장에서 배우신 '일반 동사'가 들어있는 문장들은 조금 다릅니다. 사실 이 부분이 영어를 처음 배울 때 가장 어려운 것들 중 하나인데요, 그만큼 한 번을 배우더라도 '제대로' 배우는 것이 중요합니다.

I get up.

나는 일어난다

보시다시피 **be**동사가 들어있지 않습니다. 이런 경우 어떻게 질문으로 바꿀까요?

규칙은 딱 하나입니다. 문장 맨 앞에 **Do**나 **Does**를 붙입니다.

I get up. 나는 일어난다.
→ Do + I get up? 나는 일어나니?

You get up. 너는 일어난다.
→ Do + you get up? 너는 일어나니?

He gets up. 그는 일어난다.

→ **Does + he get up?** 그는 일어나니?

She gets up. 그녀는 일어난다.

→ **Does + she get up?** 그녀는 일어나니?

We get up. 우리는 일어난다.

→ **Do + we get up?** 우리는 일어나니?

They get up. 그들은 일어난다.

→ **Do + they get up?** 그들은 일어나니?

'나, 너, 우리, 그들, 여럿'이 아닌 '제3의 것'이 주어로 쓰일 때 (3인칭 단수) 동사 뒤에 **s**를 붙인다는 원칙 기억나시죠? 그 원칙은 질문을 만들 때도 이어져서 주어가 3인칭 단수일 때는 **Do** 대신에 **Does**를 붙입니다. 그리고 **Does**를 붙여 **s** 표시를 이미 했기 때문에 굳이 동사 뒤에 **s**를 또 붙일 필요가 없어서 동사 끝에 또 **s**를 붙이지는 않습니다.

🔵 **Does she get up early?**

  ← 앞에 이미 **s/es**가 있으므로 **gets**가 아니라 그냥 **get**

처음 영어를 배울 때 이 규칙을 익히기가 너무 힘들어서 고생했던 기억이 납니다. 저도 처음에는 **He go there.**라고 말하거나 **Do he goes there?** 이런 식으로 실수를 많이 했습니다. 다행히 원어민들이 제 말을 못 알아듣지는 않았습니다. 사람 복이 많은지 좋은 친구들을 많이 만나서 녀석들이 제가 실수할 때마다 **He goes there.**로 **Does he go there?**로 친절하게 고쳐주어 시간이 흐르며 자연스럽게 규칙을 익혔습니다. 이 책에서는 제가 그 역할을 합니다. 여러분께 이 원리를 정확하게 설명드리고 함께 연습도 하니까요.

이 대목에서 혹시 그냥 **You get up.**의 〈주어 + 동사〉 순서를 바꾸어서 **Get up you?**이라고 하면 편하지 않냐고 생각하시는 분들 계시나요?

여기서 엄청난 사실! 사실 옛날 영어는 실제 규칙이 그랬습니다.

16세기에 쓰인 셰익스피어의 작품만 보아도 **Do you have the sword?** (너는 그 검을 가지고 있느냐?)라는 말을 **Have you the sword?** 이런 식으로 쓰는 경우를 볼 수 있습니다. 그리고 지금도 영국에서는 이렇게 질문하는 경우도 많습니다. 물론 표준으로 인정받지는 못합니다.

중세 이후 그 언제부터인가 **do**가 질문을 시작하는 일종의 표시(mark)로 쓰이기 시작했고 이것이 편리했는지 오늘날의 영어에 표준으로 자리 잡았습니다. 역사가 그리 오래되지 않았다는 게 재미있죠?

1. 나는 기상하니?

→ **Do + I get up?**

2. 너는 기상하니?

→ **Do + you get up?**

3. 그는 기상하니?

→ **Does + he get up?**

4. 그녀는 기상하니?

→ **Does + she get up?**

5. 우리는 기상하니?

→ **Do + we get up?**

6. 그들은 기상하니?

→ **Do + they get up?**

아, 이 문장들 중 1번 즉, '나는 일어나나?'라는 질문을 할 일은 사실 없겠죠. 그러면 이런 문장은 배우지 말아야 할까요? 아닙니다. 지금은 '구조 습득'을 먼저 해야 할 때입니다. 언어의 메커니즘을 이해하고 습득하는 것이 중요하지 표현의 적절성, 실용성 같은 것은 그 언어를 어느 정도 하게 되고 난 다음에 따지는 것이 좋습니다.

7. 나는 세수를 하니?

→ **Do + I wash my face?**

8. 너는 세수를 하니?

→ **Do + you wash your face?**

9. 그는 세수를 하니?

→ **Does + he wash his face?**

10. 그녀는 세수를 하니?

→ **Does + she wash her face?**

11. 우리는 세수를 하니?

→ **Do + we wash our faces?**

12. 그들은 세수를 하니?

→ **Do + they wash their faces?**

마지막 두 문장을 보시면 주어가 '우리', '그들' 즉, 여러 명이므로 얼굴도 여러 개이니 **face**가 아니라 **faces**라고 표현한 것을 볼 수 있습니다. 저는 예전에 이런 것이 참 이해가 안 갔습니다. 어머니께서도 '애네들은 뭘 이렇게 따지면서 사니?'라고 말씀하셔서 제가 웃은 적도 있는데요. 영어는 수학처럼 '일치' 시키는 것을 좋아합니다. 그래서 **faces**라고 수를 맞추어 준 것입니다. 그러나 이런 경우, 원어민들끼리도 가끔 의견이 갈리기도 합니다. 아주 깐깐한 사람이라면 여러 명이니 결국 얼굴도 여러 개 아니냐면서 **faces**라고 할 것이고 덜 깐깐한 사람은 뭘 그렇게까지 말해야 하냐면서 그냥 **face**라고 할 수도 있습니다. 이렇게 그 친구들도 서로 합의가 안될 때도 있는 것이 영어입니다. 그러니 여러분들께서는 이런 것에 너무 스트레스 받지 마세요.

13. 나는 이를 닦니?

→ **Do** + I brush my teeth?

14. 너는 이를 닦니?

→ **Do** + you brush your teeth?

15. 그는 이를 닦니?

→ **Does** + he brush his teeth?

16. 그녀는 이를 닦니?

→ **Does** + she brush her teeth?

17. 우리는 이를 닦니?

→ **Do** + we brush our teeth?

18. 그들은 이를 닦니?

→ **Do** + they brush their teeth?

19. 나는 면도를 하니?

→ **Do** + **I shave?**

20. 너는 면도를 하니?

→ **Do** + **you shave?**

21. 그는 면도를 하니?

→ **Does** + **he shave?**

22. 그녀는 면도를 하니?

→ **Does** + **she shave?**

23. 우리는 면도를 하니?

→ **Do** + **we shave?**

24. 그들은 면도를 하니?

→ **Do** + **they shave?**

25. 나는 아침식사를 하니?

→ **Do** + **I have breakfast?**

26. 너는 아침식사를 하니?

→ **Do** + **you have breakfast?**

27. 그는 아침식사를 하니?

→ Does + he have breakfast? (has가 have로 바뀐다.)

28. 그녀는 아침식사를 하니?

→ Does + she have breakfast? (has가 have로 바뀐다.)

29. 우리는 아침식사를 하니?

→ Do + we have breakfast?

30. 그들은 아침식사를 하니?

→ Do + they have breakfast?

31. 나는 화장을 하니?

→ Do + I put on make-up?

32. 너는 화장을 하니?

→ Do + you put on make-up?

33. 그는 화장을 하니?

→ Does + he put on make-up?

34. 그녀는 화장을 하니?

→ Does + she put on make-up?

35. 우리는 화장을 하니?

→ Do + we put on make-up?

36. 그들은 화장을 하니?

→ Do + they put on make-up?

37. 나는 옷을 입니?

→ **Do + I put on clothes?**

38. 너는 옷을 입니?

→ **Do + you put on clothes?**

39. 그는 옷을 입니?

→ **Does + he put on clothes?**

40. 그녀는 옷을 입니?

→ **Does + she put on clothes?**

41. 우리는 옷을 입니?

→ **Do + we put on clothes?**

42. 그들은 옷을 입니?

→ **Do + they put on clothes?**

43. 나는 신발을 신니?

→ **Do + I put on shoes?**

44. 너는 신발을 신니?

→ **Do + you put on shoes?**

45. 그는 신발을 신니?

→ **Does + he put on shoes?**

46. 그녀는 신발을 신니?

→ **Does + she put on shoes?**

47. 우리는 신발을 신니?

→ **Do + we put on shoes?**

48. 그들은 신발을 신니?

→ **Do + they put on shoes?**

49. 나는 버스를 타니?

→ **Do + I take a bus?**

50. 너는 버스를 타니?

→ **Do + you take a bus?**

51. 그는 버스를 타니?

→ **Does + he take a bus?**

52. 그녀는 버스를 타니?

→ **Does + she take a bus?**

53. 우리는 버스를 타니?

→ **Do + we take a bus?**

54. 그들은 버스를 타니?

→ **Do + they take a bus?**

55. 나는 지하철로 환승을 하니?

→ **Do + I transfer to the subway?**

56. 너는 지하철로 환승을 하니?

→ **Do + you transfer to the subway?**

57. 그는 지하철로 환승을 하니?

→ **Does + he transfer to the subway?**

58. 그녀는 지하철로 환승을 하니?

→ **Does + she transfer to the subway?**

59. 우리는 지하철로 환승을 하니?

→ **Do + we transfer to the subway?**

60. 그들은 지하철로 환승을 하니?

→ **Do + they transfer to the subway?**

61. 나는 일터에 도착하니?

→ **Do + I arrive at work?**

62. 너는 일터에 도착하니?

→ Do + you arrive at work?

63. 그는 일터에 도착하니?

→ Does + he arrive at work?

64. 그녀는 일터에 도착하니?

→ Does + she arrive at work?

65. 우리는 일터에 도착하니?

→ Do + we arrive at work?

66. 그들은 일터에 도착하니?

→ Do + they arrive at work?

67. 나는 키보드를 두드리니?

→ Do + I type on a keyboard?

68. 너는 키보드를 두드리니?

→ Do + you type on a keyboard?

69. 그는 키보드를 두드리니?

→ Does + he type on a keyboard?

70. 그녀는 키보드를 두드리니?

→ Does + she type on a keyboard?

71. 우리는 키보드를 두드리니?

→ Do + we type on keyboards?

72. 그들은 키보드를 두드리니?

→ Do + they type on keyboards?

73. 나는 바람을 쐬니?

→ Do + I get some air?

74. 너는 바람을 쐬니?

→ Do + you get some air?

75. 그는 바람을 쐬니?

→ Does + he get some air?

76. 그녀는 바람을 쐬니?

→ Does + she get some air?

77. 우리는 바람을 쐬니?

→ Do + we get some air?

78. 그들은 바람을 쐬니?

→ Do + they get some air?

79. 나는 내 책상을 정리하니?

→ Do + I organize my desk?

80. 너는 네 책상을 정리하니?

→ Do + you organize your desk?

81. 그는 그의 책상을 정리하니?

→ Does + he organize his desk?

82. 그녀는 그녀의 책상을 정리하니?

→ Does + she organize her desk?

83. 우리는 우리의 책상을 정리하니?

→ Do + we organize our desks?

84. 그들은 그들의 책상을 정리하니?

→ Do + they organize their desks?

85. 나는 퇴근하니?

→ Do + I leave work?

86. 너는 퇴근하니?

→ Do + you leave work?

87. 그는 퇴근하니?

→ Does + he leave work?

88. 그녀는 퇴근하니?

→ Does + she leave work?

89. 우리는 퇴근하니?

→ Do + we leave work?

90. 그들은 퇴근하니?

→ Do + they leave work?

91. 나는 집에 가니?

→ Do + I go home?

92. 너는 집에 가니?

→ Do + you go home?

93. 그는 집에 가니?

→ Does + he go home?

94. 그녀는 집에 가니?

→ Does + she go home?

95. 우리는 집에 가니?

→ Do + we go home?

96. 그들은 집에 가니?

→ Do + they go home?

97. 나는 샤워를 하니?

→ Do + I take a shower?

98. 너는 샤워를 하니?

→ Do + you take a shower?

99. 그는 샤워를 하니?

→ Does + he take a shower?

100. 그녀는 샤워를 하니?

→ **Does + she take a shower?**

101. 우리는 샤워를 하니?

→ **Do + we take a shower?**

102. 그들은 샤워를 하니?

→ **Do + they take a shower?**

103. 나는 음식을 시키니?

→ **Do + I order food?**

104. 너는 음식을 시키니?

→ **Do + you order food?**

105. 그는 음식을 시키니?

→ **Does + he order food?**

106. 그녀는 음식을 시키니?

→ **Does + she order food?**

107. 우리는 음식을 시키니?

→ **Do + we order food?**

108. 그들은 음식을 시키니?

→ **Do + they order food?**

109. 나는 책을 읽니?

→ **Do + I read a book?**

110. 너는 책을 읽니?

→ Do + you read a book?

111. 그는 책을 읽니?

→ Does + he read a book?

112. 그녀는 책을 읽니?

→ Does + she read a book?

113. 우리는 책을 읽니?

→ Do + we read books?

114. 그들은 책을 읽니?

→ Do + they read books?

115. 나는 잠자리에 드니?

→ Do + I go to sleep?

116. 너는 잠자리에 드니?

→ Do + you go to sleep?

117. 그는 잠자리에 드니?

→ Does + he go to sleep?

118. 그녀는 잠자리에 드니?

→ **Does + she go to sleep?**

119. 우리는 잠자리에 드니?

→ **Do + we go to sleep?**

120. 그들은 잠자리에 드니?

→ **Do + they go to sleep?**

자, 이렇게 해서 우리는 〈사람이 + 한다 + 무엇을〉 구조로 문장을 만들고 그것을 질문으로 바꾸는 것까지 해 보았습니다. 비유하자면 저희는 지금까지 밥을 어떻게 하는지 배웠고 또 직접 맛있는 밥을 지어보았죠. 그럼 이제부터는 백미밥뿐만 아니라 현미밥, 잡곡밥도 해보도록 하겠습니다. 잘 따라오세요.

Do 의 역할과 역사

do라는 단어를 조동사로 쓰는 경우는 영어를 비롯한 서(西) 게르만어에서 나타나는데요. 이것은 동사의 과거형 중 흔히 -d를 붙여서 만드는 녀석들을 과거에는 do의 과거형을 붙이고 동사원형을 써서 나타낸 것에서 유래했다고 합니다.

굳이 재현해보면 I walked를 I did walk라고 표현하는 식이라고 보시면 됩니다. 영어에는 언제부터 이렇게 do가 조동사로 쓰이기 시작했는가 하는 질문에 대해서는 아직 합의된 의견이 없습니다. 어떤 학자들은 고대영어에서 이미 그 흔적이 있다고 하고 어떤 학자들은 켈트어 (로마제국과 게르만족의 침략 전 유럽 각지에서 쓰이던 언어)에서 영향을 받았다라고 주장하기도 합니다.

따라서 이 부분은 여전히 연구가 필요합니다.

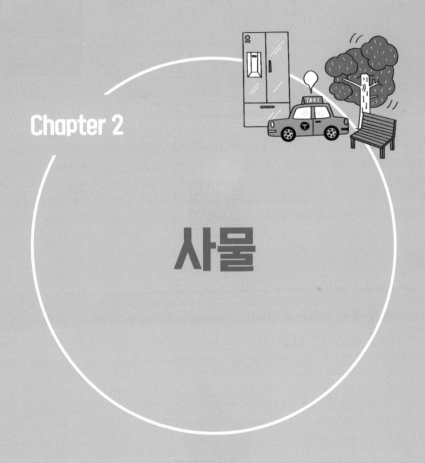

Chapter 2

사물

저희가 지금부터 다룰 '사물'이라 함은 사람이 아닌 모든 것을 뜻합니다.

우리 주변에 있는 모든 것들이죠.

예를 들면 연필, 지우개부터 자동차, 집 그리고 나, 흙, 공기 등을

모두 포함하는 개념으로 봐주시기 바랍니다.

#6

무엇이 + 있다 + 어디에

강의보기

'사람'편에서 보셨던 〈누가 + 있다 + 어디에〉와 똑같은 구조입니다. '사람' 자리에 '사물'을 넣었을 뿐입니다. 이미 '사람'편에서 보신대로 이 표현을 하는 방법은 두 가지가 있습니다.

1. 〈무엇이 + 있다 + 어디에〉

An apple is on the plate.

사과 하나가 접시 위에 있다.

2. 〈There be + 무엇 + 어디에〉

There is an apple on the plate.

사과 하나가 접시 위에 있다.

'사람'에 대해 이야기 할 때와 '사물'에 대해 이야기 할 때 가장 큰 차이점은 무엇일까요? 여기에 대해서는 어머니께서 아이디어를 주셨습니다. 제가 갓 돌 지난 아기가 아닌 이상 어머니께서 '우리 지후는 책상 아래 있어요.'라고 말씀하실 일은 사실 없습니다. (이 나이에 제가 그러고 있으면 충격이겠죠.) 그렇지만

TV 리모컨이 소파 아래 있다.

이런 말을 할 경우는 정말 많습니다.

사실 얼마 전에 어머니께서 휴대폰이 어디 있는지 모르시겠다며 부엌에서 한참을 돌아다니시는 겁니다. 주방 일을 하다 보면 정말 깜빡 하시고 휴대 폰을 상상도 못한 장소에 두는 경우가 종종 있는데요. 이번에는 어머니 휴 대폰이 김치 냉장고 안에 들어있지 뭡니까!

저도 어머니도 발견하는 순간 바로 웃음이 터졌는데 그 때 이 문장을 알려드 렸습니다.

My smartphone is in the Kimchi fridge.

참! 저도 생전 이런 말을 영어로 만들어 보게 될 줄은 몰랐는데요. 제가 부모님 댁에서 신세를 지는 바람에 어머니께서 이래저래 정신이 없으셔서 일어난 일이죠. 아직 어릴 때는 아무것도 모르고 어머니께 계속 이거 달라 저거 달라 떼썼던 적이 많은데 그때 얼마나 정신 없으셨을지 상상이 되어서 죄송스러웠습니다.

아무튼

이처럼 사물은 그것이 '어디에' 있는지를 제대로 표현하는 것이 중요하기 때문에 '위치'를 나타내는 전치사들을 적재적소에 넣어서 문장을 만드는 것에 초점을 맞추겠습니다.

1. 책이 책상 위에 있다.
→ 책이 + 있다 + 책상 위에
→ **A book** + 있다 + 책상 위에
→ **A book** + **is** + 책상 위에
→ **A book** + **is** + **on the desk**.

2. 도구들이 탁자 아래에 있다.
→ 도구들이 + 있다 + 탁자 아래에
→ **Tools** + 있다 + 탁자 아래에
→ **Tools** + **are** + 탁자 아래에
→ **Tools** + **are** + **under the table**.

3. 서류가 서랍 안에 있다.
→ 서류가 + 있다 + 서랍 안에
→ **A document** + 있다 + 서랍 안에
→ **A document** + **is** + 서랍 안에
→ **A document** + **is** + **in the drawer**.

4. 전등이 모니터 뒤에 있다.

→ 전등이 + 있다 + 모니터 뒤에

→ **A lamp** + 있다 + 모니터 뒤에

→ **A lamp** + **is** + 모니터 뒤에

→ **A lamp** + **is** + **behind the monitor**.

5. 우체국이 학교 앞에 있다.

→ 우체국이 + 있다 + 학교 앞에

→ **A post office** + 있다 + 학교 앞에

→ **A post office** + **is** + 학교 앞에

→ **A post office** + **is** + **in front of the school**.

6. 식탁이 냉장고 옆에 있다.

→ 식탁이 + 있다 + 냉장고 옆에

→ **A table** + 있다 + 냉장고 옆에

→ **A table** + **is** + 냉장고 옆에

→ **A table** + **is** + **next to the refrigerator**.

7. 소파는 **TV** 반대편에 있다.

→ 소파는 + 있다 + **TV** 반대편에

→ **A sofa** + 있다 + **TV** 반대편에

→ **A sofa** + **is** + **TV** 반대편에

→ **A sofa** + **is** + **across from the TV**.

지금 나온 문장들을 보시면 **on, under, in, behind, in front of, next to, across from** 등이 보이시죠? 이 녀석들이 모두 전치사입니다. 물론, 영어에서 전치사는 이것들 말고도 많지만 일단 이번 장에서는 물건을 찾을 때 또는 길을 묻는 외국인에게 어느 건물의 위치를 설명 할 때 많이 쓸 만한 전치사들 위주로 다루어 보겠습니다.

1. On

on은 '~위에' 라고 해석하는 경우가 대부분 입니다. 하지만 이를 정말 단순히 'on = ~위에' 라고 외우시면 곤란합니다. on이라는 단어가 갖는 그림은 '어떤 표면에 붙어있음'입니다. 예를 들어, 벽에 걸려있는 액자를 생각해 보시면 그것은 벽 표면에 붙어있죠? 그래서 이런 경우도 on을 씁니다.

The frame is on the wall.
액자가 벽에 걸려있다.

여름이면 모기 때문에 고생하시는 분들께서 많으실 겁니다. 이때 방 천장에 모기 한 마리가 붙어 있는 장면을 떠올려 보세요. 이럴 때 영어로 뭐라고 할까요?

There is a mosquito on the ceiling.
천장에 모기가 한 마리 붙어 있어.

이제 정확히 이해가시죠? 이것이 바로 on의 정확한 뜻입니다.

2. Under

under는 '~아래에'라고 보통 해석합니다. 이 단어는 영어와 우리말 사이에 그림 차이가 거의 없어서 쉽게 이해하고 써먹을 수 있습니다.

Your book is under the table.

네 책은 탁자 아래에 있어.

3. In

in은 '~안에'라고 보통 해석하죠? 정확한 그림은 둘러 싸인 공간입니다. 머 릿속에 비누방울을 하나 떠올려 보시고 그 방울 안에 있는 모든 것들은 **in the bubble**에 있다고 생각해보세요. 한 가운데 있든 가장자리에 있든 일단 **in**입니다.

There is a hair in the bubble.

방울 안에 머리카락이 하나 있다.

4. Behind

우리가 외래어로 흔히 '비하인드 스토리'라는 말을 쓰죠? 아마 '뒷이야기' 정 도로 번역하면 될 것 같은데요. 이렇게 '~뒤에'에 해당하는 단어가 **behind** 입니다. 어떤 것이 다른 것에 막혀 있어서 완전히 보이지 않거나 또는 일부 만 보이거나 하면 그것은 다른 것의 **behind**에 있다고 표현할 수 있습니다.

There is something behind you.

네 뒤에 무언가가 있어.

제대로 보인다면 정확히 뭐가 있는지 말을 할텐데 잘 안보이니 **something** (무언가)이라고 표현할 수 밖에 없겠죠? 그래서 정확히는 모르겠으나 무언 가가 뒤에 있나고 생각할 때 이 표현을 즐겨 사용합니다.

There is something behind this.

이 뒤에는 무언가가 있어.

어떤 일이 벌어졌는데 뭔가 수상한 낌새가 있을 때 우리도 '뒤에 무언가 있다'고 하죠? 영어도 똑같습니다.

이렇게 추상적인 '~뒤에'를 표현할 수 있기 때문에 이런 말을 종종 듣게 됩니다.

We are behind schedule.

이라고 하면 우리가 일정보다 뒤에 있는 것이겠죠? 즉, 일정을 따라잡지 못해 많은 일이 늦어진 상황이라고 보시면 됩니다.

Don't talk behind someone's back.

이라고 하면 '누군가의 뒤에서 말을 하지 말라.'고 직역할 수 있는데 한 마디로 '뒷담화를 하지 마라' 정도의 뜻을 갖는 표현입니다.

5. In front of
in front of는 '~앞에'라고 보통 해석합니다. 저 같은 경우는 외국에서 택배를 받을 때 **in front of the door**에 놓아달라고 이메일을 쓴 적이 많습니다. 현관문 바로 앞 정도를 생각하시면 됩니다.

6. Next to
next to는 '~옆에'라고 보통 해석합니다. 왼쪽이든 오른쪽이든 **next to**라고 하죠. 어떤 것의 측면에 가까이 있는 그림을 생각하시면 됩니다.

7. Across
across는 '~건너'라는 뜻인데 여기에 '~로 부터'의 그림을 가진 **from**을 붙여서 **across from**이라고 쓰면 '~맞은 편에'라고 보통 해석합니다.

이렇게 상상해 보세요. 여러분께서 지금 길을 걷고 있는데 옆에는 도로가 하나 있습니다. 그런데 이 도로를 건너면 은행이 하나 있다고 생각해 봅시다. 이때 은행의 위치를 내 위치에서 어떻게 묘사하면 좋을까요?

There is a bank across from here.

여기 건너편에 은행이 하나 있다.

이렇게 해도 좋고

There is a bank across the road.

도로를 건너 은행이 하나 있다.

이 정도도 괜찮을 것 같습니다.

그런데 은행에 있는 친구에게서 전화가 옵니다. 그리고 '야! 이 은행 건너편에 아이스크림 가게가 하나 있다.'라고 말을 하는군요. 지금 보니 내 옆에 아이스크림 가게가 진짜 하나 있네요. 이럴 때 그 은행에 있는 친구를 기준으로 하면 **There is an ice cream shop across from the bank.**라고 표현할 수 있습니다.

1. 시계가 벽에 있다. (벽 표면에 달라붙어 있다.)

→ 시계가 + 있다 + 벽에

→ A clock + 있다 + 벽에

→ A clock + is + 벽에

→ A clock + is + on the wall.

엄밀히 말해서 시계는 수직으로 벽면에 매달려 있습니다. 그래서 **on**을 무조건 '~위에'라고 외우면 아무 도움이 안 됩니다. '표면에 달라붙어 있으면 **on**이다.' 이게 가장 정확한 느낌입니다.

2. 내 다리에 털이 하나 있다. (털 한 올이 다리 표면에 달라붙어 있다.)
→ 털이 + 있다 + 내 다리에
→ **A hair** + 있다 + 내 다리에
→ **A hair** + **is** + 내 다리에
→ **A hair** + **is** + **on my leg**.

a hair라고 하면 '어떤, 하나의 털'을 뜻합니다. **hair**라고 무조건 '머리카락'이라 생각하시면 안 됩니다. 우리는 머리털과 다른 털을 단어로 구분하지만 영어에서는 사람 몸에 난 털은 모두 그냥 **hair**를 씁니다. 머리카락 전체를 의미할 때는 그냥 **hair**라고 합니다. **a hair**는 털 한 올이라는 뜻이죠. 그래서 **She has a long hair.**라고 하면 정말 웃긴 말이 됩니다. 그녀는 대머리인데 긴 머리카락이 하나 있다는 뜻이 되거든요. 그래서 머리카락 전체를 의미하여 '그녀는 머리가 길다.'라고 하고 싶으면 **She has long hair.**라고 **a** 없이 말해야 합니다.

말씀은 이렇게 드렸지만 처음에는 이런 것을 너무 신경 쓰지는 않으셨으면 좋겠습니다. 영어 원어민이 아닌 모두에게 '관사'는 정말 어렵습니다. 처음부터 너무 실수를 두려워하면 아예 아무 말을 못 하게 됩니다. 오히려 '실수를 즐기라!'고 제가 자꾸 말씀드리고 있죠? 머리카락이 진짜 한 올만 있는 사람은 아마 없을 테니 설사 실수를 하시더라도 그들이 알아서 이해할 것입니다. 걱정 마시고 마음껏 말씀하세요!

3. 배가 물 위에 있다. (배가 물 표면에 착 달라붙어 있다.)
→ 배가 + 있다 + 물 위에
→ **A boat** + 있다 + 물 위에
→ **A boat** + **is** + 물 위에
→ **A boat** + **is** + **on the water**.

물 위에 떠 있는 배를 보면 마치 물 표면에 배가 붙어 있는 것 같죠? 그래서 **on**이 잘 어울립니다.

이제 **under**로 가보겠습니다. 제가 **under**는 우리 말 '~의 아래' 와 거의 똑같은 그림을 갖고 있다고 했죠?

1. 쓰레기통이 책상 아래에 있다.
→ 쓰레기통이 + 있다 + 책상 아래에
→ **A trash bin** + 있다 + 책상 아래에
→ **A trash bin** + **is** + 책상 아래에
→ **A trash bin** + **is** + **under the desk**.

저는 미국에서 거의 기숙사 생활을 했는데요. 방 안을 보면 책상 아래 개인 쓰레기통이 하나씩 있었습니다. 그때를 생각하고 문장을 만들어 보았습니다. 사실 처음에는 쓰레기통이 영어로 뭔지 몰라서 **garbage box**라고 했던 기억이 납니다. 아는 단어를 대충 붙여서 급조했죠. 그런데 **garbage box**는 아주 특수한 경우에만 쓰레기통이라는 뜻이 있다는 것을 한참 후에 알았습니다. 외국 친구들이 **garbage can**, **trash can**, **trash bin**이라고 알려주더군요.

제가 굳이 이 일화를 말씀드리는 이유는 제가 **garbage box**라고 했을 때도 아직 제 영어가 서툴기 때문에 그들이 알아서 쓰레기통이라는 뜻으로 알아들어 주었다는 것 때문입니다. 내가 쓰는 단어가 혹시라도 어색할까 봐 말을 못 하는 것은 외국어를 배우는데 큰 걸림돌이 됩니다.

'틀려도 좋다! 나는 틀릴 권리가 있다!' 이 생각을 항상 하셔야 합니다.

2. 벤치가 나무 아래에 있다.

→ 벤치가 + 있다 + 나무 아래에

→ **A bench** + 있다 + 나무 아래에

→ **A bench** + **is** + 나무 아래에

→ **A bench** + **is** + **under the tree**.

흔히 공원에 가면 있는 긴 의자를 **bench**라고 합니다. 일반적인 의자는 모두 **chair**라고 하고 등받이가 없는 의자, 예를 들면 포장마차 같은 곳에서 하나씩 깔고 앉는 의자 같은 것은 **stool**이라고 단어를 씁니다. 여러분 주변에 있는 의자들을 한번 둘러보세요.

3. 내 책이 네 책 아래에 있다.

→ 내 책이 + 있다 + 네 책 아래에

→ **My book** + 있다 + 네 책 아래에

→ **My book** + **is** + 네 책 아래에

→ **My book** + **is** + **under your book**.

이 문장은 **My book is under yours**.라고 쓸 수도 있습니다. 우리말로 옮기자면 '내 책은 네 것 아래 있다.' 정도가 되겠네요. 이렇게 '~의 것'을 나타내는 단어들을 한번 살펴보겠습니다.

mine 나의 것

yours 너의 것

his 그의 것

hers 그녀의 것

ours 우리의 것

theirs 그들의 것

이렇게 총 여섯 가지가 있습니다. 아! 이걸 한 번에 외우려고는 하지 마세요. 그냥 맹목적으로 외운 것은 머릿속에 지식으로는 남지만 바로 꺼내어 쓰기가 참 힘듭니다. 가장 좋은 방법은 '사용하면서 외우기'입니다. 이 단어들을 눈으로 한번 보고 문장을 만들어서 계속 써먹어 보는 겁니다.

This is mine.   이것은 나의 것이다.

This is yours.   이것은 너의 것이다.

This is his.   이것은 그의 것이다.

This is hers.   이것은 그녀의 것이다.

This is ours.   이것은 우리의 것이다.

This is theirs.   이것은 그들의 것이다.

그리고 나서는 왼쪽에 있는 영어를 가리고 오른쪽 우리말만 보고 바로 영어로 말해보거나 써보는 연습을 무수히 반복합니다. 이 과정을 거치고 나면 정말 필요한 순간에 바로 쓸 수 있습니다.

전치사는 물리적인 표현뿐 아니라 추상적인 표현에도 쓸 수 있습니다. under의 예를 잠시 보시죠.

Jihu is under 40.

지후는 40세가 안 되었다.

이 문장처럼 나이가 어떤 기준보다 어릴 때 **under**를 쓸 수 있고요.

My jacket costs under 60 dollars.

내 재킷은 60달러가 안 된다.

가격도 마찬가지입니다. 기준 가격보다 싸면 **under**입니다.

그런데 이것이 영어의 특징이라 보기는 어렵습니다. 인간은 추상을 표현할 수 있는 존재입니다. 그래서 어떤 언어나 이런 식의 표현을 합니다. 우리말에도 '~의 하에 있다'라는 표현이 있죠? 무엇이 또는 누가 어떤 상태에 있는데 그 상태를 지배하는 것이 있으면 '그것의 하에 있다'라고 합니다.

'그들은 모두 강력한 통제 하에 있다.'

예를 들면 이런 식이죠. 다음 문장들을 보시면 영어와 우리말에 비슷한 표현 방식이 있다는 것을 더 잘 느끼실 수 있습니다.

Many people work under difficulties because of the virus.

많은 사람들이 그 바이러스 때문에 어려운 여건에서 일한다.

under difficulties를 직역하면 '어려움 하에서' 즉, '어려운 여건에서'

We cannot meet each other under this condition.

이런 조건에서는 우리가 서로를 만날 수 없다.

under this condition를 직역하면 '이런 조건하에서' 즉, '이런 조건에서'

어렵지 않죠? 제가 그래서 전치사는 가급적이면 어떠한 '그림'으로 기억하실 수 있게 노력하고 있습니다. 그렇게 해야 '응용'이 가능하기 때문입니다. 그리고 그 응용을 하는 과정에서 내가 생각했던 그림과 일치하는 영어 문장을 발견했을 때의 그 희열은 엄청납니다. 그리고 절대 잊어버리지 않죠. 또한 내가 생각했던 표현 방식을 실제로는 쓰지 않는 경우도 발견하게 됩니다. 이 과정이 지속되면 나의 머릿속에 데이터가 쌓이게 됩니다. 그러면서 '어색하다, 자연스럽다'라는 개념이 서서히 자리 잡습니다. 우리는 이것을 '어감'이라고 부릅니다. 한 언어를 제대로 배웠다는 증거는 바로 이 '어감'입니다.

이것이 우리가 기초를 중시해야 하는 이유입니다. 기초는 '처음에 하는 것'이 아닙니다. '늘 해야 하는 것'입니다. 축구에서 드리블 연습은 그저 매일 하는 것이죠. 악기 연주에서 음계 연습은 그저 매일 해야 하는 것입니다. 그렇게 세월이 지나 기초가 점점 더 단단해지면 더 경기를 잘 뛰게 되고 연주를 잘 하게 됩니다. 내 몸이 모든 것을 기억하고 있기 때문입니다. 여러분께서도 영어공부를 같은 방식으로 해주셨으면 합니다.

> **"**
> 기초는 단단할수록 좋다.
> 실수를 두려워하지 말자.
> 그리고 나머지는 시간이 해결해 준다.
> **"**

꼭 기억하세요.

1. 고구마가 바구니 안에 있다.

→ 고구마가 + 있다 + 바구니 안에

→ **A sweet potato** + 있다 + 바구니 안에

→ **A sweet potato** + **is** + 바구니 안에

→ **A sweet potato** + **is** + **in the basket**.

'감자'는 워낙 서양 음식에 많이 들어가서 영어로 된 메뉴 이름을 한 번쯤은 들어보는 것 같습니다. 그래서 감자를 **potato**라고 한다는 것은 대부분 다 알고 계신 것 같은데요. 저희 어머니께서는 '고구마'가 영어로 무엇인지 매우 궁금해하셨습니다. 제가 **sweet potato**라고 알려드리자 참 재미있다고 하시더군요. 언어가 다르니 이렇게 표현 방식도 다르다는 게 참 흥미롭다는 말씀과 함께요. 이후에 '낙지'가 **small octopus** (우리말로 직역하면 작은 문어)라는 것을 알려드렸을 때는 정말 박장대소하셨던 기억이 납니다. 외국어를 배운다는 것은 이렇게 뜻하지 않은 즐거움을 안겨줍니다. 그리고 우리

와 다른 사람들의 세계를 이해하는 눈을 갖게 됩니다.

2. 수첩이 내 주머니 안에 있다.

→ 수첩이 + 있다 + 내 주머니 안에

→ **A notebook** + 있다 + 내 주머니 안에

→ **A notebook** + **is** + 내 주머니 안에

→ **A notebook** + **is** + **in my pocket.**

pocket money라는 단어가 있습니다. 주로 영국에서 많이 쓰는데 어린아이들에게 부모가 주는 일주일 치 용돈을 의미합니다. 우리말에도 '쌈짓돈', '주머닛돈'이라는 단어가 있죠? 주로 얼마 되지 않는 돈을 의미합니다. 그런데 영어로도 **pocket money**가 '어린아이들 용돈'이라는 뜻인 것을 보면 역시 어릴 때는 돈을 과하게 주지 않는 것이 보편적인가 봅니다.

3. 치즈가 빵 안에 있다.

→ 치즈가 + 있다 + 빵 안에

→ **Cheese** + 있다 + 빵 안에

→ **Cheese** + **is** + 빵 안에

→ **Cheese** + **is** + **in the bread.**

cheese라는 것을 생각해 보세요. 상점에서 보는 치즈는 잘라서 나누어 놨기 때문에 셀 수 있지만 원래 치즈라는 것 자체는 사과나 배처럼 '어떤 모양을 가진 하나'는 아니죠? 이처럼 치즈는 한 개, 두 개라고 셀 수가 없어서 **a cheese**나 **cheeses**가 아니라 그냥 **cheese**라고 했습니다. 치즈가 들어 있는 빵을 실제 보면 치즈 몇 개가 들어있다는 말이 더 어색할 겁니다. 그냥 녹아있거든요. 그때는 **There is cheese in the bread.**라고 하시면 됩니다.

지금까지 **in**은 에워싸인 공간의 그림을 가지고 있습니다. 그게 내 주머니이

든, 빵 속이든 상관없습니다. 이 그림을 잘 기억하시고 다음으로 넘어가 주세요.

behind는 무언가에 가려져 그 뒤에 있는 것을 나타낼 때 씁니다. 일부만 가려져도 behind를 쓸 수 있습니다.

1. 주차장은 은행 뒤에 있다.

→ 주차장은 + 있다 + 은행 뒤에

→ A parking lot + 있다 + 은행 뒤에

→ A parking lot + is + 은행 뒤에

→ A parking lot + is + behind the bank.

주차장을 찾고 있는 사람에게 근처 은행을 손가락으로 딱 가리키며 '은행 뒤에 주차장이 하나 있어요.'라고 말씀하신다고 생각해 보세요. 문장을 몇 번 반복해서 말로 해보시고 parking lot과 bank만 각각 다른 단어로 바꾸어 가면서 문장을 여러 개 만들어 보세요.

2. 문은 네 뒤에 있다.

→ 문은 + 있다 + 네 뒤에

→ A door + 있다 + 네 뒤에

→ A door + is + 네 뒤에

→ A door + is + behind you.

분명 여기 어딘가에 문이 있다고 들었는데 그 문은 어디 있지? Where is the door?라고 누군가 물었을 때 할 수 있는 말입니다. '그 문은 네 뒤에 있어.'라고 The door is behind you. 이렇게 쓰고 보니 약간 무섭네요. 공포 영화에 나오는 장면 같습니다.

3. 화장실은 건물 뒤에 있다.

→ 화장실은 + 있다 + 건물 뒤에

→ A restroom + 있다 + 건물 뒤에

→ A restroom + is + 건물 뒤에

→ A restroom + is + behind the building.

'화장실은 어디 있지?' Where is the restroom?이라고 물었을 때 '그 화장실은 건물 뒤에 있어.' The restroom is behind the building.이라고 대답할 수 있습니다.

이 behind의 반대 개념이 바로 in front of입니다.

1. 신문은 문 앞에 있다.

→ 신문은 + 있다 + 문 앞에

→ A newspaper + 있다 + 문 앞에

→ A newspaper + is + 문 앞에

→ A newspaper + is + in front of the door.

2. 택시가 호텔 앞에 있다.

→ 택시가 + 있다 + 호텔 앞에

→ A taxi + 있다 + 호텔 앞에

→ A taxi + is + 호텔 앞에

→ A taxi + is + in front of the hotel.

3. 꽃병이 TV 앞에 있다.

→ 꽃병이 + 있다 + TV 앞에

→ A vase + 있다 + TV 앞에

→ A vase + is + TV 앞에

→ A vase + is + in front of the TV.

'in front of와 behind는 서로 반대 개념이다.' 이렇게 생각하시고 익히시면 편합니다. 길 안내를 할 때 behind와 in front of를 정말 많이 쓰는 것 같습니다. 보통 어떤 건물은 무슨 건물 앞/뒤라고 얘기할 때가 많아서 그런 것 같네요. 지금 나온 문장들을 많이 연습하셔서 적절한 맥락에서 꼭 써 보시기 바랍니다.

이제 next to로 넘어갑니다.

1. 전자레인지가 냉장고 옆에 있다.
→ 전자레인지가 + 있다 + 냉장고 옆에
→ A microwave + 있다 + 냉장고 옆에
→ A microwave + is + 냉장고 옆에
→ A microwave + is + next to the refrigerator.

처음 미국에 갔을 때 전자레인지가 영어로 무엇인지 몰라서 heater! (데우는 거!)라고 했던 기억이 납니다. 어찌어찌 제 말을 알아들은 하우스 메이트 (방은 따로 쓰지만 같은 집에 사는 사람)가 It is called microwave. '그건 microwave라고 해.'라고 알려주더군요.

나중에 알게 된 사실은 microwave라는 단어는 동사로도 쓴다는 것이었습니다. I microwave some bread.라고 하면 '나는 빵을 전자레인지로 데운다.'는 뜻이 됩니다. 지난번에 email을 동사로도 쓴다는 것을 배웠죠? 영어는 이렇게 한 단어를 명사, 동사로 쓰는 경우가 많습니다. 제가 microwave를 동사로 썼던 대표적 문장은 바로 **What are you microwaving?**이었습니다. '너 지금 뭐 데우고 있어?'라는 뜻이죠. 제가 살던 집 전자레인지가 워낙 오래되어서 정말 시끄러웠거든요. 공부할 때마다 그 소리 때문에 집중이 안 돼서 매번 저런 말을 했던 것 같습니다.

2. 커피숍이 식당 옆에 있다.

→ 커피숍이 + 있다 + 식당 옆에

→ **A coffee shop** + 있다 + 식당 옆에

→ **A coffee shop** + is + 식당 옆에

→ **A coffee shop** + is + **next to the restaurant**.

3. 지하철역이 아이스크림 가게 옆에 있다.

→ 지하철역이 + 있다 + 아이스크림 가게 옆에

→ **A subway station** + 있다 + 아이스크림 가게 옆에

→ **A subway station** + is + 아이스크림 가게 옆에

→ **A subway station** + is + **next to the ice cream shop**.

마지막으로 **across from**을 보시죠.

1. 액자가 거울 맞은편에 있다.

→ 액자가 + 있다 + 거울 맞은편에

→ **A frame** + 있다 + 거울 맞은편에

→ **A frame** + is + 거울 맞은편에

→ **A frame** + is + **across from the mirror**.

2. 서점이 도서관 맞은편에 있다.

→ 서점이 + 있다 + 도서관 맞은편에

→ **A bookstore** + 있다 + 도서관 맞은편에

→ **A bookstore** + **is** + 도서관 맞은편에

→ **A bookstore** + **is** + **across from the library**.

3. 사무실이 편의점 맞은편에 있다.

→ 사무실이 + 있다 + 편의점 맞은편에

→ **An office** + 있다 + 편의점 맞은편에

→ **An office** + **is** + 편의점 맞은편에

→ **An office** + **is** + **across from the convenience store**.

아, 여기서 잠시 1번 문장을 보실까요?

A frame is across from the mirror.

액자가 거울 맞은편에 있다.

영어에는 똑같이 생긴 한 단어를 명사, 동사로 모두 쓰는 경우가 많다고 말씀드렸죠? frame 역시 거기에 속합니다. **frame a picture**라고 하면 사진을 '액자에 넣다'라는 뜻이 됩니다.

frame: (명사) 액자 (동사) 액자에 넣다

영어는 이처럼 같은 모양이 다른 품사로 쓰이는 경우가 많은데요. 이것은

영어가 '어순'이 지배하는 언어이기 때문에 가능합니다. 어떤 자리에 오면 그것은 동사다, 명사다 이렇게 판단할 수 있습니다.

frame a picture를 보고 '액자 어떤 사진' 이렇게 생각하는 것이 아니라

frame한다 a picture를

이렇게 frame을 동사로 보는 것이 원어민들에게는 당연하다는 것이죠. 원래 동사가 올 자리에 frame이 쓰여있으니 당연히 동사다! 이게 그들의 언어 논리입니다.

1 책이 책상 위에 있다.
(on / a book / the desk / is)

_____

2 도구들이 탁자 아래에 있다.
(are / the table / tools / under)

_____

3 서류가 서랍 안에 있다.
(in / the drawer / a document / is)

_____

4 전등이 모니터 뒤에 있다.
(behind / a lamp / the monitor / is)

_____

5 우체국이 학교 앞에 있다.
(the school / a post office / in front of / is)

_____

6 식탁이 냉장고 옆에 있다.
(next to / is / the refrigerator / a table)

_____

7 소파는 TV 반대편에 있다.
(is / the TV / a sofa / across from)

_____

8 시계가 벽에 있다. (벽 표면에 달라붙어 있다.)
(the wall / a clock / on / is)

_____

9 내 다리에 털이 하나 있다. (털 한 올이 다리 표면에 달라붙어 있다.)
(my leg / on / is / a hair)

_____

10 배가 물 위에 있다. (배가 물 표면에 착 달라붙어 있다.)
(the water / is / on / a boat)

_____

11 쓰레기통이 책상 아래에 있다.
(under / a trash bin / the desk / is)

_____

12 벤치가 나무 아래에 있다.
(is / the tree / a bench / under)

_____

13 내 책이 네 책 아래에 있다.
(your book / under / my book / is)

_____

14 고구마가 바구니 안에 있다.
(in / a sweet potato / the basket / is)

_____

15 수첩이 내 주머니 안에 있다.
(in / my pocket / a notebook / is)

_____

16 치즈가 빵 안에 있다.
(the bread / cheese / in / is)

_____

⑰ 주차장은 은행 뒤에 있다.
(the bank / behind / a parking lot / is)

_____

⑱ 문은 네 뒤에 있다.
(you / a door / behind / is)

_____

⑲ 화장실은 건물 뒤에 있다.
(behind / a restroom / is / the building)

_____

⑳ 신문은 문 앞에 있다.
(in front of / a newspaper / the door / is)

_____

㉑ 택시가 호텔 앞에 있다.
(the hotel / is / a taxi / in front of)

_____

㉒ 꽃병이 TV 앞에 있다.
(the TV / in front of / is / a vase)

_____

㉓ 전자레인지가 냉장고 옆에 있다.
(is / the refrigerator / a microwave / next to)

_____

㉔ 커피숍이 식당 옆에 있다.
(next to / a coffee shop / the restaurant / is)

_____

25 지하철역이 아이스크림 가게 옆에 있다.
(the ice cream shop / a subway station / is / next to)

_____

26 액자가 거울 맞은편에 있다.
(the mirror / across from / is / a frame)

_____

27 서점이 도서관 맞은편에 있다.
(the library / is / a bookstore / across from)

_____

28 사무실은 편의점 맞은편에 있다.
(across from / is / the convenience store / an office)

_____

정답

1. A book is on the desk.
2. Tools are under the table.
3. A document is in the drawer.
4. A lamp is behind the monitor.
5. A post office is in front of the school.
6. A table is next to the refrigerator.
7. A sofa is across from the TV.
8. A clock is on the wall.
9. A hair is on my leg.
10. A boat is on the water.
11. A trash bin is under the desk.
12. A bench is under the tree.
13. My book is under your book.
14. A sweet potato is in the basket.
15. A notebook is in my pocket.
16. Cheese is in the bread.
17. A parking lot is behind the bank.
18. A door is behind you.
19. A restroom is behind the building.
20. A newspaper is in front of the door.
21. A taxi is in front of the hotel.
22. A vase is in front of the TV.
23. A microwave is next to the refrigerator.
24. A coffee shop is next to the restaurant.
25. A subway station is next to the ice cream shop.
26. A frame is across from the mirror.
27. A bookstore is across from the library.
28. An office is across from the convenience store.

여러분 혹시 google이라는 단어 아시나요? '음? 그 단어를 누가 몰라?

구글 아니야?' 라고 생각하시는 분들 혹시 이 문장을 어떻게 해석하시겠어요?

I google it.

설마 '나는 구글 그것?'

I google it.은 '나는 그것을 검색한다.' 라는 뜻입니다. 여기서는 google이 동사인 것입니다. 정말 놀랍죠? 이렇게 영어는 그 단어가 어떤 위치에 오느냐에 따라 품사(명사, 동사, 형용사 등)가 결정되기 때문에 흔히 명사로 쓰이는 단어들을 과감히 동사 자리에 넣어서 써먹는 경우가 많습니다.

email 이메일을 보내다

fax 팩스를 보내다

phone 전화를 하다

spoon 숟가락으로 뜨다

이런 영어의 특성을 그대로 받아들이면 좀 더 유연해집니다.

저희 어머니께서 처음에 이런 것을 정말 어려워하셨습니다. 우리말은 '운동' 과 '운동하다' 는 일단 생김새가 다르잖아요. 그런데 영어는 exercise가 '운동', '운동하다' 둘 다 되는 것이죠. 그러면서 제가 google이 '검색하다' 라는 뜻도 된다고 알려드렸습니다. 그러자 나중에 어머니께서 I will kakaotalk you. '내가 너한테 카톡 할 게.' 라는 말도 있냐고 하시더군요. 사실 이건 한국에 오래 산 외국인들이 무의식적으로 실제 쓰는 표현입니다. 원래 영어가 동사 자리에 넣으면 동사, 명사 자리에 넣으면 명사이니 한국에 오래 산 외국인들은 이 습관대로 kakaotalk을 자신도 모르게 동사로 쓰는 것이죠.

저는 요즘 인스타그램을 많이 하는데요. 여기에 Direct Message라는 기능이 있습니다. 줄여서 DM이라고 하고 그냥 누군가에게 채팅으로 말을 거는 기능인데요. 외국인들과 이야기할 때 저도 모르게 I will DM him.이라고 얘기한 적이 있습니다. 그런데 이 친구들이 다 그대로 알아듣더군요. 저는 인스타그램이라는 것이 세상에 나오기 전에 한국으로 돌아와서 실제 이런 말을 미국에서 써 본 적이 없지만 영어를 쓰다 보니 그냥 자연스럽게 나온 표현인데 알고 보니 실제 외국에서도 이 표현을 쓴다는 것을 나중에 알게 되었습니다.

이런 것이 바로 언어가 생각을 지배하는 경우에 속하지 않나 생각합니다.

이제 이번 장에서 만들었던 문장들을 모두 '질문'으로 바꾸는 연습을 해봅시다. '사람' 편에서 이미 배우신 대로 be동사가 들어있는 문장을 질문으로 바꿀 때는 〈주어 + be동사〉를 〈be동사 + 주어〉 순서로만 바꿔주시면 됩니다.

1. 책이 책상 위에 있다.

→ A book + is + **on the desk**.

→ Is + a book + **on the desk?** 책이 책상 위에 있니?

2. 도구들이 탁자 아래에 있다.

→ Tools + are + **under the table**.

→ Are + tools + **under the table?** 도구들이 탁자 아래에 있니?

3. 서류가 서랍 안에 있다.

→ A document + is + **in the drawer**.

→ Is + a document + **in the drawer?** 서류가 서랍 안에 있니?

4. 전등이 모니터 뒤에 있다.

→ A lamp + is + **behind the monitor**.

→ Is + a lamp + **behind the monitor?** 전등이 모니터 뒤에 있니?

5. 우체국이 학교 앞에 있다.

→ A post office + is + **in front of the school**.

→ Is + a post office + **in front of the school?** 우체국이 학교 앞에 있니?

6. 시계가 벽에 있다.

→ A clock + is + **on the wall**.

→ Is + a clock + **on the wall?**

시계가 벽에 있니?

7. 털이 내 다리에 있다

→ A hair + is + **on my leg.**

→ Is + a hair + **on my leg?** 털이 내 다리에 있니?

8. 배가 물 위에 있다.

→ A boat + is + **on the water.**

→ Is + a boat + **on the water?** 배가 물 위에 있니?

9. 쓰레기통은 책상 아래에 있다.

→ A trash bin + is + **under the desk.**

→ Is + a trash bin + **under the desk?** 쓰레기통은 책상 아래에 있니?

10. 벤치가 나무 아래에 있다.

→ A bench + is + **under the tree.**

→ Is + a bench + **under the tree?** 벤치가 나무 아래에 있니?

11. 내 책이 네 책 아래에 있다.

→ My book + is + **under your book.**

→ Is + my book + **under your book?** 내 책이 네 책 아래에 있니?

12. 고구마가 바구니 안에 있다.

→ A sweet potato + is + **in the basket.**

→ Is + a sweet potato + **in the basket?** 고구마가 바구니 안에 있니?

13. 수첩이 내 주머니 안에 있다.

→ A notebook + is + **in my pocket**.

→ Is + a notebook + **in my pocket?** 수첩이 내 주머니 안에 있니?

14. 치즈가 빵 안에 있다.

→ Cheese + is + **in the bread**.

→ Is + cheese + **in the bread?** 치즈가 빵 안에 있니?

15. 주차장은 은행 뒤에 있다.

→ A parking lot + is + **behind the bank**.

→ Is + a parking lot + **behind the bank?** 주차장은 은행 뒤에 있니?

16. 문은 네 뒤에 있다.

→ A door + is + **behind you**.

→ Is + a door + **behind you?** 문은 네 뒤에 있니?

17. 화장실은 건물 뒤에 있다.

→ A restroom + is + **behind the building**.

→ Is + a restroom + **behind the building?** 화장실은 건물 뒤에 있니?

18. 신문은 문 앞에 있다.

→ A newspaper + is + **in front of the door**.

→ Is + a newspaper + **in front of the door?** 신문은 문 앞에 있니?

19. 택시가 호텔 앞에 있다.

→ A taxi + is + **in front of the hotel**.

→ Is + a taxi + **in front of the hotel?** 택시가 호텔 앞에 있니?

20. 꽃병이 **TV** 앞에 있다.

→ A vase + is + in front of the TV.

→ Is + a vase + in front of the TV? 꽃병이 TV 앞에 있니?

21. 전자레인지가 냉장고 옆에 있다.

→ A microwave + is + next to the refrigerator.

→ Is + a microwave + next to the refrigerator?

전자레인지가 냉장고 옆에 있니?

22. 커피숍이 식당 옆에 있다.

→ A coffee shop + is + next to the restaurant.

→ Is + a coffee shop + next to the restaurant? 커피숍이 식당 옆에 있니?

23. 지하철역이 아이스크림 가게 옆에 있다.

→ A subway station + is + next to the ice cream shop.

→ Is + a subway station + next to the ice cream shop?

지하철역이 아이스크림 가게 옆에 있니?

24. 액자가 거울 맞은편에 있다.

→ A frame + is + across from the mirror.

→ Is + a frame + across from the mirror? 액자가 거울 맞은편에 있니?

25. 서점이 도서관 맞은편에 있다.

→ A bookstore + is + across from the library.

→ Is + a bookstore + across from the library? 서점이 도서관 맞은편에 있니?

26. 사무실이 편의점 맞은편에 있다.

→ An office + is + across from the convenience store.

→ Is + an office + across from the convenience store?

　　사무실이 편의점 맞은편에 있니?

'사람' 편에서 이미 해보셨던 거라 크게 어렵지는 않으시죠?

마지막으로 '~가 어디에 있다'를 표현하는 또 하나의 방법! ⟨There be + 무엇 + 어디에⟩ 문형을 연습해 보겠습니다.

지금까지 나온 문장들을 모두 이 문형으로 다시 써보고 그 다음에 질문으로 바꾸어 보겠습니다. 편의상 각각 A와 B로 표기하겠습니다.

1A. 책이 책상 위에 있다.

→ There be + 책이 + 책상 위에

→ There is + 책이 + 책상 위에

→ There is + a book + 책상 위에

→ There is + a book + on the desk.

1B. 책이 책상 위에 있니?

→ 있니 + 책이 + 책상 위에?

→ Is + there + 책이 + 책상 위에?

→ Is + there + a book + 책상 위에?

→ Is + there + a book + on the desk?

2A. 도구들이 탁자 아래에 있다.

→ There be + 도구들이 + 탁자 아래에

→ There are + 도구들이 + 탁자 아래에

→ There are + tools + 탁자 아래에

→ There are + tools + under the table.

2B. 도구들이 탁자 아래에 있니?

→ 있니 + 도구들이 + 탁자 아래에?

→ Are + there + 도구들이 + 탁자 아래에?

→ Are + there + tools + 탁자 아래에?

→ Are + there + tools + under the table?

3A. 서류가 서랍 안에 있다.

→ There be + 서류가 + 서랍 안에

→ There is + 서류가 + 서랍 안에

→ There is + a document + 서랍 안에

→ There is + a document + in the drawer.

3B. 서류가 서랍 안에 있니?

→ 있니 + 서류가 + 서랍 안에?

→ Is + there + 서류가 + 서랍 안에?

→ Is + there + a document + 서랍 안에?

→ Is + there + a document + in the drawer?

4A. 전등이 모니터 뒤에 있다.

→ **There** be + 전등이 + 모니터 뒤에

→ **There** is + 전등이 + 모니터 뒤에

→ **There** is + **a lamp** + 모니터 뒤에

→ **There** is + **a lamp** + **behind the monitor.**

4B. 전등이 모니터 뒤에 있니?

→ 있니 + 전등이 + 모니터 뒤에?

→ **Is** + **there** + 전등이 + 모니터 뒤에?

→ **Is** + **there** + **a lamp** + 모니터 뒤에?

→ **Is** + **there** + **a lamp** + **behind the monitor?**

5A. 우체국이 학교 앞에 있다.

→ **There** be + 우체국이 + 학교 앞에

→ **There** is + 우체국이 + 학교 앞에

→ **There** is + **a post office** + 학교 앞에

→ **There** is + **a post office** + **in front of the school.**

5B. 우체국이 학교 앞에 있니?

→ 있니 + 우체국이 + 학교 앞에?

→ **Is** + **there** + 우체국이 + 학교 앞에?

→ Is + there + a post office + 학교 앞에?

→ Is + there + a post office + in front of the school?

6A. 시계가 벽에 있다.

→ There be + 시계가 + 벽에

→ There is + 시계가 + 벽에

→ There is + a clock + 벽에

→ There is + a clock + on the wall.

6B. 시계가 벽에 있니?

→ 있니 + 시계가 + 벽에?

→ Is + there + 시계가 + 벽에?

→ Is + there + a clock + 벽에?

→ Is + there + a clock + on the wall?

7A. 털이 내 다리에 있다.

→ There be + 털이 + 내 다리에

→ There is + 털이 + 내 다리에

→ There is + a hair + 내 다리에

→ There is + a hair + on my leg.

7B. 털이 내 다리에 있니?

→ 있니 + 털이 + 내 다리에?

→ Is + there + 털이 + 내 다리에?

→ Is + there + a hair + 내 다리에?

→ Is + there + a hair + on my leg?

8A. 배가 물 위에 있다.

→ **There** be + 배가 + 물 위에

→ **There** is + 배가 + 물 위에

→ **There** is + a boat + 물 위에

→ **There** is + a boat + **on the water**.

8B. 배가 물 위에 있니?

→ 있니 + 배가 + 물 위에?

→ Is + **there** + 배가 + 물 위에?

→ Is + **there** + a boat + 물 위에?

→ Is + **there** + a boat + **on the water?**

9A. 쓰레기통이 책상 아래에 있다.

→ **There** be + 쓰레기통이 + 책상 아래에

→ **There** is + 쓰레기통이 + 책상 아래에

→ **There** is + a trash bin + 책상 아래에

→ **There** is + a trash bin + **under the desk**.

9B. 쓰레기통이 책상 아래에 있니?

→ 있니 + 쓰레기통이 + 책상 아래에?

→ Is + **there** + 쓰레기통이 + 책상 아래에?

→ Is + there + a trash bin + 책상 아래에?

→ Is + there + a trash bin + **under the desk?**

10A. 벤치가 나무 아래에 있다.

→ **There** be + 벤치가 + 나무 아래에

→ **There is** + 벤치가 + 나무 아래에

→ **There is** + a bench + 나무 아래에

→ **There is** + a bench + **under the tree.**

10B. 벤치가 나무 아래에 있니?

→ 있니 + 벤치가 + 나무 아래에?

→ **Is** + **there** + 벤치가 + 나무 아래에?

→ **Is** + **there** + a bench + 나무 아래에?

→ **Is** + **there** + a bench + **under the tree?**

11A. 내 책이 네 책 아래에 있다.

→ **There** be + 내 책이 + 네 책 아래에

→ **There is** + 내 책이 + 네 책 아래에

→ **There is** + my book + 네 책 아래에

→ **There is** + my book + **under your book.**

11B. 내 책이 네 책 아래에 있니?

→ 있니 + 내 책이 + 네 책 아래에?

→ Is + **there** + 내 책이 + 네 책 아래에?

→ Is + **there** + my book + 네 책 아래에?

→ Is + **there** + my book + **under your book?**

12A. 고구마가 바구니 안에 있다.

→ **There** be + 고구마가 + 바구니 안에

→ **There** is + 고구마가 + 바구니 안에

→ **There** is + a sweet potato + 바구니 안에

→ **There** is + a sweet potato + **in the basket.**

12B. 고구마가 바구니 안에 있니?

→ 있니 + 고구마가 + 바구니 안에?

→ Is + **there** + 고구마가 + 바구니 안에?

→ Is + **there** + a sweet potato + 바구니 안에?

→ Is + **there** + a sweet potato + **in the basket?**

13A. 수첩이 내 주머니 안에 있다.

→ **There** be + 수첩이 + 내 주머니 안에

→ **There** is + 수첩이 + 내 주머니 안에

→ **There** is + a notebook + 내 주머니 안에

→ **There** is + a notebook + **in my pocket.**

13B. 수첩이 내 주머니 안에 있니?

→ 있니 + 수첩이 + 내 주머니 안에?

→ Is + **there** + 수첩이 + 내 주머니 안에?

→ Is + **there** + a notebook + 내 주머니 안에?

→ Is + **there** + a notebook + **in my pocket?**

14A. 치즈가 빵 안에 있다.

→ **There** be + 치즈가 + 빵 안에

→ **There** is + 치즈가 + 빵 안에

→ **There** is + cheese + 빵 안에

→ **There** is + cheese + **in the bread**.

14B. 치즈가 빵 안에 있니?

→ 있니 + 치즈가 + 빵 안에?

→ Is + **there** + 치즈가 + 빵 안에?

→ Is + **there** + cheese + 빵 안에?

→ Is + **there** + cheese + **in the bread?**

15A. 주차장은 은행 뒤에 있다.

→ **There** be + 주차장은 + 은행 뒤에

→ **There** is + 주차장은 + 은행 뒤에

→ **There** is + a parking lot + 은행 뒤에

→ **There** is + a parking lot + **behind the bank**.

15B. 주차장은 은행 뒤에 있니?

→ 있니 + 주차장은 + 은행 뒤에?

→ Is + **there** + 주차장은 + 은행 뒤에?

→ Is + **there** + a parking lot + 은행 뒤에?

→ Is + **there** + a parking lot + **behind the bank?**

16A. 문은 네 뒤에 있다.

→ **There** be + 문은 + 네 뒤에

→ **There** is + 문은 + 네 뒤에

→ **There** is + a door + 네 뒤에

→ **There** is + a door + **behind you**.

16B. 문은 네 뒤에 있니?

→ 있니 + 문은 + 네 뒤에?

→ Is + **there** + 문은 + 네 뒤에?

→ Is + **there** + **a door** + 네 뒤에?

→ Is + **there** + **a door** + **behind you?**

17A. 화장실은 건물 뒤에 있다.

→ **There be** + 화장실은 + 건물 뒤에

→ **There is** + 화장실은 + 건물 뒤에

→ **There is** + **a restroom** + 건물 뒤에

→ **There is** + **a restroom** + **behind the building.**

17B. 화장실은 건물 뒤에 있니?

→ 있니 + 화장실은 + 건물 뒤에?

→ Is + **there** + 화장실은 + 건물 뒤에?

→ Is + **there** + **a restroom** + 건물 뒤에?

→ Is + **there** + **a restroom** + **behind the building?**

18A. 신문이 문 앞에 있다.

→ **There** be + 신문이 + 문 앞에

→ **There** is + 신문이 + 문 앞에

→ **There** is + a newspaper + 문 앞에

→ **There** is + a newspaper + **in front of the door.**

18B. 신문이 문 앞에 있니?

→ 있니 + 신문이 + 문 앞에?

→ **Is** + **there** + 신문이 + 문 앞에?

→ **Is** + **there** + a newspaper + 문 앞에?

→ **Is** + **there** + a newspaper + **in front of the door?**

19A. 택시가 호텔 앞에 있다.

→ **There** be + 택시가 + 호텔 앞에

→ **There** is + 택시가 + 호텔 앞에

→ **There** is + a taxi + 호텔 앞에

→ **There** is + a taxi + **in front of the hotel.**

19B. 택시가 호텔 앞에 있니?

→ 있니 + 택시가 + 호텔 앞에?

→ **Is** + **there** + 택시가 + 호텔 앞에?

→ **Is** + **there** + a taxi + 호텔 앞에?

→ **Is** + **there** + a taxi + **in front of the hotel?**

20A. 꽃병이 TV 앞에 있다.

→ **There** be + 꽃병이 + TV 앞에

→ **There** is + 꽃병이 + TV 앞에

→ **There** is + a vase + TV 앞에

→ **There** is + a vase + **in front of the TV**

20B. 꽃병이 TV 앞에 있니?

→ 있니 + 꽃병이 + TV 앞에?

→ Is + there + 꽃병이 + TV 앞에?

→ Is + there + a vase + TV 앞에?

→ Is + there + a vase + in front of the TV?

21A. 전자레인지가 냉장고 옆에 있다.

→ **There** be + 전자레인지가 + 냉장고 옆에

→ **There** is + 전자레인지가 + 냉장고 옆에

→ **There** is + a microwave + 냉장고 옆에

→ **There** is + a microwave + **next to the refrigerator.**

21B. 전자레인지가 냉장고 옆에 있니?

→ 있니 + 전자레인지가 + 냉장고 옆에?

→ Is + **there** + 전자레인지가 + 냉장고 옆에?

→ Is + **there** + a microwave + 냉장고 옆에?

→ Is + **there** + a microwave + **next to the refrigerator?**

22A. 커피숍이 식당 옆에 있다.

→ **There** be + 커피숍이 + 식당 옆에

→ **There** is + 커피숍이 + 식당 옆에

→ **There** is + a coffee shop + 식당 옆에

→ **There** is + a coffee shop
  + **next to the restaurant.**

22B. 커피숍이 식당 옆에 있니?

→ 있니 + 커피숍이 + 식당 옆에?

→ Is + there + 커피숍이 + 식당 옆에?

→ Is + there + a coffee shop + 식당 옆에?

→ Is + there + a coffee shop + next to the restaurant?

23A. 지하철역이 아이스크림 가게 옆에 있다.

→ There be + 지하철역이 + 아이스크림 가게 옆에

→ There is + 지하철역이 + 아이스크림 가게 옆에

→ There is + a subway station + 아이스크림 가게 옆에

→ There is + a subway station + next to the ice cream shop.

23B. 지하철역이 아이스크림 가게 옆에 있니?

→ 있니 + 지하철역이 + 아이스크림 가게 옆에?

→ Is + there + 지하철역이 + 아이스크림 가게 옆에?

→ Is + there + a subway station + 아이스크림 가게 옆에?

→ Is + there + a subway station + next to the icecream shop?

24A. 액자가 거울 맞은편에 있다.

→ There be + 액자가 + 거울 맞은편에

→ There is + 액자가 + 거울 맞은편에

→ There is + a frame + 거울 맞은편에

→ There is + a frame + across from the mirror.

24B. 액자가 거울 맞은편에 있니?

→ 있니 + 액자가 + 거울 맞은편에?

→ Is + **there** + 액자가 + 거울 맞은편에?

→ Is + **there** + a frame + 거울 맞은편에?

→ Is + **there** + a frame + **across from the mirror?**

25A. 서점이 도서관 맞은편에 있다.

→ **There** be + 서점이 + 도서관 맞은편에

→ **There** is + 서점이 + 도서관 맞은편에

→ **There** is + a bookstore + 도서관 맞은편에

→ **There** is + a bookstore + **across from the library.**

25B. 서점이 도서관 맞은편에 있니?

→ 있니 + 서점이 + 도서관 맞은편에?

→ Is + **there** + 서점이 + 도서관 맞은편에?

→ Is + **there** + a bookstore + 도서관 맞은편에?

→ Is + **there** + a bookstore + **across from the library?**

26A. 사무실이 편의점 맞은편에 있다.

→ **There** be + 사무실이 + 편의점 맞은편에

→ **There** is + 사무실이 + 편의점 맞은편에

→ **There** is + an office + 편의점 맞은편에

→ **There** is + an office + **across from the convenience store**.

26B. 사무실이 편의점 맞은편에 있니?

→ 있니 + 사무실이 + 편의점 맞은편에?

→ **Is** + **there** + 사무실이 + 편의점 맞은편에?

→ **Is** + **there** + an office + 편의점 맞은편에?

→ **Is** + **there** + an office + **across from the convenience store?**

There is no place more delightful than home.

집보다 더 좋은 곳은 없다.

키케로 Marcus Tullius Cicero

고대 로마의 철학자이자 정치가였던 키케로가 남긴 말입니다. 문장 구조는 쉽죠? There is a place라고 하면 어떠한 장소가 있다는 뜻인데 There is no place는 그 반대입니다. 뒤에 more delightful than home이라는 말은 집(home) 보다(than) 더(more) 기분 좋은/마음에 드는(delightful) 곳은 없다는 문장입니다. 그때나 지금이나 집만 한 곳은 없다. 집 나가면 고생이다. 이건 마찬가지인가 봅니다.

There is nothing in this world constant, but inconstancy.

조너선 스위프트 Jonathan Swift

걸리버 여행기로 유명한 조너선 스위프트는 참으로 문장력이 좋은 것 같습니다. There is nothing이라는 말은 그냥 아무것도 없다 정도로 이해하시면 되는데 There is nothing in this world니까 이 세상에 아무 것도 없다는 말이죠? 그 뒤에 붙은 constant는 여러 뜻이 있지만 그중에 '변함없는'이라는 뜻도 있습니다. 즉 There is nothing in this world constant라고 하면 이 세상에 변함없는 것은 없다. 그리고 뒤에 but이 나와서 앞

내용과 반대로 들어가죠? inconstancy는 굳이 번역하자면 '변하기 쉬움'입니다. 여기서는 앞에서 나온 constant와 대비하여 '변하는 것, 변함'이라고 해석하면 좋을 듯합니다. 그래서 이 문장은

이 세상에 정해진/변함없는 것은 없고 정해지지 않은/변하는 것만 있다.

정도의 뜻으로 볼 수 있겠죠? 사실 그런 것 같습니다. 세상 만물은 시시각각 변하는데 우리는 '현재'라는 것이 있다고 믿죠. 엄밀히 따지면 현재라는 것은 없다고 봅니다. 제가 바로 윗줄을 쓰던 때도 지금은 과거가 되었으니까요. 시간을 소중히 여겨야겠습니다.

#7
무엇은 + 이다 + 무엇/
어떤 속성/상태

'사람' 편에서 **My father is a police officer.** '우리 아버지는 경찰이다.'와
My father is serious. '아버지께서는 진지하시다.' 같은 문장을 만들어 보
았던 것 기억나시죠? 이 표현 방식들을 그대로 '사물' 묘사에 적용해 봅니
다.

1. 스마트폰은 기계이다.
→ 스마트폰은 + 이다 + 기계
→ A smartphone + 이다 + 기계
→ A smartphone + is + 기계
→ A smartphone + is + a machine.

2. 스마트폰은 유용하다.
→ 스마트폰은 + 이다 + 유용한
→ A smartphone + 이다 + 유용한
→ A smartphone + is + 유용한
→ A smartphone + is + useful.

1번 문장

A smartphone is a machine.

스마트폰은 기계이다.

처럼 무엇의 '정체'를 밝히기 위해 be동사 뒤에 '명사'를 쓰는 경우가 있고

2번 문장

A smartphone is useful.

스마트폰은 유용하다.

처럼 무엇의 '성격, 속성'을 밝히기 위해 be동사 뒤에 '형용사'를 쓰는 경우가 있습니다.

현재 저는 데스크톱 컴퓨터로 이 책을 쓰고 있는데요. 이제부터 나올 예문들을 만들었을 때는 부모님 댁에서 노트북 컴퓨터로 작업을 했습니다. 당시 어머니께서 '우리 주변 가장 가까운 것들부터 하나씩 묘사해보자.'고 제안하셔서 만들게 된 문장들입니다.

1. 내 노트북 컴퓨터는 도구이다.
→ 내 노트북 컴퓨터는 + 이다 + 도구
→ My laptop + 이다 + 도구
→ My laptop + is + 도구
→ My laptop + is + a tool.

우리가 노트북 컴퓨터라고 부르는 것을 영어로는 보통 laptop이라고 합니다. lap은 우리 몸에서 허벅지 부분을 의미하는데요. 여기 위에 올려놓고 쓴다고 해서 lap의 top(위)이라는 뜻으로 1980년대부터 laptop computer라

는 단어를 사용하기 시작했습니다. 책상 위에 올려놓고 쓰는 컴퓨터는 **desktop**이라고 합니다. 책상(**desk**) 위에(**top**) 놓고 쓰는 컴퓨터니 당연하죠?

컴퓨터를 흔히 **PC**라고도 많이 부르는데요. 이것은 **personal computer**의 약자입니다. 1940년대, 컴퓨터라는 것이 처음 개발되었을 때는 이런 단어가 없었습니다. 컴퓨터란 천문학적 계산을 필요로 하는 기술 분야와 군사 분야에서만 쓰는 기계였습니다. 크기도 엄청나서 방 하나를 꽉 채울 정도였죠. 그 뒤로 기술이 점점 발전하면서 개개인이 하나의 컴퓨터를 쓰는 시대가 도래했고 1970년에 들어와서는 **personal computer**라는 단어가 만들어졌습니다.

2. 내 노트북 컴퓨터는 비싸다.
→ 내 노트북 컴퓨터는 + (~한 존재)이다 + 비싼
→ **My laptop** + (~한 존재)이다 + 비싼
→ **My laptop** + **is** + 비싼
→ **My laptop** + **is** + **expensive**.

혹시 여기서 한발 더 나아가 '내 노트북 컴퓨터는 비싼 도구이다.'라는 말을 하려면 어떻게 해야 할까요? 이럴 때는 **be**동사 뒤에 형용사, 명사를 순서대로 써주시면 됩니다. '비싼 + 도구' 이런 식으로요.

3. 내 노트북 컴퓨터는 비싼 도구이다.
→ 내 노트북 컴퓨터는 + 이다 + 비싼 도구
→ **My laptop** + 이다 + 비싼 도구
→ **My laptop** + **is** + 비싼 도구
→ **My laptop** + **is** + **an expensive tool**.

여기에서 **a/an** 즉, '관사'의 위치를 놓고 많은 분들께서 고민을 하십니다. 저희 어머니께서도 마찬가지셨죠. 원래 **a tool**이었는데 **expensive**가 들어오면서 이게 앞으로 튀어 나가는 것이 의아했던 모양입니다. 그때까지 저는 사실 아무 생각 없이 쓰고 있었는데 어머니 반응을 보고 처음으로 '진짜 왜 그렇지?'라는 생각을 해보았습니다.

사실 **a/an/the** 같은 '관사'도 크게 보자면 '형용사'입니다. **a tool**은 그냥 **tool**이 아닌 '하나의 도구, 어떤 도구'이고 **the tool**은 그냥 **tool**이 아닌 '말을 하는 사람과 듣는 사람이 서로 알고 있는 그 특정한 도구'입니다. 그래서

expensive tool 비싼 도구

앞에 **an**을 붙여서

an expensive tool

어떤/한 비싼 도구

이렇게 해주면 **expensive tool** 중에 '어떤/한 **expensive tool**'이다. 이렇게 밝혀주는 것이 됩니다. 그러니 당연히 **an** + **expensive tool**이라고 써주어야 맞죠. **a cute baby**라는 말을 생각해 보셔도 마찬가지입니다. **cute baby**는 세상에 많습니다. (귀엽지 않은 아기가 있을까요? 사실 모든 아기들은 사랑스럽죠.) 그중 '어떤/한 귀여운 아기'라는 의미가 **a cute baby**라고 보시면 됩니다.

지금부터는 〈무엇은 + 이다 + 무엇〉에 해당하는 문장을 하나 만들고 〈무엇은 + 이다 + 어떤 속성/상태〉에 해당하는 문장을 하나 만든 후 두 문장을 합치는 연습을 해보겠습니다.

1. 이 휴대폰은 제품이다.

→ 이 휴대폰은 + 이다 + 제품

→ This cellphone + 이다 + 제품

→ This cellphone + is + 제품

→ This cellphone + is + a product.

2. 이 휴대폰은 새롭다.

→ 이 휴대폰은 + 이다 + 새로운

→ This cellphone + 이다 + 새로운

→ This cellphone + is + 새로운

→ This cellphone + is + new.

3. 이 휴대폰은 새로운 제품이다.

→ 이 휴대폰은 + 이다 + 새로운 제품

→ This cellphone + 이다 + 새로운 제품

→ This cellphone + is + 새로운 제품

→ This cellphone + is + a new product.

4. 저 책은 소설이다.

→ 저 책은 + 이다 + 소설

→ That book + 이다 + 소설

→ That book + is + 소설

→ That book + is + a novel.

5. 저 책은 훌륭하다.

→ 저 책은 + 이다 + 훌륭한

→ That book + 이다 + 훌륭한

→ That book + is + 훌륭한

→ That book + is + great.

6. 저 책은 훌륭한 소설이다.

→ 저 책은 + 이다 + 훌륭한 소설

→ **That book** + 이다 + 훌륭한 소설

→ **That book** + **is** + 훌륭한 소설

→ **That book** + **is** + **a great novel**.

7. 이 쿠키들은 음식이다.

→ 이 쿠키들은 + 이다 + 음식

→ **These cookies** + 이다 + 음식

→ **These cookies** + **are** + 음식

→ **These cookies** + **are** + **food**.

8. 이 쿠키들은 맛있다.

→ 이 쿠키들은 + 이다 + 맛있는

→ **These cookies** + 이다 + 맛있는

→ **These cookies** + **are** + 맛있는

→ **These cookies** + **are** + **delicious**.

9. 이 쿠키들은 맛있는 음식이다.

→ 이 쿠키들은 + 이다 + 맛있는 음식

→ **These cookies** + 이다 + 맛있는 음식

→ **These cookies** + **are** + 맛있는 음식

→ **These cookies** + **are** + **delicious food**.

10. 그 과일들은 식재료들이다.

→ 그 과일들은 + 이다 + 식재료들

→ **Those fruits** + 이다 + 식재료들

→ **Those fruits** + **are** + 식재료들

→ **Those fruits** + **are** + **ingredients**.

11. 그 과일들은 탁월하다.

→ 그 과일들은 + 이다 + 탁월한

→ Those fruits + 이다 + 탁월한

→ Those fruits + are + 탁월한

→ Those fruits + are + excellent.

12. 그 과일들은 탁월한 식재료들이다.

→ 그 과일들은 + 이다 + 탁월한 식재료들

→ Those fruits + 이다 + 탁월한 식재료들

→ Those fruits + are + 탁월한 식재료들

→ Those fruits + are + excellent ingredients.

지금까지 보신 문장들에는 모두 this, that, these, those… 라는 단어들이 들어있죠?

각각에 대해서 간단히 설명을 드리도록 하겠습니다.

this는 '이, 이것'이라는 뜻을 가지고 있습니다.
that은 '그, 그것'이라는 뜻을 가지고 있습니다.
these는 '이, 이것들'이라는 뜻을 가지고 있습니다.
those는 '그, 그것들'이라는 뜻을 가지고 있습니다.

자, 그렇다면

This is good.
이 문장은 어떻게 해석할까요?

1. 이 + 이다 + 좋은

2. 이것은 + 이다 + 좋은

당연히 2번이겠죠? 그래서 **This is good.**은 '이것은 좋다.'입니다.

This food is good.
이 문장을 해석하면 어떻게 될까요?

1. 이것 + 음식 + 이다 + 좋은
2. 이 + 음식은 + 이다 + 좋은

당연히 2번이겠죠? 그래서 **This food is good.**은 '이 음식은 좋다.'입니다.

마찬가지로

That is good. 그것은 좋다.
That book is good. 그 책은 좋다.

These are good. 이것들은 좋다.
These fruits are good. 이 과일들은 좋다.

Those are good. 그것들은 좋다.
Those shoes are good. 그 신발들은 좋다.

이렇게 각각 적절한 의미로 해석하실 수 있습니다. **this**가 '이'이냐 '이것'이냐를 문장 속에서 파악하는 것은 결국 상식의 문제입니다. 이것을 문법적으로 보면 **this/that/these/those** 등은 '지시대명사' 또는 '지시형용사'라고 불립니다. '이것, 그것, 저것…' 등으로 해석할 때는 어떤 명사의 실제 이름을 대신해서 쓰기 때문에 그것을 가리키는 '지시' + 대신하는 명사 '대명사' 그래서 '지시대명사'라고 합니다.

누군가가 자신의 바로 앞에 있는 과자를 손가락으로 가리키며

This is delicious!
이거 맛있다!

라고 한다면 **this**는 곧 '이 과자'를 의미하겠죠? 군이 '과자'라는 명사를 쓰지 않고도 그것을 '지시'하면서 '과자'라는 '명사'를 '대'신하기 때문에 '지시 대명사'입니다.

그런데 만약 이 사람이

This cookie is delicious!
이 과자 맛있다!

라고 한다면 **this**는 cookie(과자)라는 '명사'를 지시하면서 '어떤' 과자인지 밝혀주는 역할을 하죠? 그래서 '과자'라는 명사를 '지시'하면서 '어떤' 과자인지 밝혀주는 '형용사' 역할을 하기 때문에 '지시 형용사'입니다.

제가 군이 이렇게 문법 용어를 풀어본 이유는 앞으로 영어공부를 하면서 많은 책에서 마주칠 것을 알기 때문입니다. 그때마다 또 용어 때문에 좌절하지 않도록 최대한 용어도 이해할 수 있도록 도와드리려고 합니다.

그러나 저는 이런 용어 자체보다는 원리를 이해하는 것이 훨씬 중요하다고 생각합니다. 말은 항상 흐름 안에서 보아야 합니다. 우리가 영문학자가 되거나 언어학을 공부할 게 아니라면 어려운 용어를 억지로 외우는 것보다는 지금처럼 자연스럽게 원리를 배우는 것이 훨씬 낫습니다. 말이 생기고 문법이라는 게 생겨난 것이지 문법이 생기고 말이 생겨난 것은 아니거든요. 혹시 용어가 잘 이해되지 않아도 원리를 배우는 데는 크게 지장이 없습니다. 걱정하지 마세요. 그리고 스스로를 탓하지 마세요. 저는 여러분들을 믿습니다.

QUIZ

1 이 휴대폰은 제품이다.
(a product / is / this cellphone)

_____

2 이 휴대폰은 새롭다.
(new / this cellphone / is)

_____

3 이 휴대폰은 새로운 제품이다.
(is / cellphone / product / this / new / a)

_____

4 저 책은 소설이다.
(a novel / that book / is)

_____

5 저 책은 훌륭하다.
(great / is / that book)

_____

6 저 책은 훌륭한 소설이다.
(novel / book / great / is / a / that)

_____

7 이 쿠키들은 음식이다.
(are / these cookies / food)

_____

8 이 쿠키들은 맛있다.
(delicious / cookies / are / these)

_____

9 이 쿠키들은 맛있는 음식이다.
(food / these / delicious / are / cookies)

_____

10 그 과일들은 식재료들이다.
(ingredients / are / those fruits)

_____

⑪ 그 과일들은 탁월하다.
(are / those fruits / excellent)

_____

⑫ 그 과일들은 탁월한 식재료들이다.
(fruits / ingredients / those / excellent / are)

_____

정답

1. This cellphone is a product.
2. This cellphone is new.
3. This cellphone is a new product.
4. That book is a novel.
5. That book is great.
6. That book is a great novel.
7. These cookies are food.
8. These cookies are delicious.
9. These cookies are delicious food.
10. Those fruits are ingredients.
11. Those fruits are excellent.
12. Those fruits are excellent ingredients.

우리가 '사람' 편에서

I am pleased.

나는 기쁘다.

(I에게 ← **please**가 오는 느낌)

He is tired.

그는 피곤하다.

(**He**에게 ← **tire**가 오는 느낌)

이런 걸 해봤던 기억이 나시죠?

이번 장에서는 한발 더 나아가 무언가가 그런 기운을 '뿜어내는' 것을 표현해 보겠습니다.

That book interests me.

그 책은 나를 흥미롭게 한다.

(book이 interest를 → me에게 보내는 느낌)

I am interested.

나는 흥미롭다.

(I에게 ← interest가 오는 느낌)

여기까지는 알겠는데,

'그 책이 흥미롭다.'는 말은 영어로 어떻게 할까요?

강의보기

여기서 잠시 집중! 우리말은 '흥미롭다, 무섭다' 등의 '어떤 상태이다'라는 표현이 종종 중의적인 뜻을 갖습니다. 예를 들어 여러분께서 밤에 길을 걷다가 뭔가 귀신처럼 생긴 걸 봤다고 상상해 보세요. 그때 '으악! 무서워!'라고 소리를 지를 수 있잖아요? 그런데 여기서 '무서워'는 '내가 무서운 감정을 느낀다'는 뜻입니다.

반면 여러분께서 영화를 한편 보러 가셨다고 생각해 봅시다. 그런데 영화가 정말 공포스럽습니다. 눈을 질끈 감기를 여러 번! 그렇게 간신히 영화를 다 보고 나오셨는데 친구에게서 전화가 옵니다. 그리고 '그 영화 어떠니?'라고 묻죠. 여러분께서는 이렇게 대답합니다.

'야, 영화 너무 무서워.'

가만히 생각해 보면 여기서 '무서워!'라는 말은 '그 영화는 무서운 느낌을 준다.'라는 뜻입니다.

제가 왜 우리말 표현이 중의적이라 했는지 이해가시죠?

나 지금 너무 무서워.
그 영화 너무 무서워.

같은 '무서워'이지만 사실 다른 뜻이죠? 우리말은 그 차이를 굳이 말로 구분하지 않고 맥락으로 파악하는 언어입니다. 그런데 영어는 이 두 가지 경우를 전혀 다른 식으로 표현합니다.

이 책은 흥미롭다.

이 말을 들었을 때 그 누구도 '아, 그 책이 흥미로운 감정을 느끼는구나.'라고 생각하지 않습니다. 당연히 그 책은 흥미로운 내용을 담고 있다고 이해하죠.

그러면 이걸 영어로 어떻게 표현해야 할까요?

That book 그 책은 + **is** 이다 + 흥미로운

여기서 문제는 마지막 '흥미로운'이 '그런 감정을 느끼는'의 뜻이 아니라 '그런 느낌, 분위기를 뿜어내는' 것이기 때문에 이때는

That book is interesting.

그 책은 흥미롭다.

(**book**이 **interest**를 뿜어내는 **-ing** 느낌)

이렇게 표현합니다. 그 책을 읽은 나의 감정은 어떨까요?

I am interested.

나는 흥미롭다.

(**I**에게 ← **interest** 가 오는 느낌)

정확히 구분이 되시죠?

amaze(~를 놀라게 하다)라는 동사를 가지고 세 가지 문장을 만들어 보겠습니다.

These cookies amaze me.
I am amazed.
These cookies are amazing.

이 문장들의 뜻을 각각 써보면

These cookies amaze me.

이 쿠키들은 나를 놀라게 한다.

(**cookies**가 **amaze**를 → **me**에게 보내는 느낌)

I am amazed.

나는 놀랐다.

(I에게 ← amaze가 오는 느낌)

These cookies are amazing.

이 쿠키들은 놀랍다.

(**cookies**가 **amaze**를 뿜어내는 –ing 느낌)

이것이 영어 원어민들의 사고입니다. 이 부분은 대부분의 문법서에 '감정 동사의 능동과 수동'이라고 정리되어 있습니다. 그 용어가 잘못된 것은 아닙니다. 그러나 그 용어 자체를 기억하는 것은 아무 의미가 없습니다. 이해하고 써먹을 수 있어야 합니다.

본격적인 연습을 위해서 '사람'편에서 다루었던 동사들을 다시 가져왔습니다.

please 기쁘게 하다

tire 피곤하게 하다

surprise 놀라게 하다

relieve 안심하게 하다

confuse 혼란스럽게 하다

shock 충격을 주다

excite 신나게 하다

bore 지루하게 하다

amuse 즐겁게 하나

disappoint 실망시키다

embarrass 당황시키다

please를 이용해서 세 가지 성격의 문장을 만들어 보겠습니다.

please ~를 기쁘게 하다

1. 이 책은 나를 기쁘게 한다.

→ 이 책은 + 기쁘게 한다 + 나를

→ This book + 기쁘게 한다 + 나를

→ This book + pleases + 나를

→ This book + pleases + me.

2. 나는 기쁘다. (나는 기쁜 상태이다.)

→ 나는 + (~한 상태)이다 + 기쁜

→ I + (~한 상태)이다 + 기쁜

→ I + am + 기쁜

→ I + am + pleased.

3. 이 책은 기쁨을 준다.

→ 이 책은 + 이다 + 기쁨을 뿜어내는

→ This book + 이다 + 기쁨을 뿜어내는

→ This book + is + 기쁨을 뿜어내는

→ This book + is + pleasing.

어떤가요? 이제 확실히 감이 잡히시죠? 이어서 나머지 동사들도 사용해 보겠습니다.

tire ~를 피곤하게 하다

1. 그 운동은 너를 피곤하게 한다.

→ 그 운동은 + 피곤하게 한다 + 너를

→ That exercise + 피곤하게 한다 + 너를

→ That exercise + tires + 너를

→ That exercise + tires + you.

2. 너는 피곤하다. (너는 피곤한 상태이다.)

→ 너는 + (~한 상태)이다 + 피곤한

→ You + (~한 상태)이다 + 피곤한

→ You + are + 피곤한

→ You + are + tired.

3. 그 운동은 피곤하다. (쉽게 말해 '힘들다'.)

→ 그 운동은 + 이다 + 피곤한 느낌을 뿜어내는

→ That exercise + 이다 + 피곤한 느낌을 뿜어내는

→ That exercise + is + 피곤한 느낌을 뿜어내는

→ That exercise + is + tiring.

surprise ~를 놀라게 하다

1. 이 기사들은 그를 놀라게 한다.

→ 이 기사들은 + 놀라게 한다 + 그를

→ These articles + 놀라게 한다 + 그를

→ These articles + surprise + 그를

→ These articles + surprise + him.

2. 그는 놀랐다. (놀란 상태이다.)

→ 그는 + (~한 상태)이다 + 놀란

→ He + (~한 상태)이다 + 놀란

→ He + is + 놀란

→ He + is + surprised.

3. 이 기사들은 놀랍다. (놀라운 느낌을 뿜어낸다.)

→ 이 기사들은 + 이다 + 놀라운 느낌을 뿜어내는

→ **These articles** + 이다 + 놀라운 느낌을 뿜어내는

→ **These articles** + **are** + 놀라운 느낌을 뿜어내는

→ **These articles** + **are** + **surprising**.

relieve ~를 안심시키다

1. 그 편지들은 그녀를 안심시킨다.

→ 그 편지들은 + 안심시킨다 + 그녀를

→ **Those letters** + 안심시킨다 + 그녀를

→ **Those letters** + **relieve** + 그녀를

→ **Those letters** + **relieve** + **her**.

2. 그녀는 안심했다. (안심한 상태이다.)

→ 그녀는 + (~한 상태)이다 + 안심한

→ **She** + (~한 상태)이다 + 안심한

→ **She** + **is** + 안심한

→ **She** + **is** + **relieved**.

3. 그 편지들은 안심이 된다. (안심시키는 느낌을 뿜어낸다.)

→ 그 편지들은 + 이다 + 안심시키는 느낌을 뿜어내는

→ **Those letters** + 이다 + 안심시키는 느낌을 뿜어내는

→ Those letters + are + 안심시키는 느낌을 뿜어내는

→ Those letters + are + relieving.

confuse ~를 혼란시키다

1. 이 뉴스는 우리를 혼란스럽게 한다.

→ 이 뉴스는 + 혼란스럽게 한다 + 우리를

→ This news + 혼란스럽게 한다 + 우리를

→ This news + confuses + 우리를

→ This news + confuses + us.

2. 우리는 혼란스럽다. (혼란스러운 상태이다.)

→ 우리는 + (~한 상태)이다 + 혼란스러운

→ We + (~한 상태)이다 + 혼란스러운

→ We + are + 혼란스러운

→ We + are + confused.

3. 이 뉴스는 혼란스럽다. (혼란스러운 느낌을 뿜어낸다.)

→ 이 뉴스는 + 이다 + 혼란스러운 느낌을 뿜어내는

→ This news + 이다 + 혼란스러운 느낌을 뿜어내는

→ This news + is + 혼란스러운 느낌을 뿜어내는

→ This news + is + confusing.

shock ~를 충격을 주다

1. 그 문제는 그들에게 충격을 준다.

→ 그 문제는 + 충격을 준다 + 그들에게

→ That issue + 충격을 준다 + 그들에게

→ That issue + shocks + 그들에게

→ That issue + shocks + them.

2. 그들은 충격을 받았다. (충격받은 상태이다.)

→ 그들은 + (~한 상태)이다 + 충격을 받은

→ They + (~한 상태)이다 + 충격을 받은

→ They + are + 충격을 받은

→ They + are + shocked.

3. 그 문제는 충격적이다. (충격을 주는 느낌을 뿜어낸다.)

→ 그 문제는 + 이다 + 충격을 주는 느낌을 뿜어내는

→ That issue + 이다 + 충격을 주는 느낌을 뿜어내는

→ That issue + is + 충격을 주는 느낌을 뿜어내는

→ That issue + is + shocking.

excite ~를 흥분시키다, 신나게 하다

1. 이 영화들은 나를 신나게 한다.

→ 이 영화들은 + 신나게 한다 + 나를

→ These movies + 신나게 한다 + 나를

→ These movies + excite + 나를

→ These movies + excite + me.

2. 나는 신났다. (신난 상태이다.)

→ 나는 + (~한 상태)이다 + 신난

→ I + (~한 상태)이다 + 신난

→ I + am + 신난

→ I + am + excited.

3. 이 영화들은 신난다. (신나는 느낌을 뿜어낸다.)

→ 이 영화들은 + 이다 + 신나는 느낌을 뿜어내는

→ These movies + 이다 + 신나는 느낌을 뿜어내는

→ These movies + are + 신나는 느낌을 뿜어내는

→ These movies + are + exciting.

bore ~를 지루하게 만들다

1. 그 이야기들은 너를 지루하게 한다.

→ 그 이야기들은 + 지루하게 한다 + 너를

→ **Those stories** + 지루하게 한다 + 너를

→ **Those stories** + **bore** + 너를

→ **Those stories** + **bore** + **you**.

2. 너는 지루하다. (지루하게 된 상태이다. 즉, 지루함을 느낀다.)

→ 너는 + (~한 상태)이다 + 지루한

→ **You** + (~한 상태)이다 + 지루한

→ **You** + **are** + 지루한

→ **You** + **are** + **bored**.

3. 그 이야기들은 지루하다. (지루한 느낌을 뿜어낸다.)

→ 그 이야기들은 + 이다 + 지루한 느낌을 뿜어내는

→ **Those stories** + 이다 + 지루한 느낌을 뿜어내는

→ **Those stories** + **are** + 지루한 느낌을 뿜어내는

→ **Those stories** + **are** + **boring**.

amuse ~를 즐겁게 하다

1. 이 공연은 그를 즐겁게 한다.

→ 이 공연은 + 즐겁게 한다 + 그를

→ **This performance** + 즐겁게 한다 + 그를

→ **This performance** + **amuses** + 그를

→ **This performance** + **amuses** + **him**.

2. 그는 즐겁다. (즐거운 상태이다.)

→ 그는 + (~한 상태)이다 + 즐거운

→ **He** + (~한 상태)이다 + 즐거운

→ **He** + **is** + 즐거운

→ **He** + **is** + **amused**.

3. 이 공연은 즐거움을 준다. (즐겁게 하는 느낌을 뿜어낸다.)

→ 이 공연은 + 이다 + 즐겁게 하는 느낌을 뿜어내는

→ **This performance** + 이다 + 즐겁게 하는 느낌을 뿜어내는

→ **This performance** + **is** + 즐겁게 하는 느낌을 뿜어내는

→ **This performance** + **is** + **amusing**.

disappoint ~를 실망시키다

1. 그 보고서는 그녀를 실망시킨다.

→ 그 보고서는 + 실망시킨다 + 그녀를

→ **That report** + 실망시킨다 + 그녀를

→ **That report** + **disappoints** + 그녀를

→ **That report** + **disappoints** + **her**.

2. 그녀는 실망했다. (실망한 상태이다.)

→ 그녀는 + (~한 상태)이다 + 실망한

→ She + (~한 상태)이다 + 실망한

→ She + is + 실망한

→ She + is + disappointed.

3. 그 보고서는 실망스럽다. (실망스러운 느낌을 뿜어낸다.)

→ 그 보고서는 + 이다 + 실망스러운 느낌을 뿜어내는

→ That report + 이다 + 실망스러운 느낌을 뿜어내는

→ That report + is + 실망스러운 느낌을 뿜어내는

→ That report + is + disappointing.

embarrass ~를 당황하게 만들다

1. 이 결과들은 우리를 당황하게 만든다.

→ 이 결과들은 + 당황하게 만든다 + 우리를

→ These results + 당황하게 만든다 + 우리를

→ These results + embarrass + 우리를

→ These results + embarrass + us.

2. 우리는 당황했다.

→ 우리는 + (~한 상태)이다 + 당황한

→ We + (~한 상태)이다 + 당황한

→ We + are + 당황한

→ We + are + embarrassed.

3. 이 결과들은 당황스럽다. (당황스럽게 하는 느낌을 뿜어낸다.)
→ 이 결과들은 + 이다 + 당황스럽게 하는 느낌을 뿜어내는
→ These results + 이다 + 당황스럽게 하는 느낌을 뿜어내는
→ These results + are + 당황스럽게 하는 느낌을 뿜어내는
→ These results + are + embarrassing.

어떻습니까? 저는 속이 시원합니다! 이래서 하나를 알더라도 제대로 알아야 한다는 말이 있는 것 같습니다. 공부를 계속하다 보면 새로운 단어들을 계속 만나게 되는데요, 이때 습득을 잘 해야 합니다.

여러분께서 어느 날 **fascinate**라는 단어를 보았다고 가정해 봅시다. 사전에서 이 단어를 찾아보면 다음과 같은 우리말 뜻이 나올 것입니다.

fascinate (동사) 마음을 사로잡다. 매혹[매료]하다

이 뜻을 보고 우리는 단어의 제대로 된 그림을 잡아야 합니다. **fascinate**은 아마도 '~를 매료하고, ~의 마음을 사로잡는' 그림을 가진 것 같습니다. 그렇다면 예문도 찾아봐야 합니다.

Art always fascinates me.

예술은 항상 나의 마음을 사로잡는다.

제가 본 예문 중에서는 이 문장이 기억에 남는군요. 우리가 이해한 뜻이 맞죠? art가 me에게 fascinate을 보내는 느낌입니다.

그럼 지금까지 연습했던 대로 세 가지 성격의 문장을 생각해봅시다.

어느 날 미술관에 가서 그림을 보는데 마침 반 고흐의 그림이 있네요. 실제로 보니 정말 사람이 빨려 들어갈 것 같습니다. 이런 그림은 나를 매료시키고 내 마음을 사로잡죠. 이때 이런 말을 해볼 수 있습니다.

This painting fascinates me.

이 그림이 나를 매료시킨다.

그러고 나서 옆을 봤는데 멍하게 그림을 쳐다보고 있는 사람이 눈에 띕니다. 나와 똑같은 감정을 느끼는 것 같네요. 이때 이렇게 물어볼까요?

Are you fascinated?

매료되셨나요?

그러자 그분께서 말씀하시는군요.

Yes, I am fascinated!

네, 저는 매료되었습니다!

그리고 이런 말을 덧붙입니다.

Because this painting is fascinating!

왜냐하면 이 그림이 매력적이니까요!

한 단어를 제대로 안다는 것은 바로 이런 겁니다. 그 단어를 어떤 맥락에서 어떻게 써야 할지 내가 파악하고 있다는 말이죠. 그러면 그 한 단어는 수없이 많은 문장을 만들어 내는 무기가 됩니다.

여러분께서 저와 함께 지금까지 연습하신 영어 문장들은 아주 쉽지는 않습니다. 사실 영어권에 있는 유학생들도 초반에는 이 문장들을 이해하기 힘들어합니다. 저희가 지금 매우 효과적으로 공부해서 빨리 이해가 간 것이지 한국인에게 이해하기 편한 표현방식들은 분명히 아닙니다.

실제로 '나 지루해.'라는 표현을 I am boring.이라고 하는 경우도 꽤 많습니다. 저도 처음 영어를 배울 때 그랬고요. I am boring.이라는 말은 나는 지루한 느낌을 뿜어내는 사람이라는 뜻이 됩니다.

'너 실망했구나.'라는 말을 한답시고 You are disappointing.이라고 한 적도 많습니다. 이 문장은 '실망스러운 느낌을 뿜어내는 녀석'이라는 비난에 가깝습니다.

그러나 그런 실수를 하지 않았다면 저는 여기서 여러분께 이런 설명을 드릴 수 없었을 것입니다. 그래서 실수는 아름답습니다. 여러분도 같은 마음이었으면 합니다.

1. 이 책은 나를 기쁘게 한다
(me / this book / pleases)

_____

2. 나는 기쁘다. (나는 기쁜 상태이다.)
(am / pleased / I)

_____

3. 이 책은 기쁨을 준다.
(is / this book / pleasing)

_____

4. 그 운동은 너를 피곤하게 한다.
(you / that exercise / tires)

_____

5. 너는 피곤하다. (너는 피곤한 상태이다.)
(are / tired / you)

_____

6. 그 운동은 피곤하다. (쉽게 말해 '힘들다'.)
(is / that exercise / tiring)

_____

7. 이 기사들은 그를 놀라게 한다.
(him / surprise / these articles)

_____

8. 그는 놀랐다. (놀란 상태이다.)
(is / surprised / he)

_____

9. 이 기사들은 놀랍다. (놀라운 느낌을 뿜어낸다.)
(are / surprising / these articles)

_____

10. 그 편지들은 그녀를 시킨다.
(her / those letters / relieve)

_____

⑪ 그녀는 안심했다. (안심한 상태이다.)
(is / relieved / she)

_____

⑫ 그 편지들은 안심이 된다. (안심시키는 느낌을 뿜어낸다.)
(are / those letters / relieving)

_____

⑬ 이 뉴스는 우리를 혼란스럽게 한다.
(us / this news / confuses)

_____

⑭ 우리는 혼란스럽다. (혼란스러운 상태이다.)
(we / confused / are)

_____

⑮ 이 뉴스는 혼란스럽다. (혼란스러운 느낌을 뿜어낸다.)
(is / confusing / this news)

_____

⑯ 그 문제는 그들에게 충격을 준다.
(them / that issue / shocks)

_____

⑰ 그들은 충격을 받았다. (충격 받은 상태이다.)
(are / shocked / they)

_____

⑱ 그 문제는 충격적이다. (충격을 주는 느낌을 뿜어낸다.)
(is / shocking / that issue)

_____

⑲ 이 영화들은 나를 신나게 한다.
(me / excite / these movies)

_____

⑳ 나는 신났다. (신난 상태이다.)
(am / I / excited)

_____

21 이 영화들은 신난다. (신나는 느낌을 뿜어낸다.)
(are / exciting / these movies)

_____

22 그 이야기들은 너를 지루하게 한다.
(bore / those stories / you)

_____

23 너는 지루하다. (지루하게 된 상태이다. 즉, 지루함을 느낀다.)
(are / you / bored)

_____

24 그 이야기들은 지루하다. (지루한 느낌을 뿜어낸다.)
(those stories / boring / are)

_____

25 이 공연은 그를 즐겁게 한다.
(amuses / this performance / him)

_____

26 그는 즐겁다. (즐거운 상태이다.)
(is / amused / he)

_____

27 이 공연은 즐거움을 준다. (즐겁게 하는 느낌을 뿜어낸다.)
(is / amusing / this performance)

_____

28 그 보고서는 그녀를 실망시킨다.
(her / disappoints / that report)

_____

29 그녀는 실망했다. (실망한 상태이다.)
(is / disappointed / she)

_____

30 그 보고서는 실망스럽다. (실망스러운 느낌을 뿜어낸다.)
(that report / disappointing / is)

_____

31 이 결과들은 우리를 당황하게 만든다.
(us / embarrass / these results)

_____

32 우리는 당황했다.
(are / we / embarrassed)

_____

33 이 결과들은 당황스럽다. (당황스럽게 하는 느낌을 뿜어낸다.)
(embarrassing / these results / are)

_____

정답

1. This book pleases me.
2. I am pleased.
3. This book is pleasing.
4. That exercise tires you.
5. You are tired.
6. That exercise is tiring.
7. These articles surprise him.
8. He is surprised.
9. These articles are surprising.
10. Those letters relieve her.
11. She is relieved.
12. Those letters are relieving.
13. This news confuses us.
14. We are confused.
15. This news is confusing.
16. That issue shocks them.
17. They are shocked.
18. That issue is shocking.
19. These movies excite me.
20. I am excited.
21. These movies are exciting.
22. Those stories bore you.
23. You are bored.
24. Those stories are boring.
25. This performance amuses him.
26. He is amused.
27. This performance is amusing.
28. That report disappoints her.
29. She is disappointed.
30. That report is disappointing.
31. These results embarrass us.
32. We are embarrassed.
33. These results are embarrassing.

Nature is the best physician.
자연이 가장 좋은 의사이다.

현대인들은 자연과 매우 멀어져 생활하고 있습니다. 그러다 보니 이런저런 질병이 많은데요. 자연이 가장 좋은 의사라는 말이 그래서 더 와 닿습니다. physician은 의사, 내과의사를 의미하는데 그냥 doctor라고 해도 됩니다.

The pen is mightier than the sword.
펜은 칼보다 강하다.

정말 유명한 말이죠? 해당 문장은 영국의 작가 에드워드 불워 리턴(Edward Bulwer Lytton)이 1839년에 발표한 역사극 《리슐리외 또는 모략》(Richelieu; Or the Conspiracy)에서 처음 나왔다고 합니다. might는 조동사로 쓰는 경우 외에도 power, strength 즉, '힘'이라는 명사로 쓰기도 합니다. 여기서 mighty라는 형용사가 나왔는데요 '강력한, 힘센'이라는 뜻을 갖습니다. 그래서 mightier는 '더 강력한, 더 힘센' 정도의 뜻이라고 보실 수 있습니다.

The pen 펜은 + is 이다 + mightier than ~보다 더 강력한 힘센 (존재)

+ the sword 칼

이 위대한 문장은 바로 이런 구조로 이루어져 있습니다.

이제 지금까지 나온 문장들을 모두 '질문'으로 바꾸어 보겠습니다. 이쯤 되면 모두 아시겠지만 제가 한번 더 반복하겠습니다. be동사가 있는 문장을 질문으로 바꿀 때는 〈주어 + be동사〉를 〈be동사 + 주어〉 형태로 순서만 바꿔주면 됩니다.

1. 내 노트북 컴퓨터는 도구이다.
→ My laptop + is + a tool.
→ Is + my laptop + a tool? 내 노트북 컴퓨터는 도구이니?

2. 내 노트북 컴퓨터는 비싸다.
→ My laptop + is + expensive.
→ Is + my laptop + expensive? 내 노트북 컴퓨터는 비싸니?

3. 내 노트북 컴퓨터는 비싼 도구이다.
→ My laptop + is + an expensive tool.
→ Is + my laptop + an expensive tool? 내 노트북 컴퓨터는 비싼 도구이니?

4. 이 휴대폰은 제품이다.
→ This cellphone + is + a product.
→ Is + this cellphone + a product? 이 휴대폰은 제품이니?

5. 이 휴대폰은 새롭다/새로운 것이다.
→ This cellphone + is + new.
→ Is + this cellphone + new? 이 휴대폰은 새롭니/새로운 것이니?

6. 이 휴대폰은 새로운 제품이다.
→ This cellphone + is + a new product.
→ Is + this cellphone + a new product? 이 휴대폰은 새로운 제품이니?

7. 저 책은 소설이다.

→ That book + is + **a novel**.

→ Is + that book + **a novel?** 저 책은 소설이니?

8. 저 책은 훌륭하다.

→ That book + is + **great**.

→ Is + that book + **great?** 저 책은 훌륭하니?

9. 저 책은 훌륭한 소설이다.

→ That book + is + **a great novel**.

→ Is + that book + **a great novel?** 저 책은 훌륭한 소설이니?

10. 이 쿠키들은 음식이다.

→ These cookies + are + **food**.

→ Are + these cookies + **food?** 이 쿠키들은 음식이니?

11. 이 쿠키들은 맛있다.

→ These cookies + are + **delicious**.

→ Are + these cookies + **delicious?** 이 쿠키들은 맛있니?

12. 이 쿠키들은 맛있는 음식이다.

→ These cookies + are + **delicious food**.

→ Are + these cookies + **delicious food?** 이 쿠키들은 맛있는 음식이니?

13. 그 과일들은 식재료들이다.

→ Those fruits + are + **ingredients**.

→ Are + those fruits + **ingredients?** 그 과일들은 식재료들이니?

14. 그 과일들은 탁월하다. (탁월한 상태이다.)

→ Those fruits + are + excellent.

→ Are + those fruits + excellent? 그 과일들은 탁월하니?

15. 그 과일들은 탁월한 식재료들이다.

→ Those fruits + are + excellent ingredients.

→ Are + those fruits + excellent ingredients?

그 과일들은 탁월한 식재료들이니?

16. 이 책은 나를 기쁘게 한다.

→ This book + pleases + me.

→ Does + this book + please + me? 이 책은 나를 기쁘게 하니?

'사람'편에서 be동사가 아닌 일반 동사가 들어있는 문장을 의문문으로 만들 때는 문장 맨 앞에 Do나 Does를 붙인다고 했죠? 그리고, '나, 너, 우리, 그들, 여럿'이 아닌 제3의 무언가가 주어로 쓰일 때는 동사 뒤에 s를 붙인다고 배웠습니다. 그래서 질문을 만들 때도 Do 대신에 Does를 붙이죠. 그리고 앞에 Do가 아닌 Does를 붙여서 이미 s를 표시했으므로 굳이 동사에 또 s를 또 붙일 필요가 없어서 동사 뒤에는 s를 쓰지 않는다고 배웠습니다. 이렇게 한 번 더 반복할 기회가 있어서 좋네요.

17. 나는 기쁘다. (기쁜 상태이다.)

→ I + am + pleased.

→ Am + I + pleased? 나는 기쁘니?

18. 이 책은 기쁨을 준다. (기쁜 느낌을 뿜어낸다.)

→ This book + is + pleasing.

→ Is + this book + pleasing? 이 책은 기쁨을 주니?

19. 그 운동은 너를 피곤하게 한다.

→ That exercise + tires + **you**.

→ Does + that exercise + tire + **you?** 그 운동은 너를 피곤하게 하니?

20. 너는 피곤하다. (피곤한 상태이다.)

→ You + are + **tired**.

→ Are + you + **tired?** 너는 피곤하니?

21. 그 운동은 피곤하다. (피곤한 느낌을 뿜어낸다.)

→ That exercise + is + **tiring**.

→ Is + that exercise + **tiring?** 그 운동은 피곤하니?

22. 이 기사들은 그를 놀라게 한다.

→ These articles + surprises + **him**.

→ Do + these articles + surprise + **him?** 이 기사들은 그를 놀라게 하니?

23. 그는 놀랐다. (놀란 상태이다.)

→ He + is + **surprised**.

→ Is + he + **surprised?** 그는 놀랐니?

24. 이 기사들은 놀랍다. (놀라운 느낌을 뿜어낸다.)

→ These articles + are + **surprising**.

→ Are + these articles + **surprising?** 이 기사들은 놀랍니?

25. 그 편지들은 그녀를 안심시킨다.

→ Those letters + relieve + **her**.

→ Do + those letters + relieve + **her**? 그 편지들은 그녀를 안심하게 하니?

26. 그녀는 안심했다. (안심한 상태이다.)

→ She + is + **relieved**.

→ Is + she + **relieved**? 그녀는 안심했니?

27. 그 편지들은 안심이 된다. (안심시키는 느낌을 뿜어낸다.)

→ Those letters + are + **relieving**.

→ Are + those letters + **relieving**? 그 편지들은 안심이 되니?

28. 이 뉴스는 우리를 혼란스럽게 한다.

→ This news + confuses + **us**.

→ Does + this news + confuse + **us**? 이 뉴스는 우리를 혼란스럽게 하니?

29. 우리는 혼란스럽다. (혼란스러운 상태이다.)

→ We + are + **confused**.

→ Are + we + **confused**? 우리는 혼란스럽니?

30. 이 뉴스는 혼란스럽다. (혼란스러운 느낌을 뿜어낸다.)

→ This news + is + **confusing**.

→ Is + this news + **confusing**? 이 뉴스는 혼란스럽니?

31. 그 문제는 그들에게 충격을 준다.

→ That issue + shocks + **them**.

→ Does + that issue + shock + **them**? 그 문제는 그들에게 충격을 주니?

32. 그들은 충격을 받았다. (충격받은 상태이다.)

→ They + are + **shocked**.

→ Are + they + **shocked?** 그들은 충격을 받았니?

33. 그 문제는 충격적이다. (충격을 주는 느낌을 뿜어낸다.)

→ That issue + is + **shocking**.

→ Is + that issue + **shocking?** 그 문제는 충격적이니?

34. 이 영화들은 나를 신나게 한다.

→ These movies + excite + **me**.

→ Do + these movies + excite + **me?** 이 영화들은 나를 신나게 하니?

35. 나는 신났다. (신난 상태이다.)

→ I + am + **excited**.

→ Am + I + **excited?** 나는 신났니?

36. 이 영화들은 신난다. (신나는 느낌을 뿜어낸다.)

→ These movies + are + **exciting**.

→ Are + these movies + **exciting?** 이 영화들은 신나니?

37. 그 이야기들은 너를 지루하게 한다.

→ Those stories + bore + **you**.

→ Do + those stories + bore + **you?** 그 이야기들은 너를 지루하게 하니?

38. 너는 지루하다. (지루하게 된 상태이다.)

→ You + are + **bored**.

→ Are + you + **bored?** 너는 지루하니?

39. 그 이야기들은 지루하다. (지루한 느낌을 뿜어낸다.)

→ Those stories + are + **boring**.

→ Are + those stories + **boring?** 그 이야기들은 지루하니?

40. 이 공연은 그를 즐겁게 한다.

→ This performance + amuses + **him**.

→ Does + this performance + amuse + **him?** 이 공연은 그를 즐겁게 하니?

41. 그는 즐겁다. (즐거운 상태이다.)

→ He + is + **amused**.

→ Is + he + **amused?** 그는 즐겁니?

42. 이 공연은 즐거움을 준다. (즐겁게 하는 느낌을 뿜어낸다.)

→ This performance + is + **amusing**.

→ Is + this performance + **amusing?** 이 공연은 즐거움을 주니?

43. 그 보고서는 그녀를 실망시킨다.

→ That report + disappoints + **her**.

→ Does + that report + disappoint + **her?** 그 보고서는 그녀를 실망시키니?

44. 그녀는 실망했다. (실망한 상태이다.)

→ She + is + **disappointed**.

→ Is + she + **disappointed?** 그녀는 실망했니?

45. 그 보고서는 실망스럽다. (실망스러운 느낌을 뿜어낸다.)

→ That report + is + **disappointing**.

→ Is + that report + **disappointing?** 그 보고서는 실망스럽니?

46. 이 결과들은 우리를 당황하게 만든다.

→ These results + embarrass + **us**.

→ Do + these results + embarrass + **us?** 이 결과들은 우리를 당황하게 만드니?

47. 우리는 당황했다. (당황한 상태이다.)

→ We + are + **embarrassed**.

→ Are + we + **embarrassed?** 우리는 당황했니?

48. 이 결과들은 당황스럽다. (당황스럽게 하는 느낌을 뿜어낸다.)

→ These results + are + **embarrassing**.

→ Are + these results + **embarrassing?** 이 결과들은 당황스럽니?

#8

무엇이 + 한다 + 무엇을

강의보기

이번 장에서는 우리말로 잘 하지 않는 표현인 《(사람이 아닌) 무엇이 무엇을 한다》는 표현 방식을 연습해 보겠습니다. 제가 처음 영어공부를 할 때도 그랬고 어머니께서 공부하시는 것을 도와드릴 때도 역시 느꼈지만 사람이 아닌 것이 무엇을 한다는 게 한국 사람에게는 정말 생소합니다.

This newspaper shows the data.

이 신문은 그 데이터를 보여준다.

이런 표현은 사실 우리말로는 일반적이지 않습니다. 보통은 '이 신문에서 그 데이터를 볼 수 있다.'라고 하죠. 우리는 '누가' 무엇을 한다는 표현을 주로 쓰는 것 같습니다. 아니면 그냥 '이 신문에 그 데이터가 들어있다.'라고 합니다. 그런데 영어는 '신문이 보여준다' 즉, 마치 '신문'이 사람인 것처럼 표현하는 경우가 많습니다. 이것이 대표적인 우리말과 영어의 표현방식 차이입니다.

1. 이 가게는 기념품들을 판다.

→ 이 가게는 + 판다 + 기념품들을

→ This store + 판다 + 기념품들을

→ This store + sells + 기념품들을

→ This store + sells + souvenirs.

2. 그 자동차는 휘발유를 필요로 한다.

→ 그 자동차는 + 필요로 한다 + 휘발유를

→ That car + 필요로 한다 + 휘발유를

→ That car + needs + 휘발유를

→ That car + needs + gasoline.

지금 이 문장이야말로 우리에게 생소한 표현방식이죠? 우리는 '그 차에는 휘발유를 (우리가) 넣어야 한다.'라거나 '그 차에는 휘발유가 들어간다.'고 표현할 텐데 '그 차는 필요하다.'고 말이 시작되니까 마치 '차'가 사람인 것처럼 느껴집니다. 이것이 영어의 특징입니다.

3. 이 호텔들은 아침 식사를 제공한다.

→ 이 호텔들은 + 제공한다 + 아침식사를

→ These hotels + 제공한다 + 아침식사를

→ These hotels + offer + 아침식사를

→ These hotels + offer + breakfast.

4. 그 휴대폰들은 음악을 재생한다.

→ 그 휴대폰들은 + 재생한다 + 음악을

→ **Those cellphones** + 재생한다 + 음악을

→ **Those cellphones** + **play** + 음악을

→ **Those cellphones** + **play** + **music**.

이 문장도 마찬가지입니다. 우리는 '이 휴대폰으로 음악을 (우리가) 들을 수 있다.'라고 하겠죠? 즉, 우리는 '사람'을 주어로 삼는데 익숙한 반면 영어는 딱히 그런 제약이 없습니다. 주어 자리에는 무엇이든 올 수 있습니다.

5. 버스는 10분 후에 온다.

이 문장을 영어로 옮기기 전에 가만히 생각을 해봅시다. 지금 이 문장은 '버스는 + 온다'라고 말이 끝납니다. '온다'라는 단어 뒤에 '무엇을'이라는 말은 오지 않습니다. '버스는 + 온다 + 무엇을' 이런 말은 없죠? 그러면 일단

A bus comes.

버스는 온다.

이렇게 말을 시작한 후 '10분 후에'라는 말만 써주면 됩니다.

'10분 후에'는 영어로 무엇일까요? **in ten minutes**입니다.

그리고 이렇게 '시간이나 장소 등을 부가적으로 설명하는 말'은 문장 앞에 오든 뒤에 오든 크게 상관이 없습니다.

In ten minutes, a bus comes. 10분 후에, 버스 한 대가 온다.
A bus comes in ten minutes. 버스 한 대가 온다 10분 후에.

둘 중 어느 쪽으로 해도 괜찮습니다. 다만, 영어는 중요한 내용이 먼저 나오는 경향이 있기 때문에

'10분 후에! 버스가 온다.'

이렇게 굳이 '10분 후에'를 강조하실 게 아니라면 두 번째 **A bus comes in ten minutes.**라고 하는 게 더 일반적입니다.

6. 이 지하철은 광화문역에 간다.

이 문장도 비슷합니다.

'이 지하철은 + 간다 + 무엇을'이라는 말은 없죠? 즉, '이 지하철은 + 간다'까지 말해놓고 끝에 '광화문 역에'를 붙이면 됩니다. '~에/~로'를 뜻하는 전치사는 **to**입니다. 그래서,

This subway goes to Gwanghwamun station.
이 지하철은 광화문 역에 간다.

이라고 하면 됩니다.

조금 전까지 나왔던 문장들을 다시 살펴보겠습니다.

1. This store sells souvenirs. 이 가게는 기념품들을 판다.

2. That car needs gasoline. 그 자동차는 휘발유를 필요로 한다.

3. These hotels offer breakfast. 이 호텔들은 아침 식사를 제공한다.

4. Those cellphones play music. 그 휴대폰들은 음악을 재생한다.

5. A bus comes in ten minutes. 버스는 10분 후에 온다.

6. This subway goes to Gwanghwamun station.
   이 지하철은 광화문 역에 간다.

여기서 자세히 보시면 1~4번 문장과 5, 6번 문장 사이에 무언가 다른 점이 있습니다.

1. This store sells souvenirs. 이 가게는 기념품들을 판다.

2. That car needs gasoline. 그 자동차는 휘발유를 필요로 한다.

3. These hotels offer breakfast. 이 호텔들은 아침 식사를 제공한다.

4. Those cellphones play music. 그 휴대폰들은 음악을 재생한다.

1~4번은 〈무엇이 + 한다 + 무엇을〉이라고 표현을 하는 반면에

5. A bus comes in ten minutes. 버스는 10분 후에 온다.

6. This subway goes to Gwanghwamun station.
   이 지하철은 광화문 역에 간다.

5, 6번은 〈무엇이 + 한다〉로 말이 끝나고 시간과 장소 등의 정보를 덧붙였습니다.

여기서 한번 정리하겠습니다.

1~4번에 쓰인 sell, need, offer, play 등은 '타동사' 5, 6번에 쓰인 come, go 등은 '자동사'라고 합니다.

지금 이 용어를 무작정 외우실 필요는 없습니다. 원리를 이해하는 것이 중요합니다.

sell 팔다

need 필요로 하다

offer 제공하다

play 재생하다

이 동사들은 뒤에 '~을/를'에 해당하는 단어를 써주어야 말이 끝납니다. 누군가가 그냥 **I need.**라고만 말을 했다고 생각해 보세요. 그럼 이 사람은 '나는 필요해.'라는 말만 남긴 것이죠? 여기서 우리는 당연히 '뭐가?'라는 의문을 갖습니다. 이렇게 뒤에 '다른' 단어를 더 써주어야 말이 끝나는 동사들을 '다를 타(他)'를 써서 '타동사'라고 부릅니다.

반면,

come 오다

go 가다

이 동사들은 뒤에 '~을/를'에 해당하는 단어가 오지 않아도 '스스로' 의미가 완성되는 경우 '스스로 자(自)'를 써서 '자동사'라고 부릅니다.

7. 이 기계는 현금을 받는다.
→ 이 기계는 + 받는다 + 현금을
→ **This machine** + 받는다 + 현금을
→ **This machine** + **accepts** + 현금을
→ **This machine** + **accepts** + **cash.**

'받는다 + ~을/를' 이라는 말이
자연스러우니 accept는 타동사입니다.

8. 이 기계는 작동한다.
→ 이 기계는 + 작동한다.
→ This machine + 작동한다.
→ This machine + works.

'작동한다 + ~을/를'이라는 말이 부자연스러우니 work는 자동사입니다.
work는 '일하다'라는 뜻 이외에도 '작동하다' 또는 '효과가 있다'라는 뜻이
있다는 것도 참고로 알아 두세요.

9. 이 옷장은 수리를 필요로 한다.
→ 이 옷장은 + 필요로 한다 + 수리를
→ This closet + 필요로 한다 + 수리를
→ This closet + needs + 수리를
→ This closet + needs + a repair.

'필요로 한다 + ~을/를'이라는 말이 자연스러우니 need는 타동사입니다.

10. 이 옷장은 열린다.
→ 이 옷장은 + 열린다
→ This closet + 열린다
→ This closet + opens.

'열린다 + ~을/를'이라는 말이 부자연스러우니 open은 자동사입니다.

다시 정리해 보겠습니다.

This machine accepts cash.

이 기계는 현금을 받는다.

This closet needs a repair.

이 옷장은 수리를 필요로 한다.

이 문장들에는 '~을/를'에 해당하는 말이 들어가야 하므로 **accept**와 **need**는 타동사입니다.

This machine works.

이 기계는 작동한다.

This closet opens.

이 옷장은 열린다.

이 문장들에는 '~을/를'에 해당하는 말이 필요 없으므로 **work**와 **open**은 자동사입니다.

이렇게 이해하시면 됩니다.
여기서 한발 더 나아가 보겠습니다.

1. **This store sells souvenirs.** 이 가게는 기념품들을 판다.
2. **That car needs gasoline.** 그 자동차는 휘발유를 필요로 한다.
3. **These hotels offer breakfast.** 이 호텔들은 아침 식사를 제공한다.
4. **Those cellphones play music.** 그 휴대폰들은 음악을 재생한다.
5. **A bus comes in ten minutes.** 버스는 10분 후에 온다.
6. **This subway goes to Gwanghwamun station.**
   이 지하철은 광화문 역에 간다.
7. **This machine accepts cash.** 이 기계는 현금을 받는다.

8. **This machine works.** 이 기계는 작동한다.

9. **This closet needs a repair.** 이 옷장은 수리를 필요로 한다.

10. **This closet opens.** 이 옷장은 열린다.

이중 5번과 6번에 제가 표시한 부분

5. **A bus comes in ten minutes.** 버스는 10분 후에 온다.

6. **This subway goes to Gwanghwamun station.**

　　이 지하철은 광화문 역에 간다.

이것이 '부가 정보'인데요. 주로 시간이나 장소에 대한 부가 설명을 덧붙이는 경우가 많죠. 이렇게 '버스는 온다.', '이 지하철은 간다.'와 같이 문장에 없어도 말은 끝나지만, 덧붙여 정보를 전달하는 말을 '부사'라고 하는데 '버스는 10분 후에 온다.', '이 지하철은 광화문역에 간다.'와 같이 문장 끝에 써주는 것이 편합니다.

1. 이 가게는 매 주말 기념품들을 판다.

이 문장은 원래 '이 가게는 + 판다 + 기념품들을' 이라는 문장에 '매 주말'을 덧붙인 것이죠? 그러면

1. **This store sells souvenirs** + 매 주말.

이렇게 쓰시면 됩니다. '매 주말'은 **every weekend**라고 합니다.

1. 이 가게는 매 주말 기념품들을 판다.

→ 이 가게는 + 판다 + 기념품들을 + 매 주말

→ **This store** + 판다 + 기념품들을 + 매 주말

→ **This store** + **sells** + 기념품들을 + 매 주말

→ This store + sells + souvenirs + 매 주말

→ This store + sells + souvenirs + every weekend.

2. 그 자동차는 매일 휘발유를 필요로 한다.

→ 그 자동차는 + 필요로 한다 + 휘발유를 + 매일

→ That car + 필요로 한다 + 휘발유를 + 매일

→ That car + needs + 휘발유를 + 매일

→ That car + needs + gasoline + 매일

→ That car + needs + gasoline + everyday.

3. 이 호텔들은 매일 아침 아침 식사를 제공한다.

→ 이 호텔들은 + 제공한다 + 아침 식사를 + 매일 아침

→ These hotels + 제공한다 + 아침 식사를 + 매일 아침

→ These hotels + offer + 아침 식사를 + 매일 아침

→ These hotels + offer + breakfast + 매일 아침

→ These hotels + offer + breakfast + every morning.

4. 그 휴대폰들은 음악을 부드럽게 재생한다.

→ 그 휴대폰들은 + 재생한다 + 음악을 + 부드럽게

→ Those cellphones + 재생한다 + 음악을 + 부드럽게

→ Those cellphones + play + 음악을 + 부드럽게

→ Those cellphones + play + music + 부드럽게

→ Those cellphones + play + music + smoothly.

5. 버스는 여기에 10분 후에 온다.

→ 버스는 + 온다 + 여기에 + 10분 후에

→ A bus + 온다 + 여기에 + 10분 후에

→ A bus + comes + 여기에 + 10분 후에

→ A bus + comes + here + 10분 후에

→ **A bus** + **comes** + **here** + **in ten minutes**.

6. 이 지하철은 곧 광화문에 간다.

→ 이 지하철은 + 간다 + 광화문에 + 곧

→ **This subway** + 간다 + 광화문에 + 곧

→ **This subway** + **goes** + 광화문에 + 곧

→ **This subway** + **goes** + **to Gwanghwamun** + 곧

→ **This subway** + **goes** + **to Gwanghwamun** + **soon**.

7. 이 기계는 오직 현금만 받는다.

→ 이 기계는 + 받는다 + 현금을 + 오직

→ **This machine** + 받는다 + 현금을 + 오직

→ **This machine** + **accepts** + 현금을 + 오직

→ **This machine** + **accepts** + **cash** + 오직

→ **This machine** + **accepts** + **cash** + **only**.

8. 이 기계는 잘 작동한다.

→ 이 기계는 + 작동한다 + 잘

→ **This machine** + 작동한다 + 잘

→ **This machine** + **works** + 잘

→ **This machine** + **works** + **well**.

9. 이 옷장은 당장 수리를 필요로 한다.

→ 이 옷장은 + 필요로 한다 + 수리를 + 당장

→ **This closet** + 필요로 한다 + 수리를 + 당장

→ **This closet** + **needs** + 수리를 + 당장

→ **This closet** + **needs** + **a repair** + 당장

→ **This closet** + **needs** + **a repair** + **immediately**.

10. 이 옷장은 잘 열린다.

→ 이 옷장은 + 열린다 + 잘

→ **This closet** + 열린다 + 잘

→ **This closet** + **opens** + 잘

→ **This closet** + **opens** + **well**.

사실 이런 '부사'는 문장 어디에 쓰든 괜찮습니다. 딱히 위치가 정해져 있지는 않은데 처음에는 〈주어 + 동사〉로 의미를 전달하는 것이 중요하기 때문에 우리가 굳이 '부사의 적절한 위치' 같은 것을 다룰 필요는 없다고 생각합니다. 지금은 그런 말은 맨 뒤로 보내버리세요.

QUIZ

1 이 가게는 기념품들을 판다.
(souvenirs / sells / this store)

_____

2 그 자동차는 휘발유를 필요로 한다.
(needs / that car / gasoline)

_____

3 이 호텔들은 아침 식사를 제공한다.
(offer / breakfast / these hotels)

_____

4 그 휴대폰들은 음악을 재생한다.
(those cellphones / music / play)

_____

5 이 기계는 현금을 받는다.
(cash / accepts / this machine)

_____

6 이 기계는 작동한다.
(woks / this machine)

_____

7 이 옷장은 수리를 필요로 한다.
(needs / this closet / a repair)

_____

8 이 옷장은 열린다.
(opens / this closet)

_____

9 이 가게는 매 주말 기념품들을 판다.
(every weekend / sells / souvenirs / this store)

_____

10 그 자동차는 매일 휘발유를 필요로 한다.
(needs / that car / every day / gasoline)

_____

11 이 호텔들은 매일 아침 아침 식사를 제공한다.
(offer / every morning / breakfast / these hotels)

_____

12 그 휴대폰들은 음악을 부드럽게 재생한다.
(those cellphones / smoothly / music / play)

_____

13 이 기계는 오직 현금만 받는다.
(only / this machine / cash / accepts)

_____

14 이 기계는 잘 작동한다.
(well / works / this machine)

_____

15 이 옷장은 당장 수리를 필요로 한다.
(a repair / immediately / needs / this closet)

_____

16 이 옷장은 잘 열린다.
(opens / this closet / well)

_____

정답

1. This store sells souvenirs.
2. That car needs gasoline.
3. These hotels offer breakfast.
4. Those cellphones play music.
5. This machine accepts cash.
6. This machine works.
7. This closet needs a repair.
8. This closet opens.
9. This store sells souvenirs every weekend
10. That car needs gasoline every day
11. These hotels offer breakfast every morning.
12. Those cellphones play music smoothly.
13. This machine accepts cash only.
14. This machine works well.
15. This closet needs a repair immediately.
16. This closet opens well.

Nature never deceives us; it is always we who deceive ourselves.

자연은 인간을 속이지 않는다. 인간이 자신을 속인다.

장 자크 루소 Jean Jacques Rousseau

프랑스의 사상가 장 자크 루소(Jean Jacques Rousseau)가 남긴 말입니다. 영어로 nature는 '자연, 본성' 등의 뜻이 있습니다. 루소는 말 그대로 자연이라는 뜻으로 이 말을 썼고요. deceive는 '속이다, 기만하다' 라는 뜻을 가진 동사입니다. 루소는 자연에서 법칙을 찾고 인간이 그에 따라 살아야 한다고 생각했던 것 같습니다. 그리고 인간을 믿지 않았죠.

뒤에 나오는 it is always we라는 말이 조금 생소하죠? 사실 그냥 We deceive ourselves라고 해도 뜻은 통합니다. 우리가 우리 자신을 속인다는 말이니 인간이 스스로를 속인다는 말이 되지요. 그런데 여기서 '우리 스스로를 속이는 것은 바로 우리 자신이다.' 라는 뜻을 추가하고 싶다고 생각해 봅시다. 이럴 때 It is라고 말을 시작하는 기법이 있습니다. 그리고 주체를 밝혀주죠.

It is always we 항상 우리다. 항상 인간이다.

이렇게 누가 그러는지를 강조하고 뒤에 말을 잇습니다.

It is always we who

이렇게 되면 구체적으로 we를 설명할 수 있게 됩니다.

It is always we who deceive ourselves.
항상 우리 자신을 속이는 것은 우리다.

그래서 완성된 이 문장이

Nature never deceives us; it is always we who deceive ourselves.
자연은 인간을 속이지 않는다. 인간이 자신을 속인다.

입니다. 가운데 있는 세미콜론(;) 표시는 and나 but을 굳이 쓰지 않고 두 문장을 이어주기 위해서 사용되었습니다. '그리고, 그래서' 등 여러분께서 편하신 대로 해석하시면 됩니다.

영어공부를 하다 보면 우리말과 영어가 문법, 단어도 다르지만 '표현방식'도 많이 다르다는 것을 자주 느끼실 것입니다.

'이 지도는 그 호텔의 위치를 보여준다.'

이 문장을 보면 어떤 생각이 드시나요? 혹시라도 '약간 말이 어색한데? 꼭 번역기를 돌린 것 같네.'라고 생각하신다면 매우 정상입니다.

This map shows the location of the hotel.

이 영어 문장은 바로 위에 있는 우리말을 그대로 옮긴 것입니다.

사실 우리는 보통 '이 지도를 보면 그 호텔이 어디 있는지 나와 있어요.'라든가 '그 호텔이 어디 있는지는 이 지도를 보면 알 수 있어요.'라고 이야기하죠. 한국어로는 '이 지도는 보여준다'라는 말이 어색합니다.

그래서 가끔 길거리에서 외국인을 만나 이런 말을 영어로 하려다 보면

The hotel's 위치 is you see 음 this map…

이렇게 말이 꼬이는 경우가 많습니다. 당연합니다. 우리는 한국 사람이라 한국어로 생각하는데 그걸 영어로 그대로 바꾸려 하니 일단 단어부터 막 던지게 되죠.

여러분께서 한번 알아두면 평생 좋은 것이 바로 〈무엇이 + 한다 + 무엇을〉 표현입니다. 잘만 배우면 더 쉽게 여러분의 생각을 표현할 수 있습니다.

제가 한번 예를 들어볼게요.

1. 그 식당에는 한국 음식이 있다.
2. 이 돈이면 그 음식을 살 수 있다.
3. 이 지하철역에는 화장실이 있다.
4. 당신의 표에는 출발시간이 쓰여 있다
5. 그 비행기에는 많은 승객들이 탈수 있다.

이 문장들을 영어로 옮겨보겠습니다.

1. 그 식당에는 한국 음식이 있다.
→ 한국 음식이 + 있다 + 그 식당에
→ Korean food + 있다 + 그 식당에
→ Korean food + is + 그 식당에
→ Korean food + is + at that restaurant.

이 문장은 쉬울 것입니다. 이미 〈무엇이 + 있다 + 어디에〉라는 표현을 배웠거든요.

또는 이렇게 얘기할 수도 있죠?

1. 그 식당에는 한국 음식이 있다.
→ There be + 한국 음식이 + 그 식당에
→ There is + 한국 음식이 + 그 식당에
→ There is + Korean food + 그 식당에
→ There is + Korean food + at that restaurant.

자, 그런데 여기서 한번 사고의 전환을 해봅시다.

'그 식당에는 한국 음식이 있다.'라는 말을 '그 식당은 한국음식을 가지고 있다.'라고 표현하면 어떨까요? 생각해보시면 맞는 말입니다. 그 식당에 한국 음식이 있다는 말은 곧 그 식당이 한국 음식을 보유하고 있다는 말과 같죠?

1. 그 식당은 한국 음식을 가지고 있다.

→ 그 식당은 + 가지고 있다 + 한국 음식을

→ That restaurant + 가지고 있다 + 한국 음식을

→ That restaurant + has + 한국 음식을

→ That restaurant + has + Korean food.

2번 문장도 한번 해봅시다.

2. 이 돈이면 그 음식을 살 수 있다.

이 문장은 시작하자마다 숨이 턱 막히네요.

'이 돈이면?'

여기서 사고의 전환을 해보겠습니다.

'이 돈이면 그 음식을 살 수 있다.'라는 말은 사실 '당신은, 나는'이라는 주어
가 생략된 문장입니다. 우리말은 이렇게 주어를 생략하고 말하는 경우가 많
습니다. 그래서 이 말을 영어로 옮기려고 하면 '주어'에서 막혀버리죠. '누가'
살 수 있다는 말인가?

여기서 영어는 그냥 '이 정도 돈'을 주어로 써버립니다.

2. 이 정도 돈은 그 음식을 살 수 있다.
→ 이 정도 돈은 + 살 수 있다 + 그 음식을
→ This much money + 살 수 있다 + 그 음식을
→ This much money + can buy + 그 음식을
→ This much money + can buy + that food.

이럴 수가! 우리 입장에서는 말도 안 되는 표현이죠? 돈이 음식을 사다니!

3. 이 지하철 역에는 화장실이 있다.

눈치 빠르신 분들은 여기서 '혹시 아까 했던 식당 이야기를 그대로 하면 되
나?'라는 생각이 들 수도 있습니다. 정답입니다!

'이 지하철 역에는 화장실이 있다.'라는 말은 '이 지하철 역은 화장실을 가지
고 있다.'라고 표현할 수 있습니다.

3. 이 지하철 역은 화장실을 가지고 있다.
→ 이 지하철역은 + 가지고 있다 + 화장실을
→ This subway station + 가지고 있다 + 화장실을
→ This subway station + has + 화장실을
→ This subway station + has + a toilet.

자, 이렇게 되면 우리에게 '선택권'이 생깁니다. '이 지하철 역에 화장실이 있다.'라는 말을

A. A toilet is in this subway station.

B. There is a toilet in this subway station.

C. This subway station has a toilet.

이렇게 다양하게 하실 수 있거든요. 그래서 사고의 전환이 필요합니다.

4. 당신의 표에 출발시간이 쓰여있다.

이 문장을 영어 초보였던 과거의 제가 보았다면 아마

'… 쓰여있다… 아…. write?… written?…'

이 생각부터 했을 것입니다. 당시의 저는 '쓰여있다'라는 말을 어떻게 하는 지도 몰랐습니다. 그냥 '수동태', '과거분사' 이런 문법 용어들만 머릿속에서 맴돌았죠. 여기서 사고의 전환을 해보겠습니다.

'당신의 표는 출발시간을 보여준다.'

4. 당신의 표는 출발시간을 보여준다.

→ 당신의 표는 + 보여준다 + 출발 시간을

→ Your ticket + 보여준다 + 출발 시간을

→ Your ticket + shows + 출발 시간을

→ Your ticket + shows + the departure time.

'당신의 표'가 마치 사람인 것처럼 '보여주다'라는 동사의 주체가 되었습니다. 영어는 이런 표현을 실제 즐겨 씁니다.

다음 문장으로 가볼게요.

5. 그 비행기에는 많은 승객들이 탈수 있다.

→ 많은 승객들이 + 탈 수 있다 + 그 비행기를

→ Many passengers + 탈 수 있다 + 그 비행기를

→ Many passengers + can take + 그 비행기를

→ Many passengers + can take + that airplane.

이 정도면 훌륭합니다. 그런데 여기서 또 한 번 사고의 전환을 해볼까요?

5. 그 비행기는 많은 승객들을 실어 나른다.

→ 그 비행기는 + 실어 나른다 + 많은 승객들을

→ That airplane + 실어 나른다 + 많은 승객들을

→ That airplane + transports + 많은 승객들을

→ That airplane + transports + many passengers.

와! 생각해보니 이렇게 말해도 사실 뜻은 같네요. '그 비행기'가 뭘 한다는 생각을 우리가 못해봤던 것뿐이죠. 언어에 따라 표현방식이 다른 것은 매우 당연한 일입니다. 그래서 어떤 언어를 배운다는 것은 생소한 표현방식을 배우는 과정을 수반합니다. 생소함이란 처음 보았을 때 생기는 감정이죠. 그

러나 그것은 자주 보고 친해지면 점점 없어집니다. 제가 여러분과 영어를 친하게 만들어 드리는 역할을 하고 싶습니다. 그것이 이번 장에서 '사고의 전환'을 언급한 이유입니다.

당장 한 번에 사고의 전환이 일어날 수는 없습니다. 시간이 걸리는 일이죠. 그러나 '시작'이 중요합니다. 시작이 없다면 시간이 걸려도 어떤 변화도 없을 테니까요.

아! 혹시 **transport**라는 단어를 모르셨다고 주눅 들지 마세요. 외국어를 배우는데 모르는 단어가 계속 나오는 것은 당연합니다. 그동안 우리가 힘들었던 이유는 사실 아는 단어도 제대로 못 써먹었기 때문입니다. 늘 자신감을 가지고 영어라는 녀석과 친해집시다.

① 그 식당에는 한국 음식이 있다.
(Korean food / is / at / there / that restaurant)

_____

② 그 식당은 한국 음식을 가지고 있다.
(has / that restaurant / Korean food)

_____

③ 이 정도 돈은 그 음식을 살 수 있다.
(can / that food / buy / this much money)

_____

④ 이 지하철 역은 화장실을 가지고 있다.
(a toilet / has / this subway station)

_____

⑤ 당신의 표는 출발시간을 보여준다.
(shows / the departure time / your ticket)

_____

⑥ 그 비행기에는 많은 승객들이 탈수 있다.
(that airplane / many passengers / take / can)

_____

⑦ 그 비행기는 많은 승객들을 실어 나른다
(transports / many passengers / that airplane)

_____

정답

1. There is Korean food at that restaurant.   2. That restaurant has Korean food.
3. This much money can buy that food.   4. This subway station has a toilet.
5. Your ticket shows the departure time.   6. Many passengers can take that airplane.
7. That airplane transports many passengers.

이제 이런 '사고의 전환'을 여러 문장을 통해 연습해 보겠습니다.

이 가게에는 신발들이 있다.

A. 이 가게에는 신발들이 있다.

→ 신발들이 + 있다 + 이 가게에는

→ Shoes + 있다 + 이 가게에는

→ Shoes + are + 이 가게에는

→ Shoes + are + at this store.

B. 이 가게에는 신발들이 있다.

→ There be + 신발들이 + 이 가게에는

→ There are + 신발들이 + 이 가게에는

→ There are + shoes + 이 가게에는

→ There are + shoes + at this store.

C. 이 가게는 신발들을 가지고 있다.

→ 이 가게는 + 가지고 있다 + 신발들을

→ This store + 가지고 있다 + 신발들을

→ This store + has + 신발들을

→ This store + has + shoes.

그 버스에는 빈자리가 있다.

A. 그 버스에는 빈자리가 있다.

→ 빈자리가 + 있다 + 그 버스에는

→ **A vacant seat** + 있다 + 그 버스에는

→ **A vacant seat** + **is** + 그 버스에는

→ **A vacant seat** + **is** + **in that bus**.

B. 그 버스에는 빈자리가 있다.

→ **There be** + 빈자리가 + 그 버스에는

→ **There is** + 빈자리가 + 그 버스에는

→ **There is** + **a vacant seat** + 그 버스에는

→ **There is** + **a vacant seat** + **in that bus**.

C. 그 버스는 빈자리를 가지고 있다.

→ 그 버스는 + 가지고 있다 + 빈자리를

→ **That bus** + 가지고 있다 + 빈자리를

→ **That bus** + **has** + 빈 자리를

→ **That bus** + **has** + **a vacant seat**.

이 호텔들에는 수영장들이 있다.

A. 이 호텔들에는 수영장들이 있다.

→ 수영장들이 + 있다 + 이 호텔들에는

→ **Swimming pools** + 있다 + 이 호텔들에는

→ **Swimming pools** + **are** + 이 호텔들에는

→ **Swimming pools** + **are** + **at these hotels**.

B. 이 호텔들에는 수영장들이 있다.

→ **There be** + 수영장들이 + 이 호텔들에는

→ **There are** + 수영장들이 + 이 호텔들에는

→ **There are** + **swimming pools** + 이 호텔들에는

→ **There are** + **swimming pools** + **at these hotels**.

C. 이 호텔들은 수영장들을 가지고 있다.

→ 이 호텔들은 + 가지고 있다 + 수영장들을

→ **These hotels** + 가지고 있다 + 수영장들을

→ **These hotels** + **have** + 수영장들을

→ **These hotels** + **have** + **swimming pools**.

그 휴대폰들에는 사진들이 있다.

A. 그 휴대폰들에는 사진들이 있다.

→ 사진들이 + 있다 + 그 휴대폰들에는

→ **Photos** + 있다 + 그 휴대폰들에는

→ **Photos** + **are** + 그 휴대폰들에는

→ **Photos** + **are** + **in those cellphones**.

B. 그 휴대폰들에는 사진들이 있다.

→ **There be** + 사진들이 + 그 휴대폰들에는

→ **There are** + 사진들이 + 그 휴대폰들에는

→ **There are** + **photos** + 그 휴대폰들에는

→ **There are** + **photos** + **in those cellphones**.

C. 그 휴대폰들은 사진들을 가지고 있다.

→ 그 휴대폰들은 + 가지고 있다 + 사진들을

→ **Those cellphones** + 가지고 있다 + 사진들을

→ Those cellphones + have + 사진들을

→ Those cellphones + have + photos.

마지막으로 지금까지 나왔던 문장들을 모두 '질문'으로 바꾸는 연습을 해보겠습니다.

다시 한번 강조!

be동사가 들어있는 문장을 '질문'으로 바꿀 때는 〈주어 + be동사〉만 〈be동사 + 주어〉 순서로 바꾸고 일반 동사가 들어있는 문장을 '질문'으로 바꿀 때는 문장 앞에 Do나 Does를 붙인다.

1. This store + sells + souvenirs + every weekend.

    이 가게는 매 주말 기념품들을 판다.

→ Does + this store + sell + souvenirs + every weekend?

    이 가게는 매 주말 기념품들을 파니?

2. That car + needs + gasoline + everyday.

    그 자동차는 휘발유를 매일 필요로 한다.

→ Does + that car + need + gasoline + everyday?

    그 자동차는 휘발유를 매일 필요로 하니?

3. These hotels + offer + breakfast + every morning.

    이 호텔들은 매일 아침 아침 식사를 제공한다.

→ Do + these hotels + offer + **breakfast** + every morning?

이 호텔들은 매일 아침 아침 식사를 제공하니?

4. Those cellphones + play + **music** + smoothly.

그 휴대폰들은 음악을 부드럽게 재생한다.

→ Do + those cellphones + play + **music** + smoothly?

그 휴대폰들은 음악을 부드럽게 재생하니?

5. A bus + comes + **here** + in ten minutes.

버스는 여기에 10분 후에 온다.

→ Does + a bus + come + **here** + in ten minutes?

버스는 여기에 10분 후에 오니?

6. This subway + goes + **to Gwanghwamun station** + soon.

이 지하철은 곧 광화문역에 간다.

→ Does + this subway + go + **to Gwanghwamun station soon?**

이 지하철은 곧 광화문 역에 가니?

7. This machine + accepts + **cash** + only.

이 기계는 오직 현금만 받는다.

→ Does + this machine + accept + **cash** + only?

이 기계는 오직 현금만 받니?

8. This machine + works + **well**.

이 기계는 잘 작동한다.

→ Does + this machine + work + **well?**

이 기계는 잘 작동하니?

9. This closet + needs + **a repair** + immediately.

이 옷장은 당장 수리를 필요로 한다.

→ Does + this closet + need + **a repair** + immediately?

이 옷장은 당장 수리를 필요로 하니?

10. This closet + opens + well.

이 옷장은 잘 열린다.

→ Does + this closet + open + well?

이 옷장은 잘 열리니?

11. Korean food + is + at that restaurant.

그 식당에는 한국 음식이 있다.

→ Is + Korean food + at that restaurant?

그 식당에는 한국 음식이 있니?

12. There is + Korean food + at that restaurant.

그 식당에는 한국 음식이 있다.

→ Is + there + Korean food + at that restaurant?

그 식당에는 한국 음식이 있니?

13. That restaurant + has + **Korean food.**

그 식당은 한국 음식을 가지고 있다.

→ Does + that restaurant + have + **Korean food?**

그 식당은 한국 음식을 가지고 있니?

14. This much money + can buy + **that food.**

이 정도 돈은 그 음식을 살 수 있다.

→ Can + this much money + buy + **that food?**

이 정도 돈은 그 음식을 살 수 있니?

Important

can, may, will, shall, could, might, should... 등 '조동사'가 문장 안에 들어있을 때는 그 조동사만 문장 맨 앞으로 보내서 질문으로 만듭니다. 이 책의 후반부에서 이 '조동사'를 좀더 자세히 다루도록 하겠습니다.

15. This subway station + has + **a toilet.**

이 지하철 역은 화장실을 가지고 있다.

→ Does + this subway station + have + **a toilet?**

이 지하철역은 화장실을 가지고 있니?

16. Your ticket + shows + **the departure time.**

당신의 표는 출발시간을 보여준다.

→ Does + your ticket + show + **the departure time?**

당신은 표는 출발시간을 보여줍니까?

17. That airplane + transports + many passengers.

　　그 비행기는 많은 승객들을 실어 나른다

→ Does + that airplane + transport + many passengers?

　　그 비행기는 많은 승객들을 실어 나르니?

18. Shoes + are + at this store.

　　이 가게에는 신발들이 있다.

→ Are + shoes + at this store?

　　이 가게에는 신발들이 있니?

19. There are + shoes + at this store.

　　이 가게에는 신발들이 있다.

→ Are + there + shoes + at this store?

　　이 가게에는 신발들이 있니?

20. This store + has + shoes.

　　이 가게는 신발들을 가지고 있다.

→ Does + this store + have + shoes?

　　이 가게는 신발들을 가지고 있니?

21. A vacant seat + is + in that bus.

　　그 버스에는 빈자리가 있다.

→ Is + a vacant seat + in that bus?

　　그 버스에는 빈자리가 있니?

22. There is + a vacant seat + in that bus.

　　그 버스에는 빈자리가 있다.

→ Is + there + a vacant seat + in that bus?

　　그 버스에는 빈자리가 있니?

23. That bus + has + **a vacant seat.**

그 버스는 빈자리를 가지고 있다.

→ Does + that bus + have + **a vacant seat?**

그 버스는 빈자리를 가지고 있니?

24. Swimming pools + are + **at these hotels.**

이 호텔들에는 수영장들이 있다.

→ Are + swimming pools + **at these hotels?**

이 호텔들에는 수영장들이 있니?

25. **There** are + swimming pools + **at these hotels.**

이 호텔들에는 수영장들이 있다.

→ Are + **there** + swimming pools + **at these hotels?**

이 호텔들에는 수영장들이 있니?

26. These hotels + have + **swimming pools.**

이 호텔들은 수영장들을 가지고 있다.

→ Do + these hotels + have + **swimming pools?**

이 호텔들은 수영장들을 가지고 있니?

27. Photos + are + in those cellphones.

그 휴대폰들에는 사진들이 있다.

→ Are + photos + in those cellphones?

그 휴대폰들에는 사진들이 있니?

28. There are + photos + in those cellphones.

그 휴대폰들에는 사진들이 있다.

→ Are + there + photos + in those cellphones?

그 휴대폰들에는 사진들이 있니?

29. Those cellphones + have + photos.

그 휴대폰들은 사진들을 가지고 있다.

→ Do + those cellphones + have + photos?

그 휴대폰들은 사진들을 가지고 있니?

Chapter 3

생각, 개념

이제 드디어 마지막 입니다.

'사람'과 '사물'을 뛰어넘어 '생각/개념'에 대한 이야기를 하게 되었습니다.

사실 언어를 막론하고 눈에 보이는 것을 묘사하는 것이 쉽고 보이지 않는 것을 표현하는 것이 어렵습니다.

모국어도 그러한데 외국어는 오죽하겠습니까? 그래서 많은 분들께서 영어공부를 하면서

답답해 하는 것이 바로 이번 장에 나오는 개념입니다.

#9

~하는 것이 + 이다
+ 무엇/어떤

'여행을 가는 것은 신나.'
'맥주를 마시는 것은 즐거워.'
'바람을 쐬는 것이 중요해.'

우리가 쉽게 할 수 있는 표현들이죠? 물론 우리말로요. 그런데 이걸 영어로
한다는 생각을 해보세요. 일단 숨이 턱 막히시지 않나요? '여행'은 아는데
'여행을 가는 것은' 이건 뭐라고 해야 하나? 저도 처음 영어를 배울 때 이게
너무 어려웠습니다. 수없는 시행착오를 거치고 나서야 습득할 수 있었죠.

이번 장이 끝날 때쯤에는 여러분께서 제가 나중에 느꼈던 그 '해방감'을 함께 느끼셨으면 합니다.

여행을 가는 것은 신나.

먼저, 이 말을 영어로 하려면 '주어', '동사'를 찾아야 하는데 대체 이 문장의 주어가 뭘까요? 지금까지 배운 바에 의하면 우리말의 '은, 는, 이, 가'에 해당하는 것이 주어이므로

'여행을 가는 것은'

이 덩어리가 주어입니다. 그리고 '신난다'라는 말로 이 주어를 설명하고 있죠? 우리말은 '신난다'가 하나의 단어이지만 이것을 다시 영어 식으로 풀어보면

'여행을 가는 것은 + 이다 + 신나는'

이렇게 be동사를 써서 '신나는'이라는 형용사를 연결해 준다는 것을 알 수 있습니다.

그런데 여기서 첫 번째 고민! '~하는 것'이라는 말을 어떻게 표현할까요?

travel

이 단어는 '여행하다'라는 동사입니다. ('여행'이라는 명사로도 씁니다. 영어에는 생긴 건 같은데 품사가 다른 단어들이 많이 있다고 했죠?) 그러면 '여행하는 것'이라는 말은 어떻게 할까요?

방법은 두 가지가 있습니다.

to + travel

이렇게 '동사' 앞에 **to**라는 단어를 붙여주는 방법

travel + ing

이렇게 '동사' 뒤에 −ing를 붙여주는 방법

둘 다 가능하지만 일상에서 더 많이 쓰는 쪽은 −ing를 붙이는 것입니다.

travel 여행하다 → **traveling** 여행하는 것

drink beer 맥주를 마시다 → **drinking beer** 맥주를 마시는 것

get some air 바람을 쐬다 → **getting some air** 바람을 쐬는 것

그러니까 이렇게 동사 뒤에 −ing만 붙이면 '~하는 것'이 되는 거죠. 생각보다 쉽네요? 그럼 실제 적용을 해보겠습니다.

1. 여행을 가는 것은 신난다.
2. 맥주를 마시는 것은 피곤하다.
3. 바람을 쐬는 것은 중요하다.

음주를 장려하는 문장이 될까 봐 맥주를 마시는 것은 '피곤하다'로 살짝 바꿨습니다.

1. 여행을 가는 것은 신난다.

→ 여행을 가는 것은 + 이다 + 신나는

→ Traveling + 이다 + 신나는

→ Traveling + is + 신나는

→ Traveling + is + ?.

여기서 마지막 단어를 살짝 고민해 봅시다. '~을 신나게 하다'라는 동사는 excite입니다. 그래서 주어가 그 대상이 되어 신나는 감정을 가지면 excited를 써주고 주어가 다른 대상을 신나게 하는 것(신나게 하는 느낌을 뿜어내는)이라면 exciting을 써준다고 배웠죠? 그래서

Traveling + is + exciting.

이렇게 써주어야 '여행을 가는 것은 신난다.'가 됩니다.

2. 맥주를 마시는 것은 피곤하다.

→ 맥주를 마시는 것은 + 이다 + 피곤한 느낌을 뿜어내는

→ Drinking beer + 이다 + 피곤한 느낌을 뿜어내는

→ Drinking beer + is + 피곤한 느낌을 뿜어내는

→ Drinking beer + is + tiring.

3. 바람을 쐬는 것은 중요하다.

→ 바람을 쐬는 것은 + 이다 + 중요한.

→ Getting some air + 이다 + 중요한

→ Getting some air + is + 중요한

→ Getting some air + is + important.

'중요한'은 영어에 이미 important라는 단어가 있습니다. 그래서 '~를 중요하게 하다'라는 동사를 굳이 찾아서 -ing로 바꾸어 붙일 필요가 없습니다.

어떤가요? 처음에 생각했던 것만큼 '생각, 개념'을 영어로 표현하는 것이 아주 숨 막히는 일은 아니죠? 이렇게 '동사' 뒤에 -ing를 붙여서 '~하는 것'에 대한 표현을 많이 연습하면 여러분들의 영어실력은 한 단계 상승하게 됩니다. 한 인간의 언어능력을 측정할 때 당장 눈에 보이는 사람이나 사물이 아닌 '추상적인 것'을 표현할 줄 아는가가 굉장히 중요한 지표가 됩니다.

그럼 여러 가지 다른 문장을 만들어 볼까요?

4. 신문을 읽는 것은 유익하다.

→ 신문을 읽는 것은 + 이다 + 유익한

→ Reading a newspaper + 이다 + 유익한

→ Reading a newspaper + is + 유익한

→ Reading a newspaper + is + informative.

* informative 유용한 정보를 주는, 유익한

5. 운동을 규칙적으로 하는 것은 좋은 습관이다.

→ 운동을 규칙적으로 하는 것은 + 이다 + 좋은 습관

→ Exercising regularly + 이다 + 좋은 습관

→ Exercising regularly + is + 좋은 습관

→ Exercising regularly + is + a good habit.

* regularly 정기적으로, 규칙적으로

6. 커피를 마시는 것은 건강에 좋다.

→ 커피를 마시는 것은 + 이다 + 건강에 좋은

→ **Drinking coffee** + 이다 + 건강에 좋은

→ **Drinking coffee** + **is** + 건강에 좋은

→ **Drinking coffee** + **is** + **healthy**.

7. 가르치는 것은 나의 직업이다.

→ 가르치는 것은 + 이다 + 나의 직업

→ **Teaching** + 이다 + 나의 직업

→ **Teaching** + **is** + 나의 직업

→ **Teaching** + **is** + **my job**.

8. 영어를 배우는 것은 필수이다.

→ 영어를 배우는 것은 + 이다 + 필수의

→ **Learning English** + 이다 + 필수의

→ **Learning English** + **is** + 필수의

→ **Learning English** + **is** + **necessary**.

* necessary 필요한, 필수적인

9. 사진을 찍는 것은 즐거운 활동이다.

→ 사진을 찍는 것은 + 이다 + 즐거운 활동

→ **Taking pictures** + 이다 + 즐거운 활동

→ **Taking pictures** + **is** + 즐거운 활동

→ **Taking pictures** + **is** + **an enjoyable activity**.

* enjoyable 즐거운

10. 외식을 하는 것은 비싸다.

→ 외식을 하는 것은 + 이다 + 비싼

→ **Eating out** + 이다 + 비싼

→ Eating out + is + 비싼

→ Eating out + is + expensive.

eat out이라는 덩어리 단어가 '외식하다'는 뜻으로 자주 쓰입니다. 또는 dine out이라고도 하는데요. '외식을 하는 것'이라고 하면 eating out 또는 dining out으로 바꾸어 쓰시면 됩니다.

11. 설거지를 하는 것은 골치 아프다.

→ 설거지를 하는 것은 + 이다 + 골치 아픈

→ Washing dishes + 이다 + 골치 아픈

→ Washing dishes + is + 골치 아픈

→ Washing dishes + is + troublesome.

* troublesome 골칫거리인

어머니께서 제일 좋아하시는 문장입니다. 왠지 불효자가 된 것 같아 책에 꼭 넣어드리기로 했습니다.

12. 집을 청소하는 것은 힘든 일이다.

→ 집을 청소하는 것은 + 이다 + 힘든 일

→ Cleaning the house + 이다 + 힘든 일

→ Cleaning the house + is + 힘든 일

→ Cleaning the house + is + hard work.

그래서 청소를 도와드리고 이 문장도 넣는 것으로 합의했죠.

이제부터는 이 문장들의 마지막 단어만 조금 바꾸어 보겠습니다.

1. 신문을 읽는 것은 유익한 습관이다.

→ 신문을 읽는 것은 + 이다 + 유익한 습관

→ Reading a newspaper + 이다 + 유익한 습관

→ Reading a newspaper + is + 유익한 습관

→ Reading a newspaper + is + an informative habit.

마지막 단어 배열 순서 기억나시죠? 관사가 맨 앞으로 오고 '어떠한 무엇'이라고 형용사, 명사 순으로 써줍니다.

2. 운동을 규칙적으로 하는 것은 건강에 좋은 습관이다.

→ 운동을 규칙적으로 하는 것은 + 이다 + 건강에 좋은 습관

→ Exercising regularly + 이다 + 건강에 좋은 습관

→ Exercising regularly + is + 건강에 좋은 습관

→ Exercising regularly + is + a healthy habit.

3. 영어를 배우는 것은 필수이고 즐거운 활동이다.

→ 영어를 배우는 것은 + 이다 + 필수의 + 그리고 + 즐거운 활동

→ Learning English + 이다 + 필수의 + 그리고 + 즐거운 활동

→ Learning English + is + 필수의 + 그리고 + 즐거운 활동

→ Learning English + is + necessary + 그리고 + 즐거운 활동

→ Learning English + is + necessary + and + 즐거운 활동

→ Learning English + is + necessary + and + an enjoyable activity.

이처럼 우리말의 '~고'는 **and**로 표현하면 거의 맞습니다. 우리말은 '필수다 그리고'라고 따로 쓰지 않고 '필수이고'로 합쳐 쓰는 방법이 있지만 영어에는 그런 방법이 없습니다. 그래서 따로 **and**를 써주고 연결해야 합니다.

4. 외식을 하는 것은 비싸고 골치 아프다.

→ 외식을 하는 것은 + 이다 + 비싼 + 그리고 + 골치 아픈

→ **Eating out** + 이다 + 비싼 + 그리고 + 골치 아픈

→ **Eating out** + **is** + 비싼 + 그리고 + 골치 아픈

→ **Eating out** + **is** + **expensive** + 그리고 + 골치 아픈

→ **Eating out** + **is** + **expensive** + **and** + 골치 아픈

→ **Eating out** + **is** + **expensive** + **and** + **troublesome**.

와! 우리의 생각을 이렇게 영어로 표현해놓고 보니 뭔가 '사람'과 '사물'을 표현했을 때와는 또 다른 맛이 있네요! 답답했던 속이 뻥 뚫리는 느낌?

1 여행을 가는 것은 신난다.
(exciting / is / traveling)

_____

2 맥주를 마시는 것은 피곤하다.
(is / drinking / tiring / beer)

_____

3 바람을 쐬는 것은 중요하다.
(important / is / some air / getting)

_____

4 신문을 읽는 것은 유익하다.
(is / a newspaper / informative / reading)

_____

5 운동을 규칙적으로 하는 것은 좋은 습관이다.
(a good habit / exercising regularly / is)

_____

6 커피를 마시는 것은 건강에 좋다.
(Drinking / is / healthy / coffee)

_____

7 가르치는 것은 나의 직업이다.
(my job / teaching / is)

_____

8 영어를 배우는 것은 필수이다.
(English / is / necessary / learning)

_____

9 사진을 찍는 것은 즐거운 활동이다.
(pictures / is / taking / activity / enjoyable / an)

_____

10 외식을 하는 것은 비싸다.
(expensive / is / eating out)

_____

11 설거지를 하는 것은 골치 아프다.
(troublesome / washing / is / dishes)

_____

12 집을 청소하는 것은 힘든 일이다.
(hard work / the house / cleaning / is)

_____

13 신문을 읽는 것은 유익한 습관이다.
(an / reading / a newspaper / informative / is / habit)

_____

14 운동을 규칙적으로 하는 것은 건강에 좋은 습관이다.
(healthy / is / habit / exercising regularly / a)

_____

15 영어를 배우는 것은 필수이고 즐거운 활동이다.
(and / is / learning / necessary / English / activity / an /
enjoyable)

_____

16 외식을 하는 것은 비싸고 골치 아프다.
(troublesome / eating out / expensive / is / and)

_____

정답

1. Traveling is exciting.
2. Drinking beer is tiring.
3. Getting some air is important.
4. Reading a newspaper is informative.
5. Exercising regularly is a good habit.
6. Drinking coffee is healthy.
7. Teaching is my job.
8. Learning English is necessary.
9. Taking pictures is an enjoyable activity.
10. Eating out is expensive.
11. Washing dishes is troublesome.
12. Cleaning the house is hard work.
13. Reading a newspaper is an informative habit.
14. Exercising regularly is a healthy habit.
15. Learning English is necessary and an enjoyable activity.
16. Eating out is expensive and troublesome.

그러면 내친김에 지금까지 만든 문장들을 '질문'으로 바꾸어 보겠습니다. 마지막으로 한 번 더 반복! be동사가 들어있는 문장을 질문으로 바꿀 때는 어떻게 한다고 했죠?

〈주어 + 동사〉를 〈동사 + 주어〉 순서로 바꾸기만 하면 된다!

이제 잘 하시는군요!

1. Traveling + is + exciting. 여행을 가는 것은 신난다.

→ Is + traveling + exciting? 여행을 가는 것은 신나니?

2. Drinking beer + is + tiring. 맥주를 마시는 것은 피곤하다.

→ Is + drinking beer + tiring? 맥주를 마시는 것은 피곤하니?

3. Getting some air + is + important. 바람을 쐬는 것은 중요하다.

→ Is + getting some air + important? 바람을 쐬는 것은 중요하니?

4. Reading a newspaper + is + informative. 신문을 읽는 것은 유익하다.

→ Is + reading a newspaper + informative? 신문을 읽는 것은 유익하니?

5. Exercising regularly + is + a good habit.

운동을 규칙적으로 하는 것은 좋은 습관이다.

→ Is + exercising regularly + a good habit?

운동을 규칙적으로 하는 것은 좋은 습관이니?

6. Drinking coffee + is + **healthy[good for health]**.

커피를 마시는 것은 건강에 좋다.

→ Is + drinking coffee + **healthy[good for health]?**

커피를 마시는 것은 건강에 좋니?

7. Teaching + is + **my job/profession**. 가르치는 것은 나의 직업이다.

→ Is + teaching + **my job/profession?** 가르치는 것은 나의 직업이니?

8. Learning English + is + **necessary**. 영어를 배우는 것은 필수이다.

→ Is + learning English + **necessary?** 영어를 배우는 것은 필수이니?

9. Taking pictures + is + **an enjoyable activity**.

사진을 찍는 것은 즐거운 활동이다.

→ Is + taking pictures + **an enjoyable activity?**

사진을 찍는 것은 즐거운 활동이니?

10. Eating out + is + **expensive**. 외식을 하는 것은 비싸다.

→ Is + eating out + **expensive?** 외식을 하는 것은 비싸니?

11. Washing dishes + is + **troublesome**. 설거지를 하는 것은 골치 아프다.

→ Is + washing dishes + **troublesome?** 설거지를 하는 것은 골치 아프니?

12. Cleaning the house + is + **hard work**. 집을 청소하는 것은 힘든 일이다.

→ Is + cleaning the house + **hard work?** 집을 청소하는 것은 힘든 일이니?

13. Reading a newspaper + is + **an informative habit**.

신문을 읽는 것은 유익한 습관이다.

→ Is + reading a newspaper + **an informative habit?**

신문을 읽는 것은 유익한 습관이니?

14. Exercising regularly + is + **a healthy habit.**

운동을 규칙적으로 하는 것은 건강에 좋은 습관이다.

→ Is + exercising regularly + **a healthy habit?**

운동을 규칙적으로 하는 것은 건강에 좋은 습관이니?

15. Learning English + is + **necessary** + **and** + **an enjoyable activity.**

영어를 배우는 것은 필수이고 즐거운 활동이다.

→ Is + learning English + **necessary** + **and** + **an enjoyable activity?**

영어를 배우는 것은 필수이고 즐거운 활동이니?

16. Eating out + is + **expensive** + **and** + **troublesome.**

외식을 하는 것은 비싸고 골치 아프다.

→ Is + eating out + **expensive** + **and** + **troublesome?**

외식을 하는 것은 비싸고 골치 아프니?

To say is one thing; to practice is another.

말하기는 쉬워도 행하기는 어렵다.

아주 오래된 격언입니다. 역시 실천이 말보다 어렵다는 것은 동서고금을 막론하고 진리인가 봅니다.

이 격언에서는 saying 대신 to say를 practicing 대신에 to practice를 썼는데요. 현대영어보다 예전 영어에서 'to + 동사'를 '주어'로 쓰는 경우가 더 많았습니다. 오늘날은 '동사 + ing'를 쓰는 것을 더 선호하는데요. 이런 것은 딱히 무엇이 맞다, 틀리다의 문제가 아니라 선호도의 차이일 뿐입니다.

to say 말하는 것, 말하기 + is ~이다 + one thing 하나의 것, 한 가지

one thing은 '여러 가지 중 한 가지' 정도의 의미로 쓰였다고 보시면 됩니다.

to practice 행하는 것, 행하기 + is ~이다 + another 또 다른 하나의 것

another는 앞서 나온 one thing과는 '또 다른 하나의 것'이라는 의미입니다.

즉 To say is one thing; to practice is another.는 말하는 것과 행하는 것은 각기 다른 것이라는 의미를 담고 있습니다. 이를 의역하면 '말하기는 쉬워도 행하기는 어렵다.' 정도가 됩니다.

10

~하는 것이 + 한다
+ 무엇을

강의보기

먼저 제가 질문을 하나 드리겠습니다.

맛있는 것을 먹는 것은 나를 행복하게 만든다.
맛있는 것을 먹으면 행복해진다.

둘 중 어느 것이 더 자연스러운 우리말 같나요?

한국인으로서 둘 중 어떤 표현이 더 자연스러워 보이나요?

저는 아무래도 두 번째 문장입니다. 첫 번째 문장은 마치 번역기를 돌린 것 같습니다. 외국인이 한국어 단어만 써서 영어 식 표현을 그대로 한 것 같다고 할까요? 여기서 잘 감이 안 오시면 다음 두 문장을 보시면 됩니다.

여행을 하는 것은 나를 돕는다.
여행을 하는 것은 도움이 된다.

어떠세요? 여기서 첫 번째 문장을 보시면 '틀린 말은 아닌데 꼭 외국어 같
네.'라는 느낌이 드시죠?

네, 바로 그게 이번 장의 핵심입니다.

실제 한국어를 배우는 외국인들이 아직 한국어에 능숙하지 않을 때 앞서 나
온 '첫 번째' 표현들을 종종 씁니다.

내 한국어 수업이 나를 힘들게 합니다.
오늘 날씨가 나를 지치게 합니다.

그런데 왜 이런 표현을 쓸까요? 단순합니다. 영어로는 이게 아주 자연스러
운 표현 방식이기 때문입니다.

한번 우리말에서 벗어나 영어 식으로 생각해 볼까요?

'여행을 하는 것은 + 돕는다 + 나를'

그렇죠? 영어는 이렇게 사람이 아닌 것이 '주어'로 매우 자연스럽게 쓰인다는 것! 이미 알고 계시죠? 이대로 영어 단어를 하나씩 끼워 넣으면 다음과 같은 문장이 나옵니다.

Traveling helps me.

딱 영어 원어민들이 좋아하는 표현방식입니다.

여러 문장을 통해 이 표현 방식을 익혀봅시다.

1. 운동을 규칙적으로 하는 것은 나를 돕는다.
→ 운동을 규칙적으로 하는 것은 + 돕는다 + 나를
→ **Exercising regularly** + 돕는다 + 나를
→ **Exercising regularly** + **helps** + 나를
→ **Exercising regularly** + **helps** + **me.**

우리는 보통 '규칙적으로 운동을 하면 도움이 된다.'라고 말하죠? 그런데 이 말을 정말 그대로 영어로 바꾸기는 힘듭니다. 이번 장의 목표는 그러한 고충을 덜기 위함입니다.

2. 아침식사를 하는 것은 큰 차이를 만든다.
→ 아침식사를 하는 것은 + 만든다 + 큰 차이
→ **Having breakfast** + 만든다 + 큰 차이
→ **Having breakfast** + **makes** + 큰 차이
→ **Having breakfast** + **makes** + **a big difference.**

우리는 보통 '아침식사를 하면 많이 달라진다'라고 말하죠? '아침을 거르지 않으면 삶이 많이 달라진다.' 이런 조언은 평소에도 들어본 것 같습니다.

이를 영어 식으로 표현하기 위한 첫 단계는 바로 '아침식사를 하는 것'을 '주어'로 삼는 것입니다. 이러한 행위가 무엇을 바꾸고 차이를 만들고 즉, 그 행위 자체가 마치 사람인 것처럼 문장을 시작하는 것입니다.

3. 커피를 마시는 것은 이점들을 가지고 있다.
→ 커피를 마시는 것은 + 가지고 있다 + 이점들을
→ Drinking coffee + 가지고 있다 + 이점들을
→ Drinking coffee + has + 이점들을
→ Drinking coffee + has + benefits.

우리는 보통 '커피를 마시는 것은 이롭다, 이로운 면이 있다'고 얘기하죠? 여기서 '커피를 마시는 것'이 마치 사람인 것처럼 무엇을 '가지다' '행하다'라고 표현하면 그들의 방식에 가까워집니다.

여기서 잠시 제가 곰곰이 생각을 해보았습니다.

우리가 〈~하는 것은 + 한다 + 무엇을〉 표현을 언제 가장 많이 쓸까요? 저는 주로 '취미'나 '흥미' 등을 표현할 때라고 생각합니다.

난 요즘에 게임하는 게 그렇게 좋더라.

너 저번에 보니까 커피 마시는 게 습관이더라.

이런 표현을 실제로 많이 하죠? 생각해보면 우리가 살면서 나누는 대화의 상당 부분이 여기에 속하는 것 같습니다. 그래서 다음 순서를 준비했습니다.

- '~하는 것은 + give + 누구에게 + 무엇을'
- '~하는 것은 + bring + 누구에게 + 무엇을'
- '~하는 것은 + help + 누구를 + ~하게'
- '~하는 것은 + make + 누구를 + 어떤 상태로/~하게'

이 표현들을 제대로 익혀두시면 정말 큰 힘이 됩니다. 제가 하나 하나 풀어서 보여드리도록 하겠습니다.

~하는 것은 + **give** + 누구에게 + 무엇을

1. 독서를 하는 것은 나에게 기쁨을 준다.

→ 독서를 하는 것은 + 준다 + 나에게 + 기쁨을

→ Reading + 준다 + 나에게 + 기쁨을

→ Reading + gives + 나에게 + 기쁨을

→ Reading + gives + me + 기쁨을

→ Reading + gives + me + pleasure.

지금 보신 것처럼 give 뒤에는 명사 두 개가 나란히 올 수 있습니다. give가 원래 '주다'라는 뜻이기 때문에 지금처럼 '~에게 ~을' 준다고 말을 해도 되고 두 단어의 순서를 바꾸어 '~을 ~에게' 준다고 해도 됩니다. 다만 후자 표현을 할 때는 '~에게'를 직접 to로 표현해 줍니다.

Reading gives pleasure to me.

독서는 나에게 기쁨을 준다.

2. 아침을 먹는 것은 너에게 에너지를 준다.

→ 아침을 먹는 것은 + 준다 + 너에게 + 에너지를

→ **Having breakfast** + 준다 + 너에게 + 에너지를

→ **Having breakfast** + **gives** + 너에게 + 에너지를

→ **Having breakfast** + **gives** + **you** + 에너지를

→ **Having breakfast** + **gives** + **you** + **energy**.

이 문장도 마찬가지로 you와 energy의 순서를 바꾸어 **Having breakfast gives energy to you.** 라고 표현할 수도 있습니다.

Having breakfast gives you energy.

아침을 먹는 것은 너에게 에너지를 준다.

이렇게 give 뒤에 '무엇을 받는 대상'이 나오면 '~에게'라는 말이 있다고 당연히 생각하여 굳이 to를 쓰지 않지만 순서를 바꾸어

Having breakfast gives energy to you.

이렇게 give 뒤에 '무엇을'이 먼저 나오면 그 뒤에는 '~에게'에 해당하는 to를 먼저 써주고 그 다음에 그것을 받는 대상을 써줍니다.

3. 커피를 마시는 것은 그에게 맑은 정신을 준다.

→ 커피를 마시는 것은 + 준다 + 그에게 + 맑은 정신을

→ **Drinking coffee** + 준다 + 그에게 + 맑은 정신을

→ **Drinking coffee** + **gives** + 그에게 + 맑은 정신을

→ **Drinking coffee** + **gives** + **him** + 맑은 정신을

→ **Drinking coffee** + **gives** + **him** + **a fresh mind**.

이 표현은 정말 생소하죠? 우리는 아마 '커피를 마시면 그는 정신이 맑아진다.'라고 할 것입니다. 영어와 우리말은 이렇게 '표현 방식'에서 참 많은 차이점이 있습니다. 처음에는 이것이 답답할 수 있으나 익숙해질수록 재미를 느끼게 됩니다. 저는 처음 영어공부를 할 때 이렇게 표현하니 마치 '시' 같다는 생각을 하며 즐겼습니다. 여러분께서도 그때의 저처럼 낭만을 가지고 영어를 대하셨으면 합니다.

~하는 것은 + **bring** + 누구에게 + 무엇을

1. 사람들과 대화하는 것은 그녀에게 기쁨을 가져다준다.

→ 사람들과 대화하는 것은 + 가져다준다 + 그녀에게 + 기쁨을

→ **Talking with people** + 가져다준다 + 그녀에게 + 기쁨을

→ **Talking with people** + **brings** + 그녀에게 + 기쁨을

→ **Talking with people** + **brings** + **her** + 기쁨을

→ **Talking with people** + **brings** + **her** + **joy**.

2. 운전을 하는 것은 우리에게 편리함을 가져다준다.

→ 운전을 하는 것은 + 가져다준다 + 우리에게 + 편리함을

→ **Driving** + 가져다준다 + 우리에게 + 편리함을

→ **Driving** + **brings** + 우리에게 + 편리함을

→ **Driving** + **brings** + **us** + 편리함을

→ **Driving** + **brings** + **us** + **convenience**.

영어를 쓰는 사람들은 '무엇이 무엇을 어디로 보낸다, 움직인다'는 식의 표현을 참 많이 합니다. 우리는 '운전은 우리의 생활을 편리하게 해준다.'처럼 '무언가가 무엇을 어떤 상태로 변화시킨다.'라는 표현을 많이 하잖아요? 영어에는 그러한 느낌, 그런 것을 '가져다준다, 만들어 낸다'는 식의 표현이 많습니다.

우리말이라면 '일찍 일어나면 여러 이익이 있다.'라고 표현할 것을 영어로는 '아침에 일찍 일어나는 것은 많은 이익들을 준다.'는 식으로 표현하는 것이죠. 다음 문장들을 보실까요?

3. 영어를 배우는 것은 그들에게 행복을 가져다준다.

→ 영어를 배우는 것은 + 가져다준다 + 그들에게 + 행복을

→ **Learning English** + 가져다준다 + 그들에게 + 행복을

→ **Learning English** + **brings** + 그들에게 + 행복을

→ **Learning English** + **brings** + **them** + 행복을

→ **Learning English** + **brings** + **them** + **happiness**.

이 책을 읽고 계신 여러분들께서 느끼셨으면 하는 감정입니다. 다른 언어를 배운다는 것은 새로운 영혼을 하나 더 갖게 되는 것이라는 말이 있습니다. 이보다 낭만적인 일이 있을까요?

~하는 것은 + **help** + 누구를 + ~하게

1. 음악을 듣는 것은 내가 집중하게 돕는다.
→ 음악을 듣는 것은 + 돕는다 + 나를 + 집중하게
→ **Listening to music** + 돕는다 + 나를 + 집중하게
→ **Listening to music** + **helps** + 나를 + 집중하게
→ **Listening to music** + **helps** + **me** + 집중하게
→ **Listening to music** + **helps** + **me** + **to concentrate**.

이렇게 '~를 하도록, ~하게'라는 표현을 할 때는 동사 앞에 **to**를 붙입니다.
때에 따라서는 **to**를 생략할 수도 있습니다.

Listening to music helps me concentrate.

이렇게요.

2. 걷는 것은 네가 체중을 줄이게 돕는다.
→ 걷는 것은 + 돕는다 + 너를 + 체중을 줄이게
→ **Walking** + 돕는다 + 너를 + 체중을 줄이게
→ **Walking** + **helps** + 너를 + 체중을 줄이게
→ **Walking** + **helps** + **you** + 체중을 줄이게
→ **Walking** + **helps** + **you** + **to lose weight**.

우리말의 '살을 빼다'라는 표현을 영어로 옮기면 lose weight, '살이 찌다'
는 gain weight입니다. 역시 영어는 '소유'의 개념이 강합니다 결국 내가 '잃
다', '얻다'잖아요?

3. 인터넷을 이용하는 것은 그가 유명한 식당들을 찾게 돕는다.

→ 인터넷을 이용하는 것 + 돕는다 + 그를 + 찾게 + 유명한 식당들을

→ Using the Internet + 돕는다 + 그를 + 찾게 + 유명한 식당들을

→ Using the Internet + helps + 그를 + 찾게 + 유명한 식당들을

→ Using the Internet + helps + him + 찾게 + 유명한 식당들을

→ Using the Internet + helps + him + to find + 유명한 식당들을

→ Using the Internet + helps + him + to find + famous
   restaurants.

~하는 것은 + make + 누구를 + 어떤 상태로/~하게

1. 케이크를 먹는 것은 그녀를 행복하게 만든다.

→ 케이크를 먹는 것은 + 만든다 + 그녀를 + 행복한 상태로

→ Eating cake + 만든다 + 그녀를 + 행복한 상태로

→ Eating cake + makes + 그녀를 + 행복한 상태로

→ Eating cake + makes + her + 행복한 상태로

→ Eating cake + makes + her + happy.

우리말 '행복하게'를 사전에서 찾으면 **happily**라고 나오는데요. 이것은 '그녀를 행복하게 만든다.'에서 쓰인 '행복하게'와 같은 것이 아닙니다. 언어가 다르면 이렇게 호환이 되지 않는 경우가 종종 있습니다. 우리말 '행복하게'는 '행복하게 밥을 먹는다'처럼 '어떤 일'을 '어떻게' 한다는 '부사'로 쓰기도 하고 '그녀를 행복하게 만든다.'처럼 그녀를 '행복한 상태로' 만든다는 '형용사'로도 쓸 수 있죠? 그러나 영어는 각기 다른 단어를 씁니다.

happily 행복하게 (부사)

happy 행복한 (형용사)

2. 대중교통을 이용하는 것은 우리가 시간을 아끼게 만든다.
→ 대중교통을 이용하는 것은 + 만든다 + 우리를 + 시간을 아끼게
→ **Using public transportation** + 만든다 + 우리를 + 시간을 아끼게
→ **Using public transportation** + **makes** + 우리를 + 시간을 아끼게
→ **Using public transportation** + **makes** + **us** + 시간을 아끼게
→ **Using public transportation** + **makes** + **us** + **save time**.

make라는 동사는 아주 힘이 셉니다. 그래서 〈make + 누구 + _____〉에서 이 빈칸에 나올 동사에 아무런 모양 변화를 주지 않습니다. 그래서

Using public transportation makes us ~~to~~ save time.

이렇게 **to**를 붙이지도 않습니다. 지금은 그냥 **make**는 정말 힘이 세다. 이 정도만 기억해 두세요.

3. 쇼핑을 하는 것은 그들이 돈을 쓰게 만든다.

→ 쇼핑을 하는 것은 + 만든다 + 그들을 + 돈을 쓰게

→ Shopping + 만든다 + 그들을 + 돈을 쓰게

→ Shopping + makes + 그들을 + 돈을 쓰게

→ Shopping + makes + them + 돈을 쓰게

→ Shopping + makes + them + spend money.

QUIZ

1 운동을 규칙적으로 하는 것은 나를 돕는다.
(me / helps / exercising regularly)

_____

2 아침식사를 하는 것은 큰 차이를 만든다.
(makes / having breakfast / difference / big / a)

_____

3 커피를 마시는 것은 이점들을 가지고 있다.
(coffee / benefits / has / drinking)

_____

4 독서를 하는 것은 나에게 기쁨을 준다.
(pleasure / gives / reading / me)

_____

5 아침을 먹는 것은 너에게 에너지를 준다.
(gives / energy / you / breakfast / having)

_____

6 커피를 마시는 것은 그에게 맑은 정신을 준다.
(a / drinking / gives / coffee / him / mind / fresh)

_____

7 사람들과 대화하는 것은 그녀에게 기쁨을 가져다 준다.
(with / people / brings / talking / joy / her)

_____

8 운전을 하는 것은 우리에게 편리함을 가져다 준다.
(us / convenience / brings / driving)

_____

9 영어를 배우는 것은 그들에게 행복을 가져다 준다.
(English / brings / happiness / learning / them)

_____

10 음악을 듣는 것은 내가 집중하게 돕는다.
(to / me / helps / listening to / concentrate / music)

_____

11 걷는 것은 네가 체중을 줄이게 돕는다.
(you / lose / walking / weight / helps / to)

_____

12 인터넷을 이용하는 것은 그가 유명한 식당들을 찾는 것을 돕는다.
(him / using / famous / to / restaurants / the Internet / helps / find)

_____

13 케이크를 먹는 것은 그녀를 행복하게 만든다.
(happy / cake / makes / eating / her)

_____

14 대중교통을 이용하는 것은 우리가 시간을 아끼게 만든다.
(makes / time / save / us / public transportation / using)

_____

15 쇼핑을 하는 것은 그들이 돈을 쓰게 만든다.
(money / shopping / them / makes / spend)

_____

정답

1. Exercising regularly helps me.
2. Having breakfast makes a big difference.
3. Drinking coffee has benefits.
4. Reading gives me pleasure.
5. Having breakfast gives you energy.
6. Drinking coffee gives him a fresh mind.
7. Talking with people brings her joy.
8. Driving brings us convenience.
9. Learning English brings them happiness.
10. Listening to music helps me to concentrate.
11. Walking helps you to lose weight.
12. Using the Internet helps him to find famous restaurants.
13. Eating cake makes her happy.
14. Using public transportation makes us save time.
15. Shopping makes them spend money.

Reading makes a full man, conference a ready man,
and writing an exact man
- 프란시스 베이컨 Francis Bacon

reading은 '책을 읽는 것' 입니다 그래서 '독서' 라고 보시면 되겠죠.

Reading 독서는 makes 만든다 a full man 완전한 인간을

그리고 이어지는 conference 와 writing 뒤에는 makes를 굳이 또 쓰지 않고 생략하였
습니다. 즉, conference makes a ready man and writing makes an exact man
입니다.

conference는 '회의' 라기 보다 '담론' 정도의 뜻이라 보면 될 것 같습니다. 그것이

makes 만든다 a ready man 준비된 사람을 and

그리고

writing 글쓰기는 makes 만든다 an exact man 정확한, 꼼꼼한 사람을

프랜시스 베이컨은 죽을 때까지 경험을 통해 끊임없는 '증명'을 해내려 한 사람입니다. 그런 그에게 독서와 담론과 글쓰기는 한 인간의 지적 능력을 향상, 유지시키는 가장 중요한 활동으로 여겨졌을 것입니다. 저도 다시 한번 베이컨의 말을 되새기며 하루를 시작해봅니다.

자, 이렇게 해서 〈~하는 것이 + 한다 + 무엇을〉 표현까지 살펴보았습니다. 여러분들의 표현력이 한 단계 올라간 것이 보이는군요! 이제 지금까지 만든 문장들을 '질문'으로 바꾸는 연습도 해보도록 하겠습니다.

be동사가 들어있지 않은 문장을 질문 즉, 의문문으로 바꿀 때는? 문장 앞에 **Do**나 **Does**를 붙인다! 아, 참고로 '~하는 것'이라는 표현은 '나, 너, 우리, 그들, 여럿'이 아닌 '제3의 어떤, 한 무엇'으로 보아 **Does**를 붙입니다.

1. **Exercising regularly** + **helps** + **me**.

   운동을 규칙적으로 하는 것은 나를 돕는다.

   → **Does** + **exercising regularly** + **help** + **me**?

   운동을 규칙적으로 하는 것은 나를 돕니?

2. **Having breakfast** + **makes** + **a big difference**.

   아침식사를 하는 것은 큰 차이를 만든다.

   → **Does** + **having breakfast** + **make** + **a big difference**?

   아침식사를 하는 것은 큰 차이를 만드니?

3. **Drinking coffee** + **has** + **benefits**.

   커피를 마시는 것은 이점들을 가지고 있다.

   → **Does** + **drinking coffee** + **have** + **benefits**?

   커피를 마시는 것은 이점들을 가지고 있니?

4. Reading + gives + **me** + pleasure.

   독서를 하는 것은 나에게 기쁨을 준다.

→ Does + reading + give + **me** + pleasure?

   독서를 하는 것은 나에게 기쁨을 주니?

5. Having breakfast + gives + **you** + energy.

   아침을 먹는 것은 너에게 에너지를 준다.

→ Does + having breakfast + give + **you** + energy?

   아침을 먹는 것은 너에게 에너지를 주니?

6. Drinking coffee + gives + **him** + a fresh mind.

   커피를 마시는 것은 그에게 맑은 정신을 준다.

→ Does + drinking coffee + give + **him** + a fresh mind?

   커피를 마시는 것은 그에게 맑은 정신을 주니?

7. Talking with people + brings + **her** + joy.

   사람들과 대화하는 것은 그녀에게 기쁨을 가져다 준다.

→ Does + talking with people + bring + **her** + joy?

   사람들과 대화하는 것은 그녀에게 기쁨을 가져다 주니?

8. Driving + brings + us + convenience.

운전을 하는 것은 우리에게 편리함을 가져다 준다.

→ Does + driving + bring + us + convenience?

운전을 하는 것은 우리에게 편리함을 가져다 주니?

9. Learning English + brings + them + happiness.

영어를 배우는 것은 그들에게 행복을 가져다 준다.

→ Does + learning English + bring + them + happiness?

영어를 배우는 것은 그들에게 행복을 가져다 주니?

10. Listening to music + helps + me + to concentrate.

음악을 듣는 것은 내가 집중하게 돕는다.

→ Does + listening to music + help + me + to concentrate?

음악을 듣는 것은 내가 집중하게 돕니?

11. Walking + helps + you + to lose weight.

걷는 것은 네가 체중을 줄이게 돕는다.

→ Does + walking + help + you + to lose weight?

걷는 것은 네가 체중을 줄이게 돕니?

12. Using the Internet + helps + him + to find a famous restaurant.

인터넷을 이용하는 것은 그가 유명한 식당을 찾게 돕는다.

→ Does + using the Internet + help + him + to find a famous restaurant?

인터넷을 이용하는 것은 그가 유명한 식당을 찾게 돕니?

13. Eating cake + makes + her + happy.

케이크를 먹는 것은 그녀를 행복하게 만든다.

→ Does + eating cake + make + her + happy?

케이크를 먹는 것은 그녀를 행복하게 만드니?

14. Using public transportation + makes + us + save time.

대중교통을 이용하는 것은 우리가 시간을 아끼게 만든다.

→ Does + using public transportation + make + us + save time?

대중교통을 이용하는 것은 우리가 시간을 아끼게 만드니?

15. Shopping + makes + them + spend money.

쇼핑을 하는 것은 그들이 돈을 쓰게 만든다.

→ Does + shopping + make + them + spend money?

쇼핑을 하는 것은 그들이 돈을 쓰게 만드니?

Chapter 4

확장

#11

저희가 도와드릴게요!
- 조동사

강의보기

여러분께서는 지금까지 기본 틀을 만드는 법을 습득하셨습니다. 사실 이 책은 여기서 끝나도 됩니다. 그러나 저는 조금 더 할 이야기가 남았습니다. 지금까지 있는 재료로 요리를 하는 법을 배우셨다면 여기서부터는 기가 막힌 양념들을 소개할까 합니다. 이 양념들의 이름은 '조동사'입니다.

can

could

may

might

will

would

shall

should

must

have to

우리가 어떤 영어교재를 펴더라도 '조동사' 장에는 이런 목록이 나옵니다. 그리고 영어에는 이 녀석들 말고도 더 많은 조동사들이 있습니다. 저는 실용 주의자입니다. 그래서 '가장 많이 쓰이는 조동사들'만 다루려고 합니다. 나머지는 여러분께서 자연스럽게 익혀나가실 것이라 보거든요.

• Can

can 을 모르시는 분은 없을 겁니다. '할 수 있다'라는 뜻으로 쓰이죠? I can do it!이라는 영어 문장은 정말 많이 들어 보셨을 겁니다.

I can do it!
나는 할 수 있다!

이렇게요.

can의 본래 의미는 '~을 할 수 있다'가 맞습니다.

I play soccer. 나는 축구를 한다.
I can play soccer. 나는 축구를 할 수 있다.

이처럼 일반 동사 앞에 쓰여서 '~할 수 있다'는 의미를 첨가해 주죠.

I do it. 나는 그것을 한다.
I can do it. 나는 그것을 할 수 있다.

그런데 여기서부터 하나 흥미로운 이야기를 해드리도록 하겠습니다. 옛날 영어에서는 **can** 이 '~을 할 줄 안다'는 뜻의 '동사'로 쓰였습니다.

예를 들면

I can soccer. 나는 축구를 할 줄 안다.

이렇게 썼던 것이죠. 그런데 바로 이렇기 때문에 **can**은 단순히 '~할 수 있다'라고 만 외우면 곤란합니다.

'~을 할 수 있다'는 것은 '~이 가능하다'라는 뜻과 같습니다. 그리고 '~이 가능하다'는 말은 '~할 가능성이 있다, ~일 가능성이 있다'라는 뜻도 가질 수 있습니다. 그리고 여기서 더 나아가면 '~을 해도 된다'라는 뜻까지 표현하게 됩니다.

우리말 예시를 보시면 감이 잡히실 것입니다.

'나는 이 글을 이해할 수 있다.'

이 문장에서 '~할 수 있다'는 말은 내가 그러할 '능력' 있음을 나타냅니다.

그런데

'너는 숙제를 끝내야 게임을 할 수 있다.'

이 문장은 어떻습니까? 여기서 '~할 수 있다'는 말은 '허락'의 의미죠?

그리고

'날이 이렇게 더우면 소나기가 올 수 있다.'

이 문장에서 '~할 수 있다'는 말은 '가능성'을 나타냅니다.

이렇게 우리말도 '~수 있다'라는 표현이 여러 의미를 갖습니다. '능력, 가능, 허락…' 등 문맥에 따라 각기 다른 뜻으로 해석되죠.

다음 문장을 보시죠.

I can lift over 120 kilograms.

이 문장을 어떻게 해석하시겠습니까?

'나는 120Kg 이상 들어 올릴 수 있다.'는 말이죠? 즉, 그것이 '가능하다'는 뜻입니다. 이 문장을 설마 '나는 120Kg 이상을 들어 올려도 된다.'라고 해석하시는 분은 없겠죠? 내가 나에게 그런 '허락'을 하는 상황은 살면서 보기 힘듭니다.

이처럼 하나의 단어가 여러 의미를 가지고 있을 때 해석이란 '상식'에 기반합니다.

You can play the computer game after you finish your homework.

너 컴퓨터 게임할 수 있어 네 숙제 마치고 나서!

제가 학창 시절 어머니께 정말 많이 들었던 말이네요. 고백하자면 저도 게임을 꽤나 좋아했습니다. 특히 중학생 때는 거의 게임에 미쳐 있었는데 제가 숙제를 너무 안 하니 어머니께서 단호하게 이렇게 말씀하시더군요.

이 문장에서

You can play the computer gamer은 '너 컴퓨터 게임해도 좋아'라는 이런 '허락'의 의미를 갖습니다.

이 문장은 어떻습니까?

My friend can visit me this Friday.

설마 이 문장을 '내 친구는 이번 금요일에 나를 보러 올 능력이 있다.'라고 해석하시는 분은 없겠죠? 또는 '내 친구는 이번 금요일에 나를 보러 와도 좋다.'라고 해석하시는 분도 없으리라 봅니다.

My friend can visit me this Friday.

내 친구가 이번 금요일에 나를 보러 올 수 있다.

여기서 '~수 있다'는 말은 그럴 '가능성'이 있다는 뜻이죠?

이처럼 우리도 각기 다른 의미를 표현한다고 다 다른 말을 쓰지는 않습니다. '~ㄹ수 있다'라는 말 하나가 여러 가지 역할을 담당하고 있습니다. 그러니 '대체 왜 영어는 **can**이 그렇게 다 다른 뜻으로 쓰이냐?'고 물으시면 영어 원어민들 입장에서 억울할 수 있습니다. '한국어는 안 그런 줄 알아?'라고 하면서요. 그러니 외국어를 배울 때는 너그러워져야 합니다.

아, 중요한 이야기를 빠뜨릴뻔했네요

이 '조동사'라는 양념의 특징 중 하나는 이 녀석들이 문장 안에 들어가면 그 뒤에 나오는 '동사'가 무조건 '원래 모양'으로 바뀐다는 것입니다.

예를 들면

He plays soccer.

그는 축구를 한다.

이렇게 '나, 너, 우리, 그들, 여럿' 이 아닌 '제3의 어떤 것' 이 주어로 오면 동사에 **s**를 붙이죠?

그런데

He can play soccer.

그는 축구를 할 수 있다.

이렇게 '조동사'라는 '양념'이 들어가면 '동사'가 그냥 '원래 모양'으로 바뀝니다.

그러면 이런 경우는 어떨까요?

He is here.

여기서 is는 be동사죠? 이 문장에 can을 넣으면

He can be here.

이렇게 is가 원래 모양인 be로 바뀝니다.

조동사에 대해서 '굳이 외우셔야 할 규칙'은 딱 이것 하나입니다.

• Could

could는 can의 과거형입니다. 제가 can을 설명할 때 '옛날 영어'에서는 '조동사'도 모두 그냥 '동사'로 쓰였다고 했죠?

즉, 옛날 사람들은 이렇게 말했다는 것입니다.

I can soccer. 나는 축구를 할 줄 안다. (현재)
I could soccer. 나는 축구를 할 줄 알았다. (과거)

그런데 세월이 지나면서 can이라는 단어의 유용함 때문에 '좋아! 아무 동사 앞에나 이 녀석을 넣어서 '할 수 있다, 할 줄 안다'는 뜻으로 써먹자!'라는 의도로 '조동사'로 쓰기 시작했고

I can play soccer. 나는 축구를 할 수 있다.
You can watch soccer. 너는 축구를 봐도 된다.
He can enjoy soccer. 그는 축구를 즐길 줄 안다.

이렇게 can 하나가 '능력,' '허락,' '가능성' 등 여러 의미를 표현할 수 있게 되었습니다. 그래서 could 역시 역할이 다양해졌습니다.

I can play soccer now.

나는 지금 축구를 할 수 있다/할 줄 안다.

I could play soccer when I was young.

나는 어렸을 때 축구를 할 수 있었다/할 줄 알았다.

이렇게 현재와 과거를 나타낼 수도 있지만

I can play soccer this weekend.

나는 이번 주말에 축구를 할 수 있다.

I could play soccer this weekend.

나는 이번 주말에 축구를 할 수도 있다.

이렇게 '할 수 있다'를 '할 수도 있다' 즉, 약한 버전의 '가능성'으로 바꾸는 역할도 맡게 되었죠.

I can lift over 120 kilograms.

만약 헬스장에서 누군가가 위풍당당하게 이런 말을 한다면 '나는 120Kg 이상을 들어 올릴 수 있다.'는 '능력'을 보여줍니다.

그런데

I could lift over 120 kilograms.

이렇게 can을 could로 바꾸면 '나는 120Kg 이상을 들어 올릴 수'도' 있다.' 즉, '약한 버전'이 됩니다. 살짝 '발을 빼는' 느낌이 들지 않나요?

이런 복잡 미묘함 때문에 can과 could에 대해 제대로 설명하지 못하는 경우가 많습니다. 저는 학자들이 내린 결론만 보여드리겠습니다.

can이 현재
could가 과거

이것이 원래 구분입니다. 다만 세월이 지나면서 can의 뜻이 많아지다 보니 이렇게만 구분해서는 뜻이 통하지 않는 경우가 생겨났습니다.

우리가 살고 있는 지금 이 순간은 '현재'입니다. 인간은 원래 '과거'나 '미래'에 살 수 없습니다. 제가 이 문장을 쓰고 있는 순간이 저에게는 '현재'이고 바로 윗줄을 쓰던 순간은 이미 '과거'입니다.

그래서 철학자들은 인간은 항상 '현재'에 갇혀 있다고도 하죠.

이처럼 우리는 늘 '현재'를 살기 때문에 '현재형'이 우리와 가장 가깝습니다. 그리고 '과거형'은 우리와 멉니다.

그래서 언어에도 이 원리가 적용됩니다. '과거형'은 '멀어지는 것'이다. 왜? 우리는 현재를 살고 있으니까. 이 원리에 따라

can은 우리와 가깝기 때문에 강하고

could는 우리와 멀기 때문에 약합니다.

그래서

I can lift over 120 kilograms.라고 하면 '나는 120Kg 이상을 들어 올릴 수 있다.'는 능력과 확실한 가능성을 표현하지만

I could lift over 120 kilograms.라고 하면 '나는 120Kg 이상을 들어 올릴 수도 있다.'는 조금 신중하고 겸손한 표현이 됩니다.

그래서 영어 회화를 배울 때 이런 말을 들어보셨던 것이 있으실 겁니다.

Can you open the door?
그 문 좀 열어 줄래?

이렇게 현재형 **can**을 쓴 경우 '강하고 직접적'이며

Could you open the door?
그 문 좀 열어줄 수 있어?

이렇게 과거형 **could**를 쓴 경우 '약하고 간접적'이다 그래서

'조동사의 과거형을 쓰면 정중한 표현이 된다.'

그 원리는 바로 이번 장에서 배운 '멀어짐'에 있습니다. 학자들은 이것을 '거리 두기'라고 합니다.

지금 무릎을 탁 치면서 '아! 알겠다!'는 느낌을 받으신 분들이 있을 것 같네요. 그렇다면 스스로를 마구 칭찬해 주셔도 괜찮습니다.

이렇게 could가 can의 '약한 버전'으로 많이 쓰이다 보니 오해도 많습니다.

I could run faster.

이 말만 보면 '나는 더 빨리 달릴 수도 있다.'는 뜻인지 '나는 (과거에) 더 빨리 달릴 수 있었다.'는 뜻인지 알 수 없습니다. 그래서 '과거에 내가 그럴 수 있었다.'는 말을 할 때는 '과거'라는 사실을 밝혀줘야 합니다.

When I was younger, I could run faster.

내가 더 젊었을 때, 나는 더 빨리 달릴 수 있었다.

When I was in Hawaii, I could see a lot of stars at night.

하와이에 있었을 때, 나는 밤이면 많은 별들을 볼 수 있었다.

이렇게 보고, 느끼고, 듣는 등 인간의 감각을 표현하는 동사들도 could를 통해 과거에 그럴 수 있었음을 나타낼 수 있습니다.

간단히 정리하자면

could는 can의 약한 버전으로 써서

I can go there. 나는 거기 갈 수 있다.

I could go there. 나는 거기 갈 수도 있다.

이렇게 '어감 조절'을 하기도 하고

I can run faster now. 나는 지금 더 빨리 달릴 수 있다.

I could run faster before. 나는 전에 더 빨리 달릴 수 있었다.

이렇게 과거의 능력을 나타내기도 합니다.

그리고

When I was in Hawaii, I could see a lot of stars at night.

하와이에 있었을 때 나는 밤이면 많은 별들을 볼 수 있었다.

이렇게 과거 나의 감각으로 행할 수 있었던 여러 사실들을 표현할 수도 있습니다.

QUIZ

1 나는 축구를 할 수 있다.
(soccer / I / play / can)

_____

2 너는 축구를 할 수 있다.
(직접 써보기)

_____

3 그는 축구를 할 수 있다.
(직접 써보기)

_____

4 그녀는 축구를 할 수 있다.
(직접 써보기)

_____

5 우리는 축구를 할 수 있다.
(직접 써보기)

_____

6 그들은 축구를 할 수 있다.
(직접 써보기)

_____

7 너는 컴퓨터 게임을 해도 된다. (해도 좋다.)
(play / the computer game / you / can)

_____

8 그는 컴퓨터 게임을 해도 된다. (해도 좋다.)
(직접 써보기)

_____

9 그녀는 컴퓨터 게임을 해도 된다. (해도 좋다.)
(직접 써보기)

_____

10 우리는 컴퓨터 게임을 해도 된다. (해도 좋다.)
(직접 써보기)

_____

11 그들은 컴퓨터 게임을 해도 된다. (해도 좋다.)
(직접 써보기)

_____

12 내 친구가 나를 보러 올 수 있다. (그럴 가능성이 있다.)
(me / visit / my friend / can)

_____

13 너의 친구가 나를 보러 올 수 있다. (그럴 가능성이 있다.)
(직접 써보기)

_____

14 그의 친구가 나를 보러 올 수 있다. (그럴 가능성이 있다.)
(직접 써보기)

_____

15 그녀의 친구가 나를 보러 올 수 있다. (그럴 가능성이 있다.)
(직접 써보기)

_____

16 우리의 친구가 나를 보러 올 수 있다. (그럴 가능성이 있다.)
(직접 써보기)

_____

17 그들의 친구가 나를 보러 올 수 있다. (그럴 가능성이 있다.)
(직접 써보기)

_____

18 내 친구가 나를 보러 올 수도 있다. (그럴 가능성이 있다. – 약한 버전)
(could / me / my friend / visit)

_____

19 너의 친구가 나를 보러 올 수도 있다. (그럴 가능성이 있다.– 약한 버전)
(직접 써보기)

_____

20 그의 친구가 나를 보러 올 수도 있다. (그럴 가능성이 있다.– 약한 버전)
(직접 써보기)

_____

21 그녀의 친구가 나를 보러 올 수도 있다. (그럴 가능성이 있다.– 약한 버전)
(직접 써보기)

_____

22 우리의 친구가 나를 보러 올 수도 있다. (그럴 가능성이 있다.– 약한 버전)
(직접 써보기)

_____

23 그들의 친구가 나를 보러 올 수도 있다. (그럴 가능성이 있다.– 약한 버전)
(직접 써보기)

_____

24 내가 더 젊었을 때, 나는 더 빨리 달릴 수 있었다. (과거의 능력)
(was / I / faster / run / could / I / young / when)

_____

㉕ 네가 더 젊었을 때, 너는 더 빨리 달릴 수 있었다. (과거의 능력)
(직접 써보기)

_____

㉖ 그가 더 젊었을 때, 그는 더 빨리 달릴 수 있었다. (과거의 능력)
(직접 써보기)

_____

㉗ 그녀가 더 젊었을 때, 그녀는 더 빨리 달릴 수 있었다. (과거의 능력)
(직접 써보기)

_____

㉘ 우리가 더 젊었을 때, 우리는 더 빨리 달릴 수 있었다. (과거의 능력)
(직접 써보기)

_____

㉙ 그들이 더 젊었을 때, 그들은 더 빨리 달릴 수 있었다. (과거의 능력)
(직접 써보기)

_____

정답

1. I can play soccer.
2. You can play soccer.
3. He can play soccer.
4. She can play soccer.
5. We can play soccer.
6. They can play soccer.
7. You can play the computer game.
8. He can play the computer game.
9. She can play the computer game.
10. We can play the computer game(s).
11. They can play the computer game(s).
12. My friend can visit me.
13. Your friend can visit me.
14. His friend can visit me.
15. Her friend can visit me.
16. Our friend can visit me.
17. Their friend can visit me.
18. My friend could visit me.
19. Your friend could visit me.
20. His friend could visit me.
21. Her friend could visit me.
22. Our friend could visit me.
23. Their friend could visit me.
24. When I was younger, I could run faster.
25. When you were younger, you could run faster.
26. When he was younger, he could run faster.
27. When she was younger, she could run faster.
28. When we were younger, we could run faster.
29. When they were younger, they could run faster.

- May

It may rain tomorrow.

이 문장을 어떻게 해석할까요? may에는 '가능성'과 '허락'의 뜻이 있습니다. 그러면 이 문장은 두 가지로 해석 가능하겠네요.

It may rain tomorrow. 내일 비가 올 가능성이 있다.
It may rain tomorrow. 내일 비가 와도 된다.

그렇지만 내일 비가 와도 좋다고 '허락'하는 두 번째가 진짜 이 문장의 뜻이라 생각하시는 분은 당연히 없을 겁니다. 판타지 영화에서 신이 하는 대사가 아니라면 어떤 인간이 '내일 비가 와도 된다.'라고 하겠습니까?

It may rain tomorrow.
내일 비가 올 수도 있다. (가능성)

이렇게 해석하면 되겠죠.

조동사는 뜻이 딱 하나가 아니라서 상황에 따라 유연하게 해석하고 사용해야 합니다. 정확한 해석과 사용에 어떤 인위적 법칙이 있는 것이 아니라 '상식'에 의거한다는 것을 기억하세요.

- **Might**

might는 **may**의 과거형입니다. 물론 역사적으로 보면 그렇습니다. **can**과 **could**의 관계에 대해서 설명드렸다시피 **may**와 **might** 역시 각각 강한 버전과 약한 버전으로 볼 수 있습니다.

It may rain tomorrow.

내일 비가 올 수도 있다.

It might rain tomorrow.

내일 비가 올지도 모른다.

우리말로 100% 표현하기는 어렵지만 두 조동사 사이에는 이 정도 어감 차이가 있다고 생각하시면 됩니다.

can과 **may** 그리고 **could**와 **might**를 엮어서 한번 정리하면

can과 **may**는 그래도 대략 반반의 가능성을 놓고 이럴 수 있다 또는 저럴 수 있다는 말을 할 때 쓰인다면 **could**와 **might**는 25% 정도의 가능성을 놓고 이럴 수도 있고 저럴 수도 있다는 말을 할 때 쓰인다.

이렇게 말씀드릴 수 있습니다.

물론 이 부분에 대해서는 영어 원어민들끼리도 '정확히' 어떤 단어가 몇 퍼센트의 가능성을 가지고 있다고 결론짓지 못합니다. 그래서 저도 대략적으로만 말씀드렸습니다.

우리가 **can**을 공부할 때

You can play the computer game after you finish your homework.
너 숙제 끝내고 나면 컴퓨터 게임할 수 있어.

이런 문장을 다루었던 것 기억나시죠? 여기서 **can**만 **may**로 바꾸어

You may play the computer game after you finish your homework.
너 숙제 끝내고 나면 컴퓨터 게임해도 좋아.

이렇게 비슷한 뜻으로 쓸 수 있습니다. 이것이 '허락'의 의미로 쓰이는 경우입니다.

영어를 쓰는 사람들은 **may**가 **can**보다 정중한 표현이라고 생각하는 경향이 있습니다. 그래서

Can I come in? 들어가도 됩니까?
May I come in? 들어가도 되겠습니까?

이렇게 **can**보다 **may**가 더 격식을 차린 표현, 정중한 표현에 가깝다고 여깁니다.

저도 미국에 있을 때 친구 집 앞에서는 **Can I come in?**이라고 하고 교수님 사무실 앞에서는 **May I come in?**이라고 했던 기억이 있습니다. 그때는 이걸 알고 구분했다기보다는 그들이 항상 그러니 그냥 따라 했던 것 같습니다. 생존을 위한 몸부림이었을까요?

이처럼 **may** 자체를 정중하고 격식 있는 표현으로 여기기 때문에 이것보다 더 약한 **might**를 써서 '허락'을 구하는 경우는 많지 않습니다. 너무 오버한

다고 생각하는 것일까요?

Might I come in?

이 문장은 원어민들에게 '소인이 들어가도 되겠사옵니까?' 정도의 매우 예스러운 말로 들립니다.

그래서 '허락'의 기능보다는

It may rain tomorrow.

내일 비가 올 수도 있다.

It might rain tomorrow.

내일 비가 올지도 모른다.

처럼 가능성을 낮추는 역할을 주로 맡고 있습니다.

He may be telling the truth.

그는 사실을 말하고 있을 수도 있다.

He might be telling the truth.

그는 사실을 말하고 있을 지도 모른다.

두 번째 문장은 '아닐 수도 있다'는 가능성을 열어두고 있죠? 이렇게 조동사라는 것이 참 재미있습니다. 과거형이라는 것을 이용해서 어감을 조절하다니! 저는 이것이 '언어'의 묘미라고 생각합니다.

QUIZ

1 내일 비가 올 수도 있다.
(may / tomorrow / it / rain)

_____

2 내일 비가 올 지도 모른다.
(rain / might / tomorrow / it)

_____

3 들어가도 되겠습니까? (허락)
(may / come in / I)

_____

4 그가 들어가도 되겠습니까? (허락)
(직접 써보기)

_____

5 그녀가 들어가도 되겠습니까? (허락)
(직접 써보기)

_____

6 우리가 들어가도 되겠습니까? (허락)
(직접 써보기)

_____

7 그들이 들어가도 되겠습니까? (허락)
(직접 써보기)

_____

정답

1. It may rain tomorrow.
2. It might rain tomorrow.
3. May I come in?
4. May he come in?
5. May she come in?
6. May we come in?
7. May they come in?

- **Will과 Would**

will이라는 조동사는 특별합니다. 영어로 '미래'를 표현할 때 주로 will을 쓰죠? 예를 들면 **I will do it**. '나는 그것을 할 것이다.'처럼요.

그런데 '왜' 그런지 생각해 보신 적 있나요?

will이라는 단어는 원래 '바라다, 원하다'라는 뜻으로 쓰였습니다. 옛날 영어에서는 **I will it**.이라고 하면 '나는 그것을 원한다/바란다.'라는 의미가 되었죠. 그리고 그 의미에서 '~할 의지가 있다'라는 뜻이 나왔습니다.

I will go to the gym this evening.

나는 오늘 저녁에 운동을 하러 갈 것이다.

생각해 보시면 이 문장은 나는 '~할 것이다'라는 '의지' 표현입니다. 그런데 '~을 할 의지를 가지고 있다'라는 것은 과거, 현재, 미래를 기준으로 언제 그 행위를 한다는 말입니까? 당연히 '미래'입니다. 정확히는 '현재' 이후 시점에 그 행위가 이루어지게 됩니다.

그래서 **I will go to the gym this evening**.은 '나는 운동을 하러 갈 의지가 있다.' 그런데 언제 가느냐면 '오늘 저녁에'라고 풀어서 이해할 수 있습니다.

그래서 이 문장처럼 '내가 ~할 것이다'라고 말하는 경우 운동을 갈지 말지 결정하는 것은 '나'이기 때문에 의지가 담겨 있다고 해서 '의지 미래'라고도 합니다.

자, 그런데 다음 문장은 어떤가요?

They will go to the gym this evening.

그들은 오늘 저녁에 운동을 하러 갈 것이다.

이 말을 하는 사람은 '나'입니다. 그러니 '그들'이라고 했겠죠? 그들이 직접 이 말을 한다면 '우리는'이라고 했을 것입니다.

말을 하는 것은 '나'인데 운동을 하러 가는 것은 '그들'이죠? 그래서 이 문장은 '나의 의지'를 나타낸다고 볼 수 없습니다. 내 생각에 그들은 그럴 것이라고 얘기하는 것이죠. 어쨌든 그들이 운동을 하러 가는 행위는 과거나 현재가 아니라 '미래'에 이루어집니다.

It will rain tomorrow.

이 말은 어떤 뜻일까요?

여기에는 '의지'가 들어있지 않습니다. 그냥 '내일 비가 올 것이다.'라는 말입니다. 이렇게 will이 항상 '앞으로'를 표현할 수 있기 때문에 '미래'를 나타낼 때 이처럼 자연스럽게 쓰는 것이죠. 이것이 will이 '미래'를 나타내게 된 이유입니다.

아, 그런데 만약 내가 누군가에게 비가 온다는 말을 들었다면 어떨까요?

I heard 나는 들었다.

일단 이 말을 먼저 하고 '비가 올 것이다'라는 말을 이어야 하는데,

내가 들었던 그때를 기준으로 앞으로 비가 올 것이라는 얘기를 하고 있죠? 그러면 여기서 '앞으로'는 지금 기준으로 '앞으로'가 아니라 내가 들은 과거 시점을 기준으로 '앞으로'입니다. 즉 과거에서 본 미래라고 볼 수 있죠. 그래서 여기에는 will의 과거형 would를 써서

I heard that it would rain.

비가 올 것이라는 말을 들었다.

이렇게 말을 합니다. 이것이 would가 will의 과거형으로 쓰인 경우입니다.

그리고 앞서 can과 could, may와 might에서 보셨다시피 would 역시 will의 약한 버전으로 쓸 수 있습니다.

He will come to the party.

그는 그 파티에 올 것이다.

He would come to the party.

그는 그 파티에 올 수도 있다.

어떤가요? 그가 그 파티에 올 가능성이 would를 쓰니 낮아지죠?

I will help you.

나는 너를 도울 것이다.

I would help you.

나는 너를 도울 수도 있다.

이렇게 보니 **would**를 쓰면 뭔가 어떤 조건이 주어진다면 도울 수도 있다는 말 같습니다. 그래서 확실하게 돕겠다는 말이 아니라 어떤 조건이 충족되거나 어떤 가정이 사실이라면 '도울 수도' 있다는 말이 됩니다.

그래서 상대에게 정확히 약속하고 싶지 않으시면 **would**를 쓰시는 것이 좋습니다.

I would lend you money.

나는 너에게 돈을 빌려줄 수도 있다.

이 말을 들은 상대는 '내가 뭘 해줘야 돈을 빌려주실까?'라는 생각을 자동으로 하게 되겠죠? 이것이 **would**의 가장 흔한 쓰임새입니다.

QUIZ

1 나는 오늘 저녁에 운동을 하러 갈 것이다. (강한 버전)
(will / go / I / this evening / to / the gym)

_____

2 너는 오늘 저녁에 운동을 하러 갈 것이다. (강한 버전)
(직접 써보기)

_____

3 그는 오늘 저녁에 운동을 하러 갈 것이다. (강한 버전)
(직접 써보기)

_____

4 그녀는 오늘 저녁에 운동을 하러 갈 것이다. (강한 버전)
(직접 써보기)

_____

5 우리는 오늘 저녁에 운동을 하러 갈 것이다. (강한 버전)
(직접 써보기)

_____

6 그들은 오늘 저녁에 운동을 하러 갈 것이다. (강한 버전)
(직접 써보기)

_____

7 나는 오늘 저녁에 운동을 하러 갈 수도 있다. (약한 버전)
(would / go / I / this evening / to / the gym)

_____

8 너는 오늘 저녁에 운동을 하러 갈 수도 있다. (약한 버전)
(직접 써보기)

_____

9 그는 오늘 저녁에 운동을 하러 갈 수도 있다. (약한 버전)
(직접 써보기)

_____

10 그녀는 오늘 저녁에 운동을 하러 갈 수도 있다. (약한 버전)
(직접 써보기)

_____

11 우리는 오늘 저녁에 운동을 하러 갈 수도 있다. (약한 버전)
(직접 써보기)

_____

12 그들은 오늘 저녁에 운동을 하러 갈 수도 있다. (약한 버전)
(직접 써보기)

_____

13 그는 그 파티에 올 것이다. (강한 버전)
(the party / to / come / will / he)

_____

14 그녀는 그 파티에 올 것이다. (강한 버전)
(직접 써보기)

_____

15 그들은 그 파티에 올 것이다. (강한 버전)
(직접 써보기)

_____

16 그는 그 파티에 올 수도 있다. (약한 버전)
(the party / would / he / come / to)

_____

17 그녀는 그 파티에 올 수도 있다. (약한 버전)
(직접 써보기)

_____

18 그들은 그 파티에 올 수도 있다. (약한 버전)
(직접 써보기)

_____

19 나는 너를 도울 것이다. (강한 버전)
(you / will / I / help)

_____

20 나는 너를 도울 수도 있다. (약한 버전)
(직접 써보기)

_____

정답

1. I will go to the gym this evening.
2. You will go to the gym this evening.
3. He will go to the gym this evening.
4. She will go to the gym this evening.
5. We will go to the gym this evening.
6. They will go to the gym this evening.
7. I would go to the gym this evening.
8. You would go to the gym this evening.
9. He would go to the gym this evening.
10. She would go to the gym this evening.
11. We would go to the gym this evening.
12. They would go to the gym this evening.
13. He will come to the party.
14. She will come to the party.
15. They will come to the party.
16. He would come to the party.
17. She would come to the party.
18. They would come to the party.
19. I will help you.
20. I would help you.

- Shall과 Should

여러분! 혹시 *Shall we dance?*라는 영화 아시나요? 상당히 예전 영화이긴 한데 제목 때문에 아직까지 영어 강의에서 종종 회자되고 있습니다. 우리말로 번역을 하자면 '우리 춤출까요?'입니다.

shall은 will과 상당히 비슷한 점이 많습니다. 먼저, '의지'를 나타내는데 쓸 수 있습니다.

We shall overcome this!

우리는 이것을 극복할 것입니다!

이것은 1960년대 미 흑인 인권 운동의 상징이었던 마틴 루터 킹(Martin Luther King) 목사의 연설에 나오는 문장입니다. 여기서 shall을 will로 바꾸어도 무방합니다. 이렇게 '의지'를 나타낸다는 면에서 will과 상당히 비슷하죠. 그래서 당연히 shall은 '미래'를 나타낼 수도 있습니다.

According to a recent survey, Jihu Ju shall win this winter.

최근의 한 설문조사에 의하면 주지후가 이번 겨울에 승리한다.

이때는 지후 씨가 승리를 하겠다는 의지를 표명하는 것은 아니죠? shall이 항상 '앞으로' 어떠할 것이라는 뜻을 담은 것을 이용하여 will처럼 미래를 나타내는 말로 사용되었습니다.

재미있는 점은 지금 미국 영어에서는 shall이 거의 쓰이지 않습니다. 그 역할을 will과 should가 나누어 가지면서 shall이 뒷방으로 물러난 모양새입니다. 영국 영어에서는 shall이 여전히 활발히 쓰이지만 거기까지 다루면 내용이 너무 복잡해지므로 아쉽지만 shall은 여기까지만 말씀드리도록 하겠습니다.

현대 영어에서 특히 미국 영어에서는 should가 shall의 역할을 분담하는 것을 넘어 더 광범위하게 쓰이며 매우 다양한 뜻을 표현합니다. '조언'과 '가능성'을 나타내는 대표적인 단어가 should라고 보시면 되는데요. 예문을 보시면 금방 이해가 되실 겁니다.

We should respect the elderly.

우리는 어르신들을 공경해야 한다.

should를 이와 같은 맥락에서 쓸 때는 '사회적 관념상 일반적으로 옳은 일'에 대한 조언, 권고인 경우가 많습니다. 그렇다면 must는 어떨까요?

We must respect the elderly.

우리는 어르신들을 공경해야 한다.

이런 경우, 이 말을 하는 화자의 주관적 판단에 의하여 '그래야 한다'는 주장일 가능성이 높습니다. 나의 의견을 개진하는 문장에 가깝죠.

아직 영어가 능숙하지 않은 분들을 위해 현장에서는 종종 'should보다 must가 강한 표현이다.'라고 가르치기도 합니다. 이것도 좋은 구분입니다.

must를 쓰면 화자의 의견이 들어가니 듣는 사람에게 더 강하게 들릴 수 있거든요.

우리도 '밥을 먹고 나서는 이를 닦아야 한다.'라는 말을 '누구나 그래야 한다.'라고 말을 할 때와 이를 너무 안 닦는 친구를 보고 '밥을 먹고 나서는 이를 닦아야 한다!'라고 내 주장을 할 때는 후자가 더 강하게 느껴지죠.

이런 구분이 처음에는 쉽지 않습니다. 그래서 must가 더 '강한' 표현이라는 설명이 기초 단계에서는 더 도움이 됩니다.

가끔 이것을 놓고 '현장에서 잘못 가르치고 있다'고 이야기하는 사람들도 있는데 그것은 영어를 제대로 가르쳐본 경험이 없어 실제 영어를 배우는 사람들의 고충을 잘 이해하지 못하는 자들의 '지적 허세'일 뿐입니다.

말의 뉘앙스라는 것은 그 언어를 능숙하게 하게 되기 전까지는 와닿지 않는 것이 당연한데 기초 단계에서 그걸 다 구분해서 가르치는 것이 비효율적이니 나중으로 미루는 것뿐이죠.

실제 영어교육과를 졸업한 저는 전공 시간에 '기초반을 가르칠 때는 최대한 단순화시켜라!'라는 말을 수도 없이 들었습니다.

should는 '그러는 게 좋을 것이다.'라면
must는 '반드시 그래야 한다.'

정도만 구분하셔도 좋습니다.

- **Have to**

어느 영어책을 펴나 항상 **must**와 함께 언급되는 것이 **have to**입니다. **have to**의 기본 의미는 **must**와 크게 다르지 않습니다.

You must study hard.

당신은 열심히 공부해야 한다.

You have to study hard.

당신은 열심히 공부해야 한다.

이 중, 보다 화자의 의견이 들어가 있는 것은 **must**입니다. 즉, 나는 네가 열심히 공부해야 한다고 생각한다는 말에 가깝습니다. **have to**를 쓰면 일반적으로 요구되는 의무를 표현합니다. 그래서 '당연히 학생이면 열심히 공부해야 한다.'라는 맥락에서 쓰일 수 있죠.

여기서 더 자세히 둘의 차이를 따져볼 수도 있지만 여기서부터는 사실 영어 원어민들끼리도 의견이 갈리기 때문에 그런 소모적인 내용은 이 책에 담지 않도록 하겠습니다.

정말 우리가 알아야 할 것은 **have to**의 과거형 **had to**입니다.

must는 과거형이 없습니다. 참으로 의아하죠? 다른 조동사들은 다 현재형과 과거형이 있었는데 왜 이 녀석만 없을까? 여기에 대해서는 참으로 어처구니없는 역사적 사건이 있습니다.

motan – must

must는 원래 **motan**이라는 단어의 과거형이었습니다. 즉, **motan – must** 이렇게 현재형 – 과거형이 있었던 것이죠. 그런데 어느 순간부터 영어 원어민들이 **must**를 현재형이라 착각하여 쓰기 시작했습니다. 그래서 그대로 **must**만 남고 **motan**은 사라졌죠.

그래서 오늘날 **must**는 과거형이 없습니다. 때문에 **must**를 과거시제에 쓰고 싶으면 **have to**의 과거인 **had to**를 써야 합니다.

이런 웃지 못할 배경이 있기 때문에 때문에 제가 **must**와 **have to**를 더 세세히 나누는 것이 소모적이라 말씀드린 것입니다. 과거형이 없어서 **have to**의 과거형인 **had to**를 빌려 쓰면서 현재형으로 쓸 때는 무슨 엄청난 차이가 있는 것처럼 말하기가 민망한 것이죠.

You must study hard.

당신은 열심히 공부해야 한다. - (나의 주관적 판단)

You have to study hard.

당신은 열심히 공부해야 한다. - (객관적 의무)

그냥 이 정도만 구분하셔도 충분히 이 두 단어를 이해하신 것입니다. 그리고 **must**는 과거형이 없기 때문에 과거 사실에 대해서 말할 때는 할 수 없이

had to를 쓴다.

이것이 정확한 설명입니다.

QUIZ

1 우리는 어르신들을 공경해야 한다.
(the elderly / we / respect / should)

_____

2 우리는 어르신들을 공경해야 한다.
(must / we / the elderly / respect)

_____

3 당신은 어르신들을 공경해야 한다. (should)
(직접 써보기)

_____

4 당신은 어르신들을 공경해야 한다. (must)
(직접 써보기)

_____

5 당신은 열심히 공부해야 한다.
(study hard / you / should)

_____

6 당신은 열심히 공부해야 한다.
(study hard / you / must)

_____

7 우리는 열심히 공부해야 한다. (should)
(직접 써보기)

_____

8 우리는 열심히 공부해야 한다. (must)
(직접 써보기)

_____

9 당신은 열심히 공부해야 한다.
(have to / study hard / you)

_____

10 그는 열심히 공부해야 한다.
(he / study hard / has to)

_____

⑪ 그녀는 열심히 공부해야 한다. (has to)
(직접 써보기)

_____

⑫ 우리는 열심히 공부해야 한다. (have to)
(직접 써보기)

_____

⑬ 그들은 열심히 공부해야 한다. (have to)
(직접 써보기)

_____

정답

1. We should respect the elderly.
2. We must respect the elderly.
3. You should respect the elderly.
4. You must respect the elderly.
5. You should study hard.
6. You must study hard.
7. We should study hard.
8. We must study hard.
9. You have to study hard.
10. He has to study hard.
11. She has to study hard.
12. We have to study hard.
13. They have to study hard.

#12

시제 - 어제, 오늘 그리고 내일

강의보기

인간의 언어에서 절대 빠질 수 없는 요소는 바로 '시제'입니다. 이 세상 모든 언어들은 각기 방법은 달라도 '어제,' '오늘,' 그리고 '내일' 즉, '과거,' '현재,' '미래'를 표현하는 기능이 있습니다.

한국어를 예로 들어 볼까요?

나는 끈을 묶었다. - 과거
나는 끈을 묶는다. - 현재
나는 끈을 묶겠다. - 미래

보시다시피 우리말은 동사의 형태를 살짝 바꾸어서 (정확히는 각기 다른 접사를 넣어서) 과거, 현재, 미래를 합니다. 만약 제가 외국인을 대상으로 한 한국어 시험을 낸다면

나는 끈을 묶_____다.

나는 끈을 묶_____다.

나는 끈을 묶_____다.

이렇게 가운데를 비워두고 각각 과거, 현재, 미래에 해당하는 말을 넣어 완성하라는 문제를 출제할 수 있습니다.

그런데 모든 언어가 이런 방식을 취하는 것은 아닙니다. 영어는 어떨까요?

I tied a string.

나는 끈을 묶었다.

I tie a string.

나는 끈을 묶는다.

I will tie a string.

나는 끈을 묶겠다.

우리말과 무언가 다르죠? 자세히 들여다보면

묶었다 - **tied**

묶는다 - **tie**

과거형과 현재형은 동사의 형태만 살짝 바뀌는데

묶겠다 - will tie

미래형이 특이하죠?

will ~할 것이다 + tie 묶는다

이렇게 각기 다른 두 단어를 써서 표현하고 있습니다. 이러다 보니 영어의 '시제'는 한국어를 쓰는 우리에게 조금 생소할 수밖에 없습니다. 그래서 여기서부터는 제가 마치 옛날이야기를 하듯 여러분께 설명을 드리려고 합니다. 어머니께서 들으시면서 가장 흥미로워 하시던 부분이 바로 여깁니다. 여러분께서도 그러셨으면 좋겠습니다.

will의 정체는 무엇인가?

옛날 영어에는 **willan**이라는 단어가 있었습니다. 이 단어의 뜻은 '~을 원하다, 바라다, ~할 의지가 있다' 였는데요. 당시 사람들은 이 단어를 어떻게 썼는지 재현해보겠습니다.

I willan read this book.

저는 이 책을 읽기를 원합니다.

이렇게 '~를 원한다'라는 말을 하고 그 뒤에 동사를 붙여서 '그런 행위를 하기를 원한다/바란다.'라고 표현했습니다. 이것이 딱히 '미래'의 의미라기보다는 진짜 '~를 원한다/하고 싶다'는 뜻이었던 것이죠.

그러면 '이번 주말에 내가 이 책을 읽겠다'는 말은 어떻게 했을까요?

I willan read this book this weekend.

바로 이런 식입니다. 똑같이 '~를 하겠다/바란다'는 말을 하고 뒤에 어떤 행위인지를 써준 후 그냥 마지막에 '이번 주말에'라는 말만 써주면 끝이었죠.

잠깐, 그러면 이 문장은 어떤가요?

I read this book this weekend.

여기에는 '~를 하겠다/바란다'라는 말이 쏙 빠져있죠? 그래서 이 문장은 '나는 이번 주말에 이 책을 읽는다.'라는 '확정된 사실' 즉, '일정'을 나타낼 수 있습니다.

이것이 영어 시제의 비밀입니다.

옛날 옛적에 영어를 쓰던 조상님들에게는 '미래형'이라는 것이 따로 없었습니다.

I read this book this weekend.
나는 이번 주말에 이 책을 읽는다.

이렇게 그냥 현재형을 써도 뒤에 '지금보다 나중'을 나타내는 말이 있으면 '아~ 당연히 그때 하는 일이구나'라고 알아들었고 여기에다 '그렇게 하겠다는 바람, 의지, 소망'을 표현할 때만 willan이라는 말을 첨가했죠.

I willan read this book this weekend.

나는 이번 주말에 이 책을 읽겠다.

다음 두 문장을 보시죠.

I go to Rome tomorrow.

나는 내일 로마에 간다

I willan go to Rome tomorrow.

나는 내일 로마에 가겠다.

분명히 두 문장 다 '앞으로의 일'을 표현하고 있는데 첫 번째 문장은 '일정상 그렇다'는 말에 가깝고 두 번째 문장은 '내가 그러겠다'는 '의지'를 표명하고 있습니다.

이 **willan**이라는 단어가 세월이 흐르고 흘러 바로 **will**이 되었습니다.

그래서 지금도 영어는 '앞으로의 일'을 표현할 때 여전히 두 가지 방법을 다 씁니다.

We play soccer this weekend.

우리는 이번 주말에 축구를 합니다. - 확정된 사실, 일정

We will play soccer this weekend.

우리는 이번 주말에 축구를 하겠습니다. - 의지

제가 굳이 이렇게 설명을 드리는 이유는 여러분께서 앞으로 어떤 영문법 책을 보든 '의지 미래'라는 용어를 만나게 될 것을 알기 때문입니다. 영어보다 용어가 어렵다는 농담이 이럴 때 나오는 것이죠. 정확히 '의지 미래'가 뭔지 설명은 없고 그냥 will은 '의지 미래'라고 써 놓기만 한 경우가 많거든요.

그래서 그때를 대비하여 제가 지금 예방접종을 놔 드렸다고 생각하세요. 이제 용어에게 당하지 않아도 됩니다.

1 나는 끈을 묶었다.
(tied / a string / I)

_____

2 나는 끈을 묶는다.
(I / a string / tie)

_____

3 나는 끈을 묶겠다.
(tie / will / a string / I)

_____

4 당신은 끈을 묶었다.
(직접 써보기)

_____

5 당신은 끈을 묶는다.
(직접 써보기)

_____

6 당신은 끈을 묶겠다.
(직접 써보기)

_____

7 그는 끈을 묶었다.
(직접 써보기)

_____

8 그는 끈을 묶는다.
(직접 써보기)

_____

9 그는 끈을 묶겠다.
(직접 써보기)

_____

10 그녀는 끈을 묶었다.
(직접 써보기)

_____

11 그녀는 끈을 묶는다.
(직접 써보기)

_____

12 그녀는 끈을 묶겠다.
(직접 써보기)

_____

13 우리는 끈을 묶었다.
(직접 써보기)

_____

14 우리는 끈을 묶는다.
(직접 써보기)

_____

15 우리는 끈을 묶겠다.
(직접 써보기)

_____

16 그들은 끈을 묶었다.
(직접 써보기)

_____

17 그들은 끈을 묶는다.
(직접 써보기)

_____

18 그들은 끈을 묶겠다.
(직접 써보기)

_____

정답

1. I tied a string.
3. I will tie a string.
5. You tie a string.
7. He tied a string.
9. He will tie a string.
11. She ties a string.
13. We tied strings.
15. We will tie strings.
17. They tie strings.

2. I tie a string.
4. You tied a string.
6. You will tie a string.
8. He ties a string.
10. She tied a string.
12. She will tie a string.
14. We tie strings.
16. They tied strings.
18. They will tie strings.

언제나 책을 다 쓰고 나면 아쉬움이 남습니다. 더 쓰고 싶다. 더 잘 쓰고 싶다. 이런 생각에 사로잡혀 차일 피일 마감을 미루게 됩니다.

그러나 이제 멈추어야겠다는 판단을 하여 이렇게 에필로그를 작성합니다.

저의 원래 목표는 '이 세상 모든 영어교재를 읽기 전에 먼저 읽어야 할 책'을 만드는 것이었습니다. '세상에서 가장 잘 쓴 책'이 아닌 모두가 필요로 하지만 누구도 접할 수 없었던 '기초의 기초'를 다룬 책을 쓰고 싶었습니다.

'영어에는 주어, 동사, 목적어라는 것이 있다.'는 설명 이전에 '주어란 무엇인가?', '동사란 무엇인가?' 이런 질문에 '정확한 답'을 꼭 드리고 싶었습니다.

이 책은 제가 2020년 6월에 출간한 '신기하게 영어 뇌가 만들어지는 영문법'의 '전편'에 속합니다. 시간의 순서대로 보면 이 책이 속편이지만 내용은 전편입니다. 그만큼 '기초의 기초'를 다룬다는 것은 정말 힘든 일이었습니다. 영어 이외에 다른 언어도 공부하고 원고를 쓰고 고치기를 수십 수백 번 반복한 끝에 여러분께 이 책을 보여드리게 되었습니다.

언어라는 것은 그 경계를 가늠할 수 없으며 늘 진화하기 때문에 이 책이 '완벽하고 유일한' 해답이 되리라는 기대는 하지 않습니다. 다만 이 책이 현시점의 제가 저의 능력을 120% 발휘하여 썼을 때 나올 수 있는 '성과물'에는 근접했다고 생각합니다. 여러분께서도 2020년 주지후라는 사람이 할 수 있는 한 모든 것을 다 한 책이라고 생각해 주시면 감사하겠습니다.

저는 앞으로 죽을 때까지 끊임없이 배우고 고민하고 경청하겠습니다. 해가 지나고 나이를 먹으면서 점점 더 좋은 책을 쓸 수 있도록 부단히 노력하겠습니다.

올해 환갑이 되신 어머니께 이 책을 바칩니다.

이 땅의 모든 영포자를 위해
당신은 혼자가 아닙니다.
저자 주지후

Reference

- Cowan, Ron (2008) *The Teacher's Grammar of English,* Cambridge University Press
- John Eastwood (2008) *Oxford Learner's Grammar,* Oxford University Press
- Murphy, Raymond (2019) *Basic Grammar in Use Student's Book Without Answers.* Fifth Edition,
- Cambridge University Press Collins Cobuild (2011) *Collins Cobuild English Grammar,* Collins Cobuild Publishers
- Betty S. Azar, Stacy A. Hagen (2011) *Fundamentals of English Grammar,* Pearson Education
- Murphy, Raymond (2019) *English Grammar in Use Book with Answers,* Cambridge University Press
- Michael Swan, Catherine Walter (2011) *Oxford English Grammar Course Advanced,* Oxford University Press
- Ed Swick (2018) *English Grammar for ESL Learners,* McGraw-Hill
- Greenbaum, Sidney / Quirk, Randolph (1990) *A Students Grammar of the English Language,* Longman
- Renaat declerck 교수의 'Distancing' vs 'backshifting': modal indicative forms in English 논문
- 송경안, 김순임 (2019) 영어 독일어 프랑스어 연관성과 독자성. 서울: 신아사
- 이승연 (2012) 한국어교육을 위한 응용언어학 개론. 서울: 태학사
- 강범모 (2020) 언어: 풀어 쓴 언어학 개론(개정판 4판). 서울: 한국문화사
- 한국외국어대학교 스페인어과 (2013) 대학 스페인어 문법. 서울: 한국외국어대학교출판부
- 안희철 (2019) 한번에 끝내는 독일어 문법 초중급편. 서울: 넥서스
- 한동일 (2016) 카르페 라틴어. 서울: 문예림
- 허용, 김선정 (2018) 대조언어학 개정판. 서울: 소통
- Gunter Radden, Rene Driven (2009) 인지문법론. 임지룡, 윤희수(번역). 서울: 박이정출판사
- 로널드 W. 래너커 (2014) 인지문법 A Basic Introduction. 나익주, 박정운, 백미현, 안혁, 이정화(번역). 서울:
- 박이정출판사 고영근 (2007) 한국어의 시제 서법 동작상(개정판). 서울: 대학사
- 김진호 (2019) 언어의 이해. 서울: 역락
- 박병철 (2009) 쉽게 읽는 언어철학. 서울: 서광사
- 콜린 맥긴 (2019) 언어철학 Philosophy of Language: The Classics Explained. 박채연, 이승택(번역). 서울:
- 도서출판비 이기동 (2013) 영어동사의 인지문법. 서울: 신아사
- 김혜리 (2011) 고대영어. 서울: 한국문화사
- 김혜리 (2013) 중세영어. 서울: 한국문화사
- 신동준 (2018) 교양인의 영문법. 서울: 미다스북스
- 권혁승 (2010) 영어사 이해. 서울: 한국문화사
- 조승연 (2016) 플루언트: 영어 유창성의 비밀. 서울: 와이즈베리
- 김혜리 (2015) 영어의 역사. 서울: 한국문화사
- 하상호 (2020) 생각문법. 서울: 봄찬
- 박영재 (2015) 영문법 콤플렉스 벗어나기. 서울: 와이넛
- Donka Minkova, Robert Stockwell (2018) 영어의 어휘 역시와 구조. 김명숙, 문안나(번역). 서울: 한국문화사
- 최인철 (2010) 실용 영문법 백과사전. 서울: 사람인
- 유현철, 유지연 (2013) 영어 가정법의 모든 것. 서울: 음악의 향기
- 김정호 (2013) The English Grammar. 서울: 바른영어사
- 김정호 (2015) 문법의 신. 서울: 바른영어사
- 이장원 (2019) 반란의 영문법. 서울: 지식과 감성
- 권재일 (2016) 언어학사 강의. 서울: 박이정출판사
- 박만상 (2008) 영어교사를 위한 고급 영문법. 서울: 신아사
- 문용 (2017) 고급영문법해설. 서울: (주) 박영사
- Oxford English Dictionary

외 다수